Raphaël Delpard

Überleben im Versteck

Jüdische Kinder 1940 – 1944

Aus dem Französischen
von
Bettina Schäfer

Verlag J. H. W. Dietz Nachfolger

Deutsche Erstausgabe

Die Originalausgabe erschien 1993 unter dem Titel
»Les Enfants Cachés« bei Éditions Jean-Claude Lattés, Paris

ISBN 3-8012-0210-0

In der Raste 2, D-53129 Bonn
Lektorat der deutschen Ausgabe: Martin Rethmeier
Umschlag: Manfred Waller, Reinbek
unter Verwendung eines Szenenfotos aus dem Spielfilm
»Auf Wiedersehen Kinder« von Louis Malle
(Kinoarchiv Peter W. Engelmeier)
Gesamtherstellung: Clausen & Bosse, Leck

Printed in Germany 1994

Brigitte Fanny Cohen:
»Was würden Sie ihrem Sohn gerne mitgeben?«

Elie Wiesel:
»Mein Gedächtnis... meine ganzen Erinnerungen.«

Inhalt

Einleitung

Zwischen 1939 und 1945 waren tausende, meist jüdische Kinder, gezwungen, sich vor den Nazis zu verstecken. Alle Mitglieder einer Familie, vom Urgroßvater bis zu Kindern im Säuglingsalter, waren von der Verfolgung und Deportation in deutsche Konzentrationslager betroffen. Viele der Kinder, die gerettet wurden oder sich selbst retten konnten, verschlug es in ein völlig neues, fremdes Milieu. Für ihr Überleben mußten sie Tag für Tag ein Versteck und Essen finden. So manches Kind mußte seine jüdische Identität völlig aufgeben, weil es zum Beispiel Zuflucht in einer judenfeindlichen Umgebung gefunden hatte.

Das Schattendasein dieser Kinder für die Dauer des Zweiten Weltkriegs vollzog sich als leidvoller Weg. Schon die kleinste Unachtsamkeit, der kleinste Fehler konnte tödliche Folgen haben. Ihre prekäre Lage zwang sie, sich unablässig selbst zu beobachten, sich unter Kontrolle zu behalten und grundsätzlich gegenüber allen Menschen auf der Hut zu sein. Überall konnte zwischen freundlich Gesonnenen ein Feind sein, alle konnten der Feind sein.

Beim Lesen der Berichte damals versteckter Kinder über all das, was sie zu gewärtigen hatten, und angesichts des Mutes und der Charakterstärke, die sie so oft in diesem chaotischen Universum der Verfolgung und der Flucht an den Tag legten, kann ehrliche Bewunderung aufkommen.

Das Drama der versteckten Kinder gehört bis heute zu den ungeschriebenen Kapiteln der Geschichte der Opfer des Naziregimes.

Nach der Befreiung kümmerte sich keine öffentliche Instanz angemessen um die Kinder und Jugendlichen, die da aus ihren Verstecken herauskamen und überwiegend ohne Eltern und oft ohne weitere Verwandte übriggeblieben waren. Was sie erlitten hatten und litten, sah man ihnen nicht an. In den Augen der Erwachsenen jener Zeit waren sie immerhin am Leben und äußerlich ohne gesundheitliche Schäden »davongekommen«. Ganz im Gegensatz zu den älteren Überlebenden der Todeslager. Ein Betroffener hat es so ausgedrückt: »Damals ging man im guten Glauben davon aus, daß wir noch zu klein gewesen seien, um wirklich gelitten zu haben.«

Sie wurden fraglos wieder in die Gesellschaft eingegliedert, mußten ihr Kinder- oder Jugendlichenleben wieder aufnehmen. Und sie waren folgsam, verdrängten ihren Kummer, ihre Verwirrung, ihre Entwurzelung oder auch ihre Schuldgefühle, oft als die Einzigen aus ihren Familien überlebt zu haben, und gaben sich gutwillig alle Mühe, wie die anderen Kinder und Jugendlichen zu sein. Auf ähnliche Weise stürzten sie sich später als junge Erwachsene in das brausende Leben.

Die Gründung eines eigenen Hausstandes, die Geborgenheit ihrer »neuen« Familie und die Geburt eigener Kinder – all dies hätte logischerweise erlauben können, daß sie sich von dieser furchtbaren Bürde befreiten, die die zerrissenen Kinderjahre für sie bedeuteten.

Aber das Leben ist nicht logisch. Ihr Belastetsein, der alte Kummer blieb bestehen. Und alle geben bereitwillig zu, daß zuallererst sie selbst dafür verantwortlich sind. Sie hatten sich so sehr daran gewöhnt, still zu sein, auf sich selbst zurückgeworfen zu leben und vor allen Dingen keinerlei Aufsehen zu erregen, daß es für sie gar nicht in Frage kam, von ihren vergangenen Leiden zu sprechen. Sie glaubten, damit den anderen, oft liebsten Menschen ihrer Umgebung nur Probleme zu bereiten.

»Noch heute, wenn ich meine Geschichte erzählen will, bin ich so durcheinander, daß ich gar nicht weiß, wo ich anfangen soll«, sagte eine Frau bei einem öffentlichen Treffen ehemals versteckter Kinder in New York. Weil viele nicht mit ihren Erinnerungen leben konnten, führten sie ein Als-ob-Leben, um wie andere normale Menschen zu sein. Doch im Laufe langer Jahre eines schiefen Lebens entwischt einem schließlich das, was man zurückhält, in Momenten und an Stellen, wo man es am wenigsten erwartet.

Mit Erstaunen und Überraschung erlebte ich bei den Gesprächen mit versteckten Kindern, daß der alte Schmerz nicht verschwunden war, sondern mit der Intensität von damals in jedem und jeder einzelnen Betroffenen weiterlebte.

Dieses Buch soll ein Spiegel der Erschütterungen ihrer Vergangenheiten sein. Denn darum geht es hier: Wie diese Menschen ihre Leben als Frau und Mann und als Eltern mit der tief in sich hineinversenkten Bürde ihrer geraubten Kindheit führen konnten. Um ihre Geschichte zu erhellen, bin ich in vielen Gesprächen ihren schwierigen, verschlungenen Wegen gefolgt – vom Augenblick der furchtbaren Trennung von den Eltern, über Fluchten und Verstecke bis hin zu ihrem Erwachsenenleben. Auf die Zeit des Sich-Versteckens habe ich dabei besonderes Gewicht gelegt.
Dazu habe ich etwa siebzig Berichte von Betroffenen in Frankreich, Belgien, der Schweiz und den USA gesammelt. Nach Möglichkeit traf ich meine Gesprächspartner an einem ihnen vertrauten Ort, damit sie sich während des Interviews frei bewegen und auch Dinge herbeiholen konnten – etwa eine Fotografie oder ein Dokument, irgendein Andenken – aber vor allem, damit Vertrauen zwischen uns entstehen konnte. Ich habe mich bemüht, die Ausdrucksweise der Einzelnen so gut wie möglich beizubehalten, zum Beispiel auch den Nachdruck, mit dem einige Betroffene bestimmte Erklärungen machten. Zu meinem Bedauern konnten Augenblicke des Verstummens, des Zögerns und der Überwältigung, wenn nur noch Tränen das Vergangene begleiteten, hier nicht sichtbar gemacht werden.
Oft fühlte ich mich nach einem solchen Gespräch niedergeschlagen und fragte mich, was mich überhaupt dazu berechtigte, an die alten Wunden zu rühren. Vielleicht gab diese Frage auch den Anlaß dazu, daß ich bei der Redaktion sehr darauf geachtet habe, den Betroffenen gerecht zu werden, indem ich ihre Worte und Aussagen in aller Einfachheit und Direktheit übermittelte.

An dieser Stelle möchte ich bei allen um Verzeihung bitten, deren Berichte hier nicht aufgenommen wurden – entweder weil ihre Lebensläufe den genannten zu ähnlich waren oder weil beim Abhören der Tonbänder sich eine zu persönliche Erzählung herausschälte, die den Rahmen dieses Buches überstieg.
Für die Zeit, die sie mir widmeten, bin ich allen dankbar.

Manche Erinnerung mag übertrieben oder unglaublich klingen, und da erhebt sich die berechtigte Frage nach der Zuverlässigkeit von Betroffenenberichten. Aber ich kann mit gutem Gewissen versichern, daß alles, was hier geschrieben steht, wirklich erlebt wurde. Ohne Einschränkungen.

Die Schritte auf der Treppe

Ab 1941 wurden die Juden dieses unheimliche Geräusch nicht mehr los: Schritte auf Treppen und in Hausfluren. Ob in Paris, Brüssel, Antwerpen, und später, als auch der freie Süden Frankreichs von den Nazis besetzt wurde, in Lyon, Bordeaux, Marseille. Die Schritte, manchmal ein Trampeln, hallten vom Treppenhaus verstärkt und verzerrt wie ein Donnergrollen aus heiterem Himmel.
Für die angespannt in ihren Wohnungen Abwartenden – an welcher Tür werden sie haltmachen und klopfen? – waren das jedesmal endlos lange Angstminuten an der Grenze des Erträglichen.

22. September 1942. Jom Kippur Tag. Simons Vater war Schneider. Für ihn war der große jüdische Festtag ein Tag wie jeder andere. Seit dem Morgengrauen saß er über seine Arbeit gebeugt, denn dieser Auftrag sollte noch am selben Abend fertig sein und ausgeliefert werden. Die vielen wirtschaftlichen Restriktionen der jüdischen Bevölkerung zwangen dazu, unablässig zu arbeiten, um das Notwendigste zum Leben zu verdienen.
Jeden Tag, oder beinahe, erließ die Vichy-Regierung eine neue Verordnung mit dem Ziel, den Juden das Leben zu erschweren, oder eher, zu verunmöglichen. Der kritische Journalist Jacques Bielinsky, der am 23. März 1943 im Konzentrationslager Sobibor umkam, schrieb dazu:
Es ist von einem neuen Erlaß gegen die Juden die Rede – Erlasse dieser Art hagelt es zur Zeit – der den Juden verbietet, Wohnungen mit Fenstern zur Straße hin zu bewohnen. Eine andere Verordnung untersagt ihnen, auf den Märkten Waren anzubieten. Das erklärt, warum der Flohmarkt beinahe ausgestorben ist.

Und immer noch neue, noch mehr von solchen Anordnungen... Warum nicht gleich auch die Lebensmittelkarten für Juden verbieten? Das wäre gründlicher und beschleunigte das Ganze.

Dem zehnjährigen Simon war klar, daß er an diesem Tag, zum Jom Kippur Fest, nicht in die Synagoge käme. Es wäre zu gefährlich, sich dort blicken zu lassen. Außerdem war Religion und Frömmigkeit der einzig wirklich strittige Punkt zwischen seinen Eltern. Seine Mutter war, wie sein Vater, in Bessarabien geboren. Sie entstammte einer gläubigen jüdischen Familie, in der die Religion einen festen Platz im Leben einnahm. Simons Vater jedoch war allem gegenüber, was mit Religion und Glauben zu tun hatte, recht zurückhaltend.
»Mein Vater sympathisierte mit den Kommunisten«, erzählt Simon heute. »Meine Mutter war sehr fromm. Am Jom Kippur Tag arbeitete sie zwar, weil es einfach gar nicht anders ging, aber sie fastete. Mein Vater war nicht im geringsten gläubig oder religiös eingestellt, aber er war aus tiefstem Herzen Jude.«
Von großen Stoffballen umrahmt ging der kleine Simon noch einmal seine Geschichtslektion durch. Die Mutter arbeitete an der Nähmaschine, der Vater schnitt mit seiner riesigen Schneiderschere große Stücke zu. Plötzlich brach im Treppenhaus ein Gepolter von Schritten los. Die beiden Erwachsenen und das Kind erstarrten auf der Stelle. Der Vater legte die große Schere sehr vorsichtig und geräuschlos auf den Tisch.
»Mein Vater hatte uns immer wieder ermahnt und beigebracht wie wir uns verhalten sollten. Er hatte gesagt: ›Wenn ihr irgendein Geräusch hört, das euch ungewöhnlich vorkommt, müßt ihr sofort völlig still sein, und wenn an die Tür geklopft wird, antwortet ihr auf keinen Fall.‹«
Das Getrampel auf der Treppe ging weiter. In der Wohnung herrschte vollkommene Stille. Ein Schweigen, von dem nur eine einzige Frage ausging: An welcher Wohnungstür werden sie stehenbleiben? Simon wagte kaum zu atmen, und sein Finger, mit dem er den Text seines Geschichtsbuches durchging, blieb starr auf der zuletzt gelesenen Zeile liegen.
Simon erinnert sich heute noch ganz genau an diese furchtbaren Minuten. Die Zeit schien in ein- und demselben Moment stehen-

zubleiben und sich zu teilen. Alles, was ihm an seiner Umgebung vertraut war, verschwamm Stück für Stück ins Uneindeutige.
»Kleinigkeiten, die man normalerweise nur flüchtig wahrnimmt, traten plötzlich überdeutlich hervor und bekamen eine fast unerträgliche Präsenz. Zum Beispiel das Stück Kreide, mit dem mein Vater die Schnittmuster auf den Stoff übertrug. Mit einem Mal sah ich diese Schneiderkreide groß vor mir und konnte ihre kleinsten Strukturen deutlich erkennen. Sie war so präsent, daß ich mich fast bedrängt fühlte.«
Die Schritte auf der Treppe waren immer noch zu hören. In diesem Augenblick wurde der ganze Körper zum Ohr. Mit allen Hautporen wurde auf das leiseste Geräusch geachtet, begierig auf irgendeinen beruhigenden Laut gelauert, damit sich die Furcht auflösen würde, die nur immer noch anwuchs. Simons Vater ließ in Gedanken alle amtlichen Papiere der Familie Revue passieren, die sie als Juden in dieser Zeit unbedingt vorzuweisen hatten. Entgegen seiner Vermutungen fehlte kein einziges.
Noch sehr gut konnte er sich an den Tag erinnern, als er zur Polizei ging, um sich nach dem neuen Gesetz als Jude registrieren zu lassen. Der Verantwortliche, für den er einmal zwei Anzüge genäht hatte – einen zur Hochzeit seiner Tochter, den anderen anläßlich einer Feier der Pariser Polizeipräfektur –, wollte den Stempel mit dem »J« für »Jude« nicht in seinen Ausweis setzen. Er legte ihm sogar in knappem Ton nahe, sofort zu verschwinden. »Ich hab dich hier nicht gesehen.«
Doch der Schneider bestand auf dem Eintrag. Nicht etwa, weil ihm dieser Vermerk in seinem Ausweis gefallen hätte, aber er wollte seine Papiere in Ordnung haben und keinen Ärger mit der Obrigkeit. Simon, der dieser Szene beiwohnte, erinnert sich noch, wie der Polizeibeamte schließlich den Ausweis abstempelte und dabei seine Wut zurückzuhalten versuchte, sich aber dennoch ein paar enttäuschte leise Flüche an die Adresse des Vaters nicht verbeißen konnte ...
Wie bei einer Explosion zerstob auf einmal die Stille; es hämmerte an der Wohnungstür. Und der Kokon aus Furcht, der Simons Familie seit endlosen Minuten einschloß, zerstob. Die Befürchtungen, das Abwarten waren gewichen. Nun hatten sie richtig Angst. Die Tür sprang auf und ließ zwei Beamte in Zivil im Rahmen erscheinen. Geradezu das Klischee von Zivilpolizi-

sten jener Zeit: Unauffälliger Hut und Regenmantel, in der Taille gegürtet. Einer von beiden war ohne Kopfbedeckung, sein strähniges Haar glänzte von Pomade.
Trotz des Halbdunkels auf dem Treppenabsatz, wo er stand, konnte sein so glattes, anliegendes Haar den fahlen Schimmer der Beleuchtung noch reflektieren. So entstanden seltsame schwache Helldunkelstreifen auf seinem Kopf. Der Vater gab den Polizisten die schriftliche Vorladung, die er vor kurzem bekommen hatte, in die Hand. Er erklärte ihnen, daß es für ihn als rumänischen Juden nicht den geringsten Anlaß gab, darauf zu reagieren und sich beim Polizeikommissariat zu melden. Um seine Weigerung zu bekräftigen, setzte er hinzu, daß entsprechende Abkommen zwischen Rumänien und Frankreich getroffen worden waren und daß der rumänische König sich persönlich zum Garanten für die Juden rumänischer Nationalität erklärt hatte, unabhängig davon, wo sie lebten.
Die Polizisten waren einen Moment lang sprachlos. Dieser Mann, der ihnen trotz seines Akzents in korrektem Französisch ganz beherrscht Auskunft erteilte, brachte sie etwas durcheinander – ebenso diese Frau an der Nähmaschine, die sie ohne offensichtlichen Haß betrachtete und dieser Junge, der da gelassen an die Stoffballen gelehnt in einem Buch las. Das war so völlig anders als die üblichen Szenen, das Weinen und Zetern, das sie gewöhnlich auslösten. Sie beschlossen zur Wache zurückzukehren und die Meinung eines Vorgesetzten einzuholen.
Sie machten auf dem Absatz kehrt und gingen wieder. Von neuem ertönte auf der Treppe das Gepolter, diesmal in umgekehrter Richtung. Als Simons Vater die Tür hinter den beiden geschlossen hatte, ging er so selbstverständlich an seinen Arbeitstisch zurück, als ob er gerade zwei Staubsaugervertreter hinauskomplimentiert hätte.
»Es handelte sich um die Verhaftung. Und wenn mein Vater damals nicht daran dachte sich zu retten, dann deshalb, weil er felsenfest davon überzeugt war, wir als rumänische Juden stünden tatsächlich unter dem besonderen Schutz des Königs. Außerdem konnte er sich nicht vorstellen, daß die Nazis alle Juden umbringen wollten. Er sagte immer wieder: ›Was wollen sie denn mit uns machen? Uns alle töten? Das geht ja gar nicht.‹«
Eine Stunde später waren die Beamten wieder da. Sie waren ent-

schlossen, diesmal die Situation fest im Griff zu behalten. Alles an ihrer Haltung – arrogant vorgestrecktes Kinn, breitbeiniges Dastehen und ein metallischer Ton in der Stimme – ließ darauf schließen, daß sie keine Widerrede dulden würden. Sie befahlen Simons Vater einen kleinen Koffer mit dem Nötigsten zu packen und rieten der Mutter, ihrem Mann etwas zu essen mitzugeben.
Da verlor der Schneider seine Gemessenheit, und die Lautstärke zwischen ihm und den beiden Polizisten nahm deutlich zu. Die Gesetzesvertreter, die ihr Terrain um jeden Zentimeter verteidigten, drohten Simons Vater mit Repressalien, falls er weiterhin Widerstand leisten würde. Um sowohl ihre Absichten als auch ihre Machtbefugnisse zu demonstrieren, schickten sie eindeutige Blicke in die Richtung der Mutter und des Jungen.
Dann geschah etwas vollkommen Unerwartetes. Eine Nachbarin, die auf der anderen Straßenseite, der Wohnung direkt gegenüber, wohnte, kam plötzlich herein. Ihr überraschendes Auftauchen stiftete für einen kurzen Augenblick Verwirrung, und Simons Mutter nutzte das sofort aus. Sie schob ihren Sohn zur Nachbarin hin und sagte: »Na, wie gut, dann geh mal schön nach Hause mit deiner Mama.«
Simon faßte die Frau an der Hand und zog sie mit sich. Sie rannten zusammen die Treppen hinunter und überquerten wie im Flug die Straße zur Wohnung der Frau.
»Von ihrem Fenster aus konnte ich alles mitansehen, was bei mir zu Hause passierte.«
Simon sah, wie sein Vater in der Wohnung herumlief und dabei manchmal die Arme in die Luft warf. Wie er seine große schwarze Tasche packte, die große Schneiderschere und jede Menge Kleidungsstücke, die die Mutter ihm zureichte, hineinsteckte und die Tasche schließlich über die Schulter hängte. Wie sie beide daraufhin mit den Polizisten zusammen die Wohnung verließen. Wie unten auf der Straße zwischen Simons Mutter und den Beamten eine Auseinandersetzung anfing.
»Noch vom Fenster unserer Nachbarin konnte ich hören, wie sie zu den Polizisten sagte, sie würde ihren Ehemann auf jeden Fall bis zur Wache begleiten. Nach einigen Minuten des Hin und Her gaben sie nach, und ich sah, wie alle vier sich entfernten. Als sie weg waren, bin ich sofort losgerannt, um meinen Schwestern Bescheid zu sagen.«

Auf dem Polizeirevier wurde die Lage prekär. Der Offizier, der den Schneider kannte, war durch einen Vertreter ersetzt worden, und der hatte nicht die geringste Sympathie für Simons Vater. Zur allgemeinen Verwunderung entschied er, daß auch die Mutter sofort verhaftet war. Die Vorladung habe für alle Gültigkeit, behauptete er.
Simons Schwester Berthe war zur rumänischen Botschaft gelaufen und kam mit der Nachricht zurück, daß die königliche Protektion der rumänischen Juden seit einigen Tagen aufgehoben war... Von da an unterstand Simons Familie wie andere auch den antijüdischen Rassegesetzen, die von der Vichy-Regierung verabschiedet worden waren. Als die Kinder von der Polizeiwache zurückkamen, begegneten sie einer früheren Nachbarin, die inzwischen auf dem Lande lebte. Sie wußte, was vorging und überzeugte die beiden älteren Schwestern davon, daß es am besten war, Simon zu verstecken. Sie schlug vor, ihn bei sich aufzunehmen. Sie würde noch am selben Tag mit dem Jungen aus Paris abreisen. Auf die Schnelle wurde ein Koffer gepackt, und am späten Nachmittag verließ Simon die Stadt.
»Später erzählten mir meine Schwestern, daß am nächsten Tag zwei andere Polizisten kamen und mich abholen wollten. Die Concierge in unserem Haus hatte die Geistesgegenwart zu behaupten, zwei Beamte seien am Morgen schon dagewesen. ›Und dieses Kind zweimal verhaften kann man ja nun wirklich nicht‹, hatte sie angefügt.«
Simon sollte seine Eltern nie mehr wiedersehen.

31. Juli 1943. Es war gerade elf Uhr abends. Annette war acht Jahre alt. Vielleicht wegen der Sommerhitze, vielleicht auch wegen der Stimmung – fand sie einfach keinen Schlaf. Vor ein paar Stunden war die ganze Großfamilie, das heißt Kinder und Kindeskinder, aus Erschrecken über eine Verhaftungswelle zum Domizil der Großeltern geeilt. Jedes Paar hatte vorsorglich etwas zu essen mitgebracht, was in dieser Kriegszeit alles andere als einfach war, denn der jüdischen Bevölkerung war der Zutritt zu den Lebensmittelläden nur noch zu bestimmten Zeiten erlaubt, wenn die Regale schon leer waren. Das Mitgebrachte war in wirklich guter Laune zusammengestellt und zu einem Abend-

essen bereitet worden. Und Annette und ihre um zwei Jahre jüngere Schwester hatten mit Großvater gespielt.

Nach der Mahlzeit deckten die Erwachsenen den Tisch ab und spülten Geschirr, während die Großmutter ihre Schränke öffnete und hervorholte, was gebraucht werden mochte. Sie verteilte bald alles, was nur irgendwie zum Bettenbauen dienen konnte. Mit Laken, Kissen und Decken in Händen suchte sich jeder einen Platz in der Wohnung und richtete sich eine Schlafstelle ein. Um elf Uhr waren fast alle schon eingeschlafen.

Annette lächelte. Sie hatte das improvisierte Bett ihrer Eltern entdeckt, eine Matratze zwischen dem wuchtigen Schrank und dem Geschirrbüffet. Ihre Mutter stützte sich auf einen Ellbogen auf – sie hatte sie bemerkt – und gab ihr ein Zeichen, sie solle endlich schlafen. Aber dann lüftete sie doch noch kurz die Decke und nahm Annette zu sich. Das kleine Mädchen schmiegte sich an die Mutter und genoß ihre Nähe.

In diesem Augenblick brach draußen auf den Treppen ein lauter Galopp aus. Sofort war die ganze versammelte Familie auf den Beinen. Die Männer gingen vorsichtig an die Eßzimmerfenster heran und sahen hinaus. Unten blockierten zwei große Polizeitransporter die beiden Enden der kleinen Rue Eugène Fournier. Von Stockwerk zu Stockwerk hallte das Hämmern an den Wohnungstüren. Ein Fenster nach dem anderen wurde hell, laute Befehle ertönten, hier und da flehte jemand die Beamten an. Geschrei und Jammern waren im ganzen Haus zu hören.

Annette sah plötzlich Polizisten vor sich. Das waren dieselben Männer, denen sie jeden Tag begegnete, wenn sie mit einem magischen Pfiff auf der Trillerpfeife an großen Kreuzungen die Wagen anhielten, damit sie und ihre Mama die Straße überqueren konnten. Diesmal pfiffen sie nicht, sie sagten nur im Befehlston: Los, Beeilung, Beeilung...

Annette hätte gerne gefragt, warum. Was gab es mitten in der Nacht so Dringendes zu tun? Sie hatte keine Angst, aber sie klammerte sich an die Jacke ihrer Mutter, die die kleine Schwester auf dem Arm trug, wie ein Ertrinkender an einen Strohhalm. Sie begriff nicht recht, was da geschah. Sie erinnert sich noch genau, wie sie vor dem Haus von nächtlicher Hitze überfallen wurden, daß die Kleidung am Körper klebte und auch auf den Gesichtern der Schweiß ausbrach.

Mitten auf der Gasse stand breitbeinig ein Polizist und bedeutete den Familien mit mechanischen Armbewegungen, in welchen Wagen sie einsteigen sollten. Annette wartete ab, bis sie an die Reihe kamen. Das Ganze erinnerte sie an den Autobus, in dem sie manchmal mit der Mutter zusammen fuhr. Zwei Arme streckten sich ihr aus der Menschenmenge entgegen und hoben sie in den Gefängniswagen. Ihr Großvater setzte sie auf seine Knie. Sie drückte sich an die Brust des alten Mannes, konnte bald ihre Tränen nicht mehr zurückhalten und weinte leise vor sich hin.

Auf der Polizeiwache Mont-Cenis herrschte das völlige Chaos. Die überforderten Beamten wußten nicht mehr, wo ihnen der Kopf stand. Ununterbrochen spuckten einfahrende Polizeiwagen unzählige Neuankömmlinge aus, denn in dieser Nacht waren mehrere Teilgebiete des 18. Arrondissements gesperrt und geräumt worden, und alle Verhafteten mußten einzeln registriert werden. Die vielen fremd klingenden Namen verwirrten die Polizisten zusätzlich.

Kinder mit verängstigten und übermüdeten Gesichtern schrien unablässig; alte Leute verlangten, nach Hause gebracht zu werden, um ihre in der Eile vergessenen und unbedingt benötigten Medikamente holen und nehmen zu können. Ein Mann mit verbissenem Gesicht haute auf den Tisch: Er hatte die Lebensmittelkarten für seine Mutter im 14. Arrondissement abgeholt und mußte sie ihr unbedingt noch geben – wie bekäme sie sonst etwas zu essen?

Andere Männer breiteten auf der Theke eine Reihe von Papieren aus: Kennkarte, Heiratsurkunde, Militärdienstausweis, und einige auch eine Naturalisierungsurkunde. Sie erklärten den Polizisten, die inmitten des Trubels kaum etwas verstanden, daß sie sich 1939 freiwillig zur Verteidigung Frankreichs gegen die Nazis gemeldet hatten. Eine ältere Dame hatte einen überwältigten Beamten am Rockaufschlag gepackt und versuchte ihm auf jiddisch klarzumachen, was es hieß, im Polen des ausgehenden 19. Jahrhunderts als Jüdin aufzuwachsen.

Mitten in diesem immer vollkommeneren Tohuwabohu gelang es Annettes Großvater, mit einem höheren Beamten zu sprechen und ihn zu bitten, die beiden kleinen Mädchen wegbringen zu dürfen. Der Polizeioffizier dachte zuerst, der alte Mann wollte vielleicht bei dieser Gelegenheit flüchten, wurde jedoch durch das Angebot, zwei Polizisten zur Begleitung mitzuschicken, umgestimmt. Bevor er aber weiter darauf einging, vergewisserte er sich noch, wohin die beiden Mädchen gebracht werden sollten.

»Da erzählte ihm mein Großvater von seiner Tochter Suzanne, die als einziges seiner Kinder an diesem Abend nicht zu ihm und seiner Frau zum Übernachten gekommen war.« Trotzdem mußte dann noch ein wenig verhandelt werden, bis der Polizist sie gehen ließ.

So kam es, daß Suzanne, die im Jahr 1943 achtundzwanzig Jahre alt wurde, in der anbrechenden Morgendämmerung eine eigenartige kleine Gesellschaft bei sich empfing: ihren Vater, ihre zwei kleinen Nichten und zwei Polizisten. Der alte Herr informierte seine Tochter über die Verhaftung der ganzen Familie. Sie erklärte sich bereit, Annette und deren kleine Schwester bei sich aufzunehmen. Die beiden Polizisten, die von ihrem Sonderauftrag nicht gerade begeistert waren, hatten es eilig, wieder zur Wache und anschließend nach Hause zu kommen. Sie kürzten das Gespräch zwischen Vater und Tochter ab – mit eben jenem Takt und Anstand, der zu ihrem Beruf gehörte – was nur heißt, daß sie Suzannes Vater gerade noch genug Zeit ließen, seine Tochter zum Abschied kurz zu umarmen. Das war die letzte Minute ihres Zusammenlebens.

Annette liebte ihre Tante Suzanne. Sie war eine schöne junge Frau mit lustigen Augen. Sie trug zu dieser Zeit eine Schwangerschaft aus und war guter Dinge. Sobald die Männer gegangen waren, brachte sie ihre beiden Nichten ins Bett. Paulette, die kleinere, fiel sofort in einen unruhigen Schlaf, während Annette mit Wohlbehagen unter die Decke glitt, aber nicht einschlafen konnte. Mit weit offenen Augen fixierte sie ein winziges Loch in dem obligatorischen schwarzblauen Verdunkelungspapier, das an den Schlafzimmerfenstern klebte. Durch diese kleine Lücke konnte sie den langsam heller werdenden Morgenhimmel beobachten.

Allerlei Bilder gingen ihr im Kopf herum. Jedes einzelne enthielt ein Stückchen der nächtlichen Ereignisse, die sie in eine Art vernünftigen Zusammenhang zu bringen versuchte. Bis zum Eindringen der Polizisten in die Wohnung der Großeltern, schienen

sich die Begebenheiten, die nun auseinandergerissen aus ihrem Gedächtnis aufstiegen, noch aufeinander zu beziehen. Danach brach das Durcheinander aus.
Einzelheiten, als sie die Treppe hinuntergingen, traten abwechselnd hervor und nahmen eine bedrängende aber unverständliche Gestalt an: die Finger eines Mieters, der seine Weste zuknöpfte, ein Paar Handschuhe auf der abgerundeten Armlehne eines Sessels, eine Baskenmütze, die einem Mann vom Kopf fiel, die weiße Glaskugel der Treppenhausbeleuchtung, der Hals einer Dame, die die Treppe hinunterging, die tiefen Falten und ihre spitzen Knochen…
Nachher auf der Straße schien alles wieder normaler auszusehen, jedes Element schien an seinem Platz und in einem nachvollziehbaren Ablauf begriffen. Die dunkle Menge der Verhafteten, die zu den Gefängniswagen gingen, das Mietshaus mit seinen hellen Fenstern, die Stimme eines Polizisten, der sagte: »Das Gebäude ist leer. Wir können fahren.«
Annette merkte, daß sie nicht in der Lage war, eine Verbindung zwischen all diesen momentanen Eindrücken herzustellen, die ihr deutlich, aber isoliert voneinander und in sinnloser Reihenfolge vor Augen traten. Sie wollte am liebsten ganz unter den Decken verschwinden und schloß die Augen. Da spürte sie zum erstenmal starke Krämpfe im Bauch, so schmerzhaft, daß sie die Fäuste ballte, um sie auszuhalten. Trotzdem hätte sie beinahe nach der Tante gerufen. Doch der Krampf kam nur für einen Moment, klang dann ab und war wieder verschwunden. Danach war ihr zumute, als hätte sich große Angst in ihr zusammengekrampft.
Annette und Paulette waren gerade zwei Tage bei ihrer Tante Suzanne, und als sie am Morgen des dritten Tages alle zusammen mit halbleerem Einkaufsbeutel vom Markt zurückkamen, stürzte ihnen unten im Hausflur die aufgeregte Concierge aus ihrer Loge entgegen. Sie wandte sich an Suzanne und sagte ihr leise, daß oben an ihrer Wohnung schon seit einer Stunde zwei Typen auf sie warteten.
Die junge Frau zögerte einen Augenblick und fragte sich, ob sie es mit den beiden aufnehmen oder lieber mit den kleinen Mädchen flüchten sollte… Aber eigentlich konnten diese Männer so gefährlich nicht sein, also ging sie hinauf. Sie warteten tatsäch-

lich vor ihrer Wohnungstür auf sie. Der gelbe Stern, den sie an ihrer Kleidung trugen, kennzeichnete sie als Juden. Das beruhigte Suzanne.

Dann begann ein seltsamer Dialog. Einer der beiden Männer, der eine Mütze trug, erklärte ihr, daß er und sein Freund sie verhaften und nach Drancy bringen würden.

»Das verstehe ich nicht. Diese Männer waren Juden und verhafteten andere Juden?«

»Ich weiß es nicht. Ich kann mich nur noch erinnern, daß sie etwas von ›Geiseln‹ sagten, so etwa, die Deutschen hätten ihre Frauen und Kinder als Geiseln genommen.«

»Oder waren es vielleicht Polizisten, die sich als Juden ausgaben?«

»Das ist auch möglich.«

»Aber eigentlich war doch eine solche Maskerade ganz unnötig. Die Polizei hatte ohnehin alle Rechte.«

»Ich habe es nie erfahren. Damals war ich erst acht Jahre alt. Seit Jahren suche ich nach einer Erklärung.«

Suzanne bat die beiden, in einer Stunde wiederzukommen, damit sie in der Zwischenzeit ihren Koffer packen konnte. Sie willigten ein und gaben als Treffpunkt den Boulevard Ney an, nur ein paar Schritte von der Wohnung entfernt.

»Hatte Ihre Tante nicht daran gedacht, sich zu retten?«

»Sie war im achten Monat schwanger, da war das unmöglich. Und dann waren da auch noch meine kleine Schwester und ich.«

Sehr wahrscheinlich spielte Suzanne dennoch mit dem Gedanken zu flüchten. Etwa eine Stunde später ging sie mit den Mädchen ohne Koffer und nicht in Richtung des Treffpunkts los. Doch da tauchten beide Männer an der Straßenecke plötzlich vor ihnen auf. Als Suzanne sie bemerkte, machte sie sich brüsk von den Kindern los und scheuchte sie mit Nachdruck wie lästige Fliegen davon. Sie wollte unbedingt die Mädchen heraushalten. Und die Männer taten so, als ob sie die beiden Kleinen gar nicht gesehen hätten.

Sie eskortierten Suzanne von beiden Seiten bis zu einem wartenden Auto. Noch während Annette zusah, wie ihre Tante davongefahren wurde, begriff sie, daß sie von da an mit ihrer jüngeren Schwester alleine war.

Wohin gehen? An welche Tür anklopfen? Ihre ganze Familie war nun verhaftet.
»Hatten Sie keine Angst?«
»Nein. ... Mich beschäftigten vor allem zwei Dinge: eine Lösung zu finden und daß meine Schwester nichts von dem Ganzen mitbekam.«
»An all das haben Sie gedacht, mit knapp acht Jahren?«
»Ich glaube, unter bestimmten Bedingungen wird man sehr schnell erwachsener.«
Die erste Tat Annettes war, zum Wohnhaus der Tante zurückzulaufen und ein Gespräch mit der Concierge anzufangen. Als diese den Bericht von Suzannes Verhaftung angehört hatte, sagte sie in bestürztem, mitleidvollen Ton, sie könne Annette und Paulette nicht unterbringen und dürfte ihnen auch nicht erlauben, in die Wohnung zu gehen, weil bestimmt gleich die Polizei käme und Siegel an der Tür anbringen würde.
Annette lief daraufhin in die Gegend um die Rue Eugène Fournier. Sie erinnerte sich, daß ihre Mutter dort eine Frau kannte und sich mit ihr angefreundet hatte. Sie lebte mit einer großen Familie, und Annettes Mutter war ihr mehrmals zu Hilfe gekommen – sei es mit Kleidung für die Kinder oder mit Essen.
Diese Frau, die sehr wohl die große Razzia in der Straße miterlebt hatte, denn sie wohnte direkt im Haus neben den Großeltern, äußerte sich noch direkter als die Concierge. Sie gab den kleinen Mädchen etwas zu essen und erklärte Annette anschließend, sie könne sie nicht aufnehmen, weil sie nicht genug Platz in der Wohnung hätte.
Die beiden Schwestern standen wieder auf der Straße. Doch Annette verlor nicht den Mut. Sie nahm Paulette fest an die Hand und lief geradezu weiter, auf der Suche nach einer Lösung. Als sie den Square Clignancourt entlangging, fiel ihr plötzlich ein bestimmtes Mietshaus wieder ein, das dort stand.
»Auf einmal wußte ich auch, woher ich dieses Haus kannte. Dort wohnten die Schwiegereltern meiner Tante Suzanne.«
Sie trat in die Eingangshalle, und nach einigem zögerlichen Suchen fand sie auch den in Frage kommenden Namen an einem der Briefkästen. Die zwei Kinder stiegen die Treppe zur Wohnung hinauf. Zufällig war Suzannes Schwiegermutter zu Hause und öffnete ihnen. Annette erzählte ihre Geschichte. Zuerst die

Verhaftung der ganzen Familie und dann Suzannes Verhaftung am späten Vormittag. Die verständnisvolle Frau beherbergte sie für einige Tage. Währenddessen benachrichtigte sie ihren Sohn, der zusammen mit einem Onkel Annettes in der Dordogne im Widerstand kämpfte.
»Mein Onkel Jacques kam eines Morgens bei uns an, und am nächsten Tag fuhren wir mit ihm zusammen in die Dordogne.«
»Und damit war dann der Alptraum zu Ende?«
»Im Gegenteil, damit ging er erst los.«

Jacques R. war bewußt, daß er sich verspätet hatte. Er gab seinen Schritten mit Nachdruck mehr Tempo. Die Vorstellung im Kino »Le Cyrano« in der Rue de la Roquette wollte er auf keinen Fall verpassen. »Münchhausen« wurde gegeben, und es hieß allgemein, der Film sei sehenswert. Alle seine Freunde kannten ihn schon. Sie hatten viel gelacht. Und Anlässe zum Lachen gab es sonst in diesem Jahr 1943 wirklich sehr selten. Für den Nachmittag hatte sich sein Vater mit ihm im Café Bosphore in der Rue Sédaine verabredet. Wenn er ein gutes Geschäft auf dem Markt gemacht hätte, würde er ihm das Kino spendieren.
Jacques war so in Eile, daß ihm der Schweiß den Rücken herunterlief. In diesem Moment beschäftigten ihn vor allem zwei Fragen: Würden Vaters Geschäfte auf dem Markt gut gewesen sein und wäre er schnell genug, um pünktlich zur einzigen Vorstellung zu kommen, die für diesen Nachmittag angekündigt war. Er war sehr pedantisch und haßte es, zu spät zu einer Filmvorführung zu kommen. Ein richtiger Kinobesuch, dazu gehörte für ihn, in Ruhe seinen Platz auszusuchen, sich auf seinem Sessel einzurichten und seinen Mantel ordentlich, wie er es von seiner Mutter gelernt hatte, über die Lehne zu legen. Dann voller Vorfreude die Minuten abzuwarten, bis das Licht wie von Zauberhand langsam ausgedreht wurde und der Vorhang sich öffnete ...
Als er an der Kreuzung Rue Sédaine und Rue Popincourt ankam, war diese von einem großen dunklen Polizeiwagen abgeriegelt. Einige Passanten, die so taten, als ob sie nichts bemerkten, beobachteten das Geschehen aus den Augenwinkeln. Jacques verlangsamte seinen Schritt, dann blieb er etwas abseits stehen. Die

Schwingtür des Café Bosphore war weit geöffnet und festgeklemmt worden. Zu dieser Nachmittagsstunde lag der Raum noch im Halbdunkel. Von außen konnte man nicht sehen, was drinnen vorging. Nur ab und zu schimmerten ein paar Knöpfe oder Tressen einer Polizeiuniform auf.

Jacques wußte nicht, wie er sich verhalten sollte. War es besser, näher an das Café heranzugehen oder dort, wo er stand, abzuwarten? Razzien, ja, die hatte er schon öfter gesehen. Seit 1941 war seine Wohngegend, das 11. Arrondissement, schon mehrmals heimgesucht worden. Aber jetzt, das begriff er, betraf es ihn direkt. Er entschloß sich und wollte gerade einen Fuß vorsetzen, als er sofort wieder innehielt – noch in der Schwebe zwischen Bordsteinkante und Straße. Ein Uniformierter kam soeben aus dem Café heraus und pfiff durchdringend auf seiner Trillerpfeife, um die Schaulustigen zum Weitergehen zu veranlassen.

Eine Hand legte sich auf Jacques' Schulter und schob ihn unter das Vordach eines koscheren Hauses. Der Mann neben ihm mochte Mitte vierzig sein, er war groß und schlank und trug eine dunkle Brille. Dieser Unbekannte zitterte am ganzen Leib, sogar im Gesicht.

Jacques wandte sich wieder dem Caféeingang zu. Mit beeindruckender Gelassenheit trat ein Mann nach dem anderen aus dem Dunkel des Cafés heraus, überquerte das helle Geviert der Straße, um gleich darauf im dunklen Polizeitransporter zu verschwinden. Der fremde Mann neben Jacques sagte: »Siehst du, dort, diesen ziemlich großen Mann. Das ist mein Bruder.« Jacques' Blick fiel auf einen hochgewachsenen Mann, der im Gehen ein Kartenspiel zusammenlegte. Er hatte die sehr aufrechte Haltung eines Spaziergängers und lächelte einer unsichtbaren Person zu. »Ich war hierhergekommen, um ihm die Geburt seines Sohnes mitzuteilen. Es ist sein erstes Kind«, fügte der Mann hinzu.

Dann trat Jacques' Vater aus der Tür. Sein Gesicht war ernst, und er sah suchend um sich. Bestimmt hielt sein Vater nach ihm Ausschau, dachte der junge Mann. Er machte eine kleine Bewegung nach vorn, um den Unterstand zu verlassen, doch der andere neben ihm hatte seine Absicht geahnt und hielt ihn am Arm fest. »Geh da nicht hin«, flüsterte er. »Man kann nie wissen«.

Jacques fragte ihn, ob ihm etwas bekannt sei, wohin die Verhafteten von der Polizei gebracht würden. »Wahrscheinlich nach Drancy«, antwortete er.
»Nach Drancy«, seufzte der Jugendliche, »da ist er schon im September 1941 gewesen.« Und er setzte hinzu: »Wissen Sie, er war damals fünf Monate dort.« Dann fragte er sich selbst zutiefst beunruhigt, wie lange sie ihn wohl diesmal festhalten würden und ob er überhaupt zurückkommen würde.

Was war passiert?
In Fanny B.'s Gedanken schlängelte sich diese Frage durch alle Zufallsbilder hindurch wie ein Reptil. Oder sie wurde zu einem dunklen Pfeil, der ihre Erinnerung in schwarzweiße Streifen zerschnitt. Sie lag bäuchlings auf einer schmutzigen Pritsche im Kommissariat des 17. Arrondissements, wo sie zusammen mit ihrer Mutter und ihrem Bruder die Nacht verbracht hatte.
Sie brauchte frische Luft. Zuerst richtete sie sich mit dem Oberkörper auf, stützte sich dann auf ihren rechten Ellbogen, hob den Kopf und schnappte mit offenem Mund nach Luft. Die schmierigwarme Luft in der Zelle, in der sie seit langen Stunden gefangen waren, stank nach übergegangener Wurst. Seit einigen Wochen roch für ihr Empfinden alles Schlechte nach Fäulnis. Sie fragte sich, woher diese Wahrnehmungen bei ihr kamen, denn sie hatte noch nie verdorbene Wurst gerochen.
Sie legte sich wieder hin und rollte sich zusammen wie eine Katze. Zwischen den Latten der Liegebank öffnete sich eine dunkle Tiefe. Der Fußboden war übersät mit Abfällen, leeren Zigarettenschachteln und allem möglichen Zeug, das ihre Vorgänger in dieser Zelle zurückgelassen hatten. Sie benutzte die Dunkelheit unter der Pritsche, um den Blick hineinzuversenken und die ganzen Ereignisse der letzten Zeit vor sich Revue passieren zu lassen.
Was war passiert?
Die polternden Schritte auf den Treppen des Mietshauses Nummer 68, Avenue de Clichy, in der furchtbaren Nacht des 16. Juli 1942... Sie erinnerte sich, wie diese Schritte von Stockwerk zu Stockwerk lauter wurden. Ein dumpfes Rumpeln, das keine definitive Form annahm. Dann plötzlich die Gewalt der hämmernden Fäuste an der Wohnungstür, der Riegel am Türschloß, der

sicherlich dem Druck nicht standgehalten hätte, wenn ihr Vater nicht doch noch geöffnet hätte.
Und dann standen sie unvermittelt im Flur, zwei Zivilbeamte in Regenmänteln, die nach kaltem Tabak rochen. Die Polizisten hatten rote Lidränder, was von ihrer Nachtarbeit kündete, die darin bestand, Juden zu verhaften.
Wie spät mochte es gewesen sein? Gerade fünf Uhr morgens. Ein schwächlicher Morgendämmer fiel durch die Wohnzimmerfenster auf den weißen Behang der Sofarückenlehne.
»Welchen offiziellen Grund gaben die Polizisten für die Verhaftung Ihres Vaters an?«
»Sie sagten nur: ›Wir sind gekommen, um Sie zu verhaften.‹ Das war alles. Ich kann mich nicht erinnern, daß mein Vater sie nach einer Begründung fragte. Ich glaube, kein Jude hat diese Frage gestellt.«
Einer der beiden Flics befahl Fannys Vater in kaum freundlich zu nennendem Ton, einen Koffer mit dem Nötigsten zu packen und ihrer Mutter, sie solle ihm Essen für ein oder zwei Tage mitgeben. Die ruhigen und langsamen Bewegungen des Vaters, die von seiner langjährigen Arbeit als Graveur herrührten, versetzten die Beamten in gereizte Stimmung. Derjenige von beiden, der noch kein Wort gesagt hatte, bemerkte ohne den geringsten Anflug von Zynismus in der Stimme: »Beeilen sie sich! Wir haben noch mehr Juden zu verhaften.«
»Meine Mutter, mein Bruder und ich begleiteten Vater bis zur Haustür. Als wir hinuntergingen, hat kein einziger Nachbar seine Tür geöffnet. Wir waren völlig allein. Nur die Concierge hat uns in bester Laune neugierig beäugt.«
»Freute sie sich etwa, daß Ihr Vater verhaftet wurde?«
»Ja. Sie haßte die Juden und sagte es auch frei heraus.«
Fanny B. überspringt die schweren Wochen, die sie und ihre Familie seit der Verhaftung des Vaters durchlebten, und beschreibt einen anderen wichtigen Tag. Den frühen Nachmittag des 11. August 1942. Sie war mit ihrer Mutter zu Hause, als zwei Polizisten an die Tür klopften – immerhin weniger gewalttätig als bei der Verhaftung des Vaters. Sie erklärten der jungen Frau, daß die Behörden, deren gesetzliche Vertreter sie seien, inzwischen herausgefunden hätten, weshalb sie am vergangenen 16. Juli nicht zusammen mit ihrem Ehemann verhaftet worden

sei. Sie hätten entdeckt, daß sich ein Rechtschreibfehler in ihrem Mädchennamen auf der Heiratsurkunde eingeschlichen hatte. Nun wäre der Irrtum aufgeklärt und man müsse sie und die Kinder selbstverständlich ebenfalls gesetzesgemäß verhaften.

Fannys Mutter fing an zu weinen und kopflos in der Wohnung umherzulaufen. In dem Durcheinander ergriff die Tochter ihre Chance und entwich.

Sie rannte zu der Werkstatt, wo ihr Bruder arbeitete und ging mit ihm sofort zu ihrer beider Tante Hélène. Diese bekam, als sie von der Verhaftung erfuhr, große Angst und wollte die Geschwister auf keinen Fall bei sich behalten, denn sie war davon überzeugt, daß die Polizei sie auch bei ihr suchen würde. Also kehrten sie nach Hause zurück.

Dort warteten zur Überraschung der beiden Jugendlichen zwei uniformierte Beamte vor der Wohnungstür auf sie.

Sie trugen Fanny und ihrem Bruder ebenfalls auf, sich einen kleinen Koffer mit dem Notwendigsten und etwas zu essen zu packen, bevor sie sie zur Wache mitnahmen. Dort trafen sie wieder mit ihrer Mutter zusammen. Auf der Avenue de Clichy hatte ihnen eine entgegenkommende Passantin noch zugerufen: »Nur Mut, ihr Kinder!« und dann die Polizisten so schwer gescholten, daß diese nicht mehr wußten, wo sie hinsehen sollten. Als sie auf dem Kommissariat ankamen, war es vier Uhr nachmittags.

Der Polizeibus, der zwischen den einzelnen Pariser Polizeiwachen und dem Lager Drancy hin- und herpendelte, um all die Verhafteten abzutransportieren, war um diese Zeit bereits abgefahren. Der Hauptkommissar mußte Fanny, ihren Bruder und ihre Mutter bis zum nächsten Morgen auf der Wache behalten. Zum Schlafen mußten sie sich zu dritt in einer Zelle einrichten, wo sonst Prostituierte, Taschendiebe oder Betrunkene für eine Nacht kampierten.

Am darauffolgenden Tag rief ein Beamter mit Fistelstimme vom Eingang her: »Und wo sind die Kunden?« Fanny B. konnte es genau hören. Sein Tonfall unterschied sich nicht von dem eines Taxichauffeurs, der gerufen worden war und sich nun meldete. Der Bus stand vor der Wache, aber auf der gegenüberliegenden Straßenseite. Fanny hatte vierundzwanzig Stunden lang kein Tageslicht mehr gesehen, als sie aus der Polizeistation heraustrat, und sie empfand das Licht des August wie milden, seidigen Schaum auf ihrem Gesicht.

Zusammen mit Bruder und Mutter stand sie am Straßenrand, als ein Polizist herbeikam und scheinbar in einer Anwandlung aus unerklärlicher Fürsorglichkeit mit großer Geste den Straßenverkehr anhielt, um die drei sicher über die Straße zu geleiten.

Die Doppeltüren hinten an dem Gefängniswagen waren weit geöffnet, und sie stiegen sofort ein. Innen liefen an beiden Seiten lange schmale Holzbänke entlang, auf denen schon viele Menschen schweigend saßen. Es waren Juden, einige trugen den gelben Stern an ihrer Kleidung. Sie schauten nicht einmal auf, sie waren nicht im geringsten neugierig auf die Neuhinzukommenden. Das Unglück hatte für jeden eine Art Wall zwischen sich und der geräuschvollen Welt aufgerichtet. Fanny und Albert halfen ihrer Mutter die beiden metallenen Fußtritte hinauf in den Wagen.

Plötzlich waren Rufe und Geschrei zu hören.

In Windeseile kam eine Frau angelaufen, und schon der Nachdruck, der in ihren Schritten lag, sprach dafür, daß sie nicht aufgeben würde. Sie schrie die Polizisten an: »Halt! Halt! Noch nicht abfahren!«

»Die Tochter meiner Tante Hélène arbeitete damals bei der UGIF (Union Générale des Israélites en France). Als mein Bruder und ich bei unserer Tante gewesen waren, verständigte sie sofort ihre Tochter, und der gelang es, eine Sozialarbeiterin zu mobilisieren. Denn Albert und ich waren Franzosen und noch keine sechzehn Jahre alt. Sie wissen ja, daß normalerweise kein Kind unter sechzehn deportiert wurde. Na ja, ›normalerweise‹... schließlich haben die Nazis ja dann alle abgeholt, selbst die Säuglinge mußten mit.«

Vor dem Polizeibus fand dann eine lautstarke Auseinandersetzung statt. Der Hauptkommissar wollte sich auf gar nichts einlassen. »Aber die Sozialarbeiterin war nicht abzuwimmeln, sie hat sich gut geschlagen. Nach ich weiß nicht wie langem Hin und Her hat er schließlich aufgegeben. Wir holten meine Mutter aus dem Bus, weil wir unsere eingepackten Sachen wieder trennen mußten. Alles sollte sofort passieren. Wir mußten alles auf die Schnelle auf dem Bürgersteig auseinandernehmen. Dann stieg meine Mutter wieder ein. Die Polizisten schlossen die Tür hinter ihr, und der Bus fuhr ab. Ich lief heulend ein ganzes Stück hinterher. Der letzte Eindruck, der mir von meiner Mutter geblieben ist: ein Ausschnitt von ihrem Gesicht, das sie ganz dicht an das winzige vergitterte Wagenfenster preßte. Ein Stück Gesicht, ein Stück von ihr. Und ausgerechnet an diesem Tag, dem 12. August, hatte ich Geburtstag. Ich war dreizehn Jahre alt geworden.«

Seit den frühen Morgenstunden regnete es ununterbrochen – eigentlich ein milder, voller Landregen. Es war sieben Uhr abends. Sarah, die unter dem Namen Suzanne bei einer französischen Familie im 13. Arrondissement in der Rue Patay Nummer 77 versteckt lebte, deckte den Abendbrottisch. Ihre Pflegemutter sah ihr streng auf die Finger. Sarahs eckige, ungeschickte Bewegungen, eine Art Traurigkeit und ihr blasses Gesicht verrieten die Angst, die sie schwer bedrückte und die sie gerne verborgen hätte.

Zwei Tage zuvor hatte eine Klassenkameradin ihr mit schonungsloser Offenheit verkündet, in ihrer Wohngegend gingen Gerüchte um, die besagten, daß ihr Vater verhaftet worden sei. Nach der Schule war sie gleich zur Schneiderwerkstatt ihres Vaters gegangen und trieb sich dort in der Nähe herum. Lange Minuten wartete sie im schützenden Dunkel eines Hauseingangs gegenüber ab. Sie hoffte inständig und betete darum, daß gleich, jetzt, sofort ein Zeichen erschien oder irgendein Ereignis einträte, das sie über das Geschehene und die unmittelbare Zukunft aufklärte. Wenn ihr Vater wirklich verhaftet worden war, wer würde dann die Pension für sie und ihren Bruder bezahlen?

Sarah fiel eine Tasse aus der Hand, die auf dem Fußboden zerschlug. Instinktiv zog sie den Kopf ein, in Erwartung des Tadels, der nicht auf sich warten lassen würde. Prompt schrie die Ziehmutter sie an und drohte, die Tasse auf die Pensionsrechnung für den laufenden Monat zu setzen. In diesem Augenblick wußte Sarah nicht, ob sie lachen oder weinen sollte.

Da wurde auf einmal brutal an die Tür geklopft. Ohne Hast und mit gemessenen Schritten wegen ihrer übermäßigen Körperfülle bewegte sich Sarahs Pflegemutter zum Eingang und öffnete. Ein kalter, feuchter Wind, von dem man Gänsehaut bekam, fegte herein. Zwei Männer standen im Türrahmen. Einer trug ein graues Blouson aus grobem Stoff. Er zog seinen Polizeiausweis hervor und zeigte ihn vor. Er war kurzbeinig und hatte breite Schultern. Der andere, im schwarzen, in der Taille gegürteten Regenmantel und mit einem Hut, von dem das Regenwasser rann, hielt sich im Hintergrund.

»Sie kamen, um mich zu holen. Sie wollten von mir zu meinem Vater geführt werden.«

»Ihr Vater war also doch nicht verhaftet worden?«

»Nein, meine Mitschülerin hatte nur eine halbe Information. Mein Vater sollte verhaftet werden, war aber unter dem Vorwand, noch eine Jacke anziehen zu wollen, ins Nebenzimmer gegangen, dort aus dem Fenster gesprungen und entkommen.«

»Wohin sollten Sie die Polizisten bringen?«

»Sie wußten, daß mein Vater ein Lehrmädchen beschäftigte. Sie dachten, er würde sich bei ihr verstecken. Nur, wie dumm, sie kannten ihre Adresse nicht.«

»Und Ihre Pflegemutter hat Sie mit den Polizisten mitgehen lassen?«

»Es waren immerhin Polizeibeamte, da konnte sie nicht viel machen. Sie hat ihnen nur das Versprechen abgenommen, daß sie mich zurückbringen.«

Es hörte nicht auf zu regnen. Unter dem Dach ihres Regenschirms blieb Sarah aber vor den prasselnden, dicken Tropfen geschützt. Sie konnte ihre Angst förmlich hören. Noch nie hatte sie ein solches Brennen im Bauch und solchen Brechreiz empfunden. Und diese schwere Bedrückung auf der Brust wäre sie gerne wieder losgewesen.

Schweigend gingen die beiden Männer links und rechts neben ihr her. Nur ab und zu, wenn ein Auto im Vorbeifahren eine Sendung Wasser hochspritzte, stieß der eine in der Windjacke einen Fluch aus.

Sarah nahm sich jedesmal zusammen, um nicht in schadenfrohes Lachen auszubrechen. Sollte er doch nasse Füße kriegen! Ihretwegen! Aber bald fühlte auch sie die Nässe durch die abgenutzten Stellen ihrer Stiefel kriechen. Sie sagte nichts. Sie wurde gezwungen, in dieser faden, dunklen Nacht durch den Regen zu laufen, während sie im Warmen bei ihrer Pflegemutter hätte sein sollen. Diese Polizisten hatten einfach kein Herz. Und plötzlich machte sich innerlich eine gähnende Leere, ein immenser Mangel bemerkbar. Ihre Mutter fehlte ihr. Sie biß die Zähne zusammen und bezwang ihre Gefühle, sie wollte vor allem nicht weinen, solange diese Männer dabei waren... Nach und nach tauchten vor ihrem inneren Auge Bruchstücke von Erinnerungen auf, ganz zögerlich und nur sehr wenige, als ob ihr Gedächtnis die Bilder kaum preisgeben wollte.

Sie sah den Pavillon des Rothschild-Krankenhauses wieder vor sich, dann das Zimmer am Ende des Gangs. Da war auch wieder die Dame, die das Krankenzimmer mit ihrer Mutter teilte und auch einen Kuß von ihr bekommen wollte, sobald sie die Mutter begrüßt hatte.

Ein anderer Tag. Ihre Mutter erwartete sie auf der Treppe vor dem Gebäude. Sie sah bleich aus und hatte ganz wächserne Haut. Sie nahm Sarah mit hinein in das Krankenhaus, in den großen Aufenthaltsraum, an dessen hinterem Ende eine große verschlossene Glastür den Blick auf eine Frauenmenge mit Kindern und Säuglingen freigab, die auf der Straße verhaftet worden waren und sich jetzt hinter dieser Tür drängten. Alle redeten laut und gleichzeitig, so daß nichts zu verstehen war. Sarah war ganz betroffen von dem Anblick dieser Frauen, denn viele weinten und zogen sich in sich zurück, während andere stolz ihre hochschwangeren Bäuche vor sich herschoben...

Auf einmal zog ihre Mutter sie am Ärmel aus dem Raum hinaus. Sie hatte auf dem Gang die Schritte der Oberschwester gehört. Wie zwei Diebinnen, die auf frischer Tat ertappt werden könnten, stahlen sie sich davon.

»Jedesmal, wenn ich meine Mutter besuchte, gingen wir zu dem Raum, und die Frauen schoben Umschläge unter dieser Glastür durch. Es waren Briefe. Meine Mutter half mir, sie in meinen Jacken- oder Manteltaschen zu verstecken. Sobald ich das Krankenhaus verlassen hatte, ging ich zum nächstbesten Briefkasten und warf sie unfrankiert hinein.«

Etwas später bekam der Vater eine Benachrichtigung von der Krankenhausverwaltung, in der es hieß, Sarahs Mutter solle eine Decke von zu Hause gebracht bekommen. Vater und Tochter fragten sich, was diese seltsame Anweisung zu bedeuten hatte.

Was sollte das nun heißen? Seit wann mußten Angehörige ihre Familienmitglieder im Krankenhaus mit einer Bettausstattung versorgen? Nachdem sie eine Weile hin- und herüberlegt hatten, beschlossen sie, daß Sarah ihrer Mutter die Decke bringen würde.

Das Rothschild-Krankenhaus stand zu dieser Zeit bereits unter deutscher Militäraufsicht. Am Eingang kontrollierten deutsche Soldaten die Ausweise sämtlicher Besucher, und oft durchsuchten sie sie auch.

Zum Glück hatte Sarah unterwegs eine Eingebung. Es war nichts Bestimmtes, nur vielleicht so etwas wie eine dunkle Wolke, die plötzlich durch ihre Gedanken zog, und wie von weit her eine heimliche Stimme, die sagte, sie solle auf keinen Fall das Krankenhaus betreten. Da beschloß sie, auf diese Stimme zu hören und sofort umzukehren – obwohl sie ihre Mutter gerne besucht hätte.

»Na ja, zwei Tage, nachdem diese Anweisung wegen der Decke gekommen war, erhielten wir eine Karte von meiner Mutter. Sie schrieb uns, daß sie verhaftet worden sei und sich nun im Lager Drancy befände.«

»Heißt das, die Deutschen holten auch Kranke sozusagen aus den Betten, um sie zu deportieren?«

»Ja. Aber bei meiner Mutter waren es nicht einmal direkt die Deutschen, sondern die französische Polizei.«

»Haben Sie dafür Beweise?«

»Ja, einen Antwortbrief der französischen Sozialbehörden vom 27. 11. 1978. Er führt aus, daß meine Mutter vom 17. 11. 1942 bis zum 10. 2. 1943 im Rothschild-Krankenhaus, Boulevard Picpus 33, im 12. Arrondissement untergebracht war und am 10. 2. 1943 von Beamten der Polizeipräfektur verhaftet wurde. Ich habe dank der Bemühungen Serge Klarsfelds auch eine Seitenkopie von der Zugangsliste aus Drancy, auf der meine Mutter eingetragen ist. Lange Zeit lebte auch noch eine Zeugin, die aber inzwischen verstorben ist.« Diese Zeugin war die Frau, die das Krankenzimmer mit Sarahs Mutter teilte. Sie hatte es fertiggebracht, mit der Hilfe ihrer Tochter aus dem Lager von Drancy herauszukommen. Sie erzählte Sarah viel von ihrer Mutter im Lager, von ihrer mutigen und beherrschten Haltung gegenüber den Zumutungen und aberwitzigen »Strafen« dort.

»Sie hat meine Mutter in Drancy noch in den Zug, das heißt, in den Viehwaggon einsteigen sehen. Sie war die letzte mir bekannte Person, die meine Mutter lebend gesehen hat.
Einige Tage nach der Karte von Sarahs Mutter aus Drancy kam ein Päckchen bei Sarahs Vater an. Die Oberschwester der Station, auf der die Mutter gewesen war, hatte es geschickt. Ein roter Pullover und ein Umschlag mit dem Schmuck befanden sich darin. Die Schwester schrieb in dem beigefügten Brief, daß die Mutter ihr den angefangenen Pullover, den Schmuck und etwas Geld für Wolle, um ihn fertigzustricken, bei ihrer Verhaftung übergeben habe, und sie schicke nun alles wie versprochen.
Das Lehrmädchen von Sarahs Vater wohnte in einem alten, baufälligen Häuschen am Ende einer ärmlichen, schmutzigen Gasse. Die ganze Familie lebte zusammengepfercht wie in einem Stall. Als Sarah mit den beiden Polizisten dort ankam, gingen diese gleich an die Durchsuchung, die sie an diesem äußerst ungemütlichen Ort aber sehr kurz hielten. Sie hatten den Schneider nicht gefunden und gingen eilig weg.
»Haben die Polizisten Sie wieder zu Ihrer Ziehmutter zurückgebracht?«
»Ja.«
»Wußten Sie, wo Ihr Vater sich an diesem Abend versteckt hielt?«
»Er hatte sich dort, bei der Familie seines Lehrmädchens versteckt.«
»Heißt das, er war im Raum, als Sie mit den Polizisten an diesem Abend dort waren?«
»Ja, aber sie haben ihn nicht gefunden. Und den ganzen Krieg über haben sie mich verfolgt, um sein Versteck herauszufinden.«

Zvi saß auf dem Teppich.
Er tat so, als ob er Worte mit seinem Scrabble-Spiel zusammensetzen würde, aber in Wirklichkeit wartete er nur darauf, daß sein Vater vom Sessel aufstehen und sich geräuschvoll ausstrekken würde, sich dann mit beiden Händen in der Hüfte nach hinten beugen und wie immer dazu auf jiddisch sagen würde: »Mag's sein wie's will, das hier ist ein prima Fabrikat. Es wird noch lange halten.« Dieser Satz, mit dem er jeden Abend seine

Rückendehnung begleitete, war für den kleinen Zvi wie ein Zauberspruch, denn den Sinn verstand er noch nicht richtig.
Der Junge wartete an diesem Abend wie immer auf den magischen Augenblick, in dem der Vater aufstehen und den Zauberspruch sagen, sich anschließend herunterbeugen und ihn auf seinen Arm heben würde. Dann würde er wieder auf Vaters Schoß sitzen, seinen Kopf an die große Brust lehnen und seine Blicke schweifen lassen …
Wie an jedem Abend, seitdem dieses Spiel zwischen Vater und Sohn angefangen hatte, empfand Zvi seine Umgebung und sogar die Luft, die er einatmete, als angenehm und süß wie die Bonbons, die ihm seine Mutter immer in dem kleinen Laden an der Avenue Gitschote kaufte. Er liebte diese abendliche Atmosphäre – die Stille auf der Straße draußen, das Feuer im Kamin, das auf Teppich und Parkett Licht und Schatten tanzen ließ, und das gemütliche Knarren des Fußbodens, wenn seine Mutter hereinkam oder in der Wohnung umherging.
Ein Satz, den seine Eltern in solchen glücklichen Augenblicken oft sagten, ist Zvi im Gedächtnis geblieben: »In Antwerpen läßt es sich leben als Juden.«
Trotz seiner erst fünf Jahre hatte er diese deutlichen Glücksempfindungen und kann sich gut daran erinnern. Jener Abend des 28. August 1942 in Antwerpen hatte angefangen wie alle anderen. Zehn Tage zuvor hatten sie seinen Geburtstag gefeiert. Seine Schwester Betty hatte ganz aufgeregt und etwas holprig ein Gedicht vorgetragen, aber viel Beifall dafür bekommen. Dann war der große Geburtstagskuchen angeschnitten worden …
Plötzlich ging ein leichtes Zittern durch das Haus, auf den Treppen draußen donnerten Schritte. Betty kam aus ihrem Zimmer herbeigelaufen, die Mutter aus dem Bügelraum, und der Vater stand auf und hielt Zvi auf dem Arm.
Von der Straße her drang Lärm bis zu ihnen hinauf, das Getrampel ließ die Wohnzimmerfenster leise klirren. Schreie ertönten, Gebrüll und Beschimpfungen, und dann das laute Sirenengeheul ankommender Polizeiwagen. Es gab Schlägereien, deren Widerhall deutlich durch diesen ganzen Aufruhr hindurch zu hören war. Zvi hatte mit einem Mal das Gefühl, daß die Zimmerwände sich bewegten und bekam Herzklopfen. Er schloß die Augen. Als er sie wieder aufschlug, befand er sicht mehr auf

Vaters Arm. Drei Polizisten hatten sich mitten im Zimmer aufgebaut. Sein Vater war aus dem Salon gegangen und kam mit dem kleinen Koffer zurück, den sie an Sommersonntagen zum Picknick an französischen Stränden benutzten. Seine Mutter gab dem Polizeioffizier die Papiere zu lesen. Er reichte sie ihr zurück und sagte, er bedaure, aber er müsse die ganze Familie verhaften.

»Das bedeutete, daß auch Sie und Ihre Schwester verhaftet werden sollten?«

»Ja.«

Zvis Mutter hatte vorausahnend von einem nichtjüdischen Arzt in Antwerpen ein Attest für beide Kinder ausstellen lassen, aus dem hervorging, daß sie krank waren und die Wohnung nicht verlassen durften. Es war außerdem vermerkt, daß sie auch nicht transportfähig seien. Aber das alles half gar nichts. Der Beamte überging es einfach. Seine Order lautete, die ganze Familie verhaften, also gab es keine Diskussion.

Die Mutter merkte, daß ihr Plan nicht gelingen, der Kommissar nicht nachgeben würde. Kurzentschlossen riß sie die Wohnzimmerfenster weit auf und rief über den ganzen Straßenradau hinweg laut und nachdrücklich Gott um Hilfe an. Dann wandte sie sich wieder dem Polizeioffizier zu, blickte ihm gerade in die Augen und fragte ihn, wie er es als Kind verkraftet hätte, von seiner Mutter getrennt zu werden.

»Was tat Ihr Vater während dieser ›Szene‹?«

»Er packte ruhig seinen Koffer. Ich erinnere mich, daß er wirkte, als sei ihm dieser Auftritt etwas peinlich. Bestimmt fand er das alles übertrieben.«

Doch wie dem auch war, Zvis Mutter gelang es, den Offizier anzurühren. Er war schließlich damit einverstanden, daß die Kinder zu Hause bleiben würden, wollte aber, daß sie ihren Mann zur Wache begleitete. Sie dürfe dann sofort zurückkehren.

Als sie beim Kommissariat ankamen, sagte der Verantwortliche gleich am Eingang unauffällig zu ihr, sie solle sofort umkehren, ihre Sachen packen und Antwerpen mit ihren Kindern auf dem schnellsten Weg verlassen. Daraufhin umarmten sich der Vater und die Mutter zum letztenmal und nahmen hastig Abschied.

In der Wohnung raffte Zvis Mutter im Handumdrehen das Nö-

tigste für sich und die Kinder zusammen und ging mitten in der Nacht mit den beiden los.
»Wohin ist sie mit Ihnen gegangen?«
»In ein vorübergehendes Versteck, das sie vorbereitet hatte.«
Die Morgendämmerung zog schon auf, als sie in der Rue Spillmans ankamen. Die Straße, die Bürgersteige – alles war schwarz von unzählig vielen Menschen, die warteten. Aus der Dunkelheit kamen Straßenbahnen herangefahren und ließen an den Oberleitungen weiße und blaue Blitze aufscheinen, die hier und dort ein stummes, regloses Gesicht kalt anstrahlten.
»Das war wie verzaubert und gleichzeitig sehr erschreckend. Ich konnte meinen Blick nicht von der Menschenmenge abwenden. Jede Straßenbahn hielt eine Weile an und die Leute bewegten sich in Wellen zu den Einstiegen. Nach und nach füllten sie die hellerleuchteten Fenster dunkel aus. Dann fuhr die Bahn in Richtung Sonnenaufgang ab, und von neuem zischten oben die Lichtblitze. Das war sehr aufregend für mich, und ich wollte keinen Schritt weitergehen. Ich fing an zu weinen, aufzustampfen und schließlich brüllte ich. Aber meine Mutter schleppte mich dann mit Gewalt weiter. Wir kamen nur im Zickzack voran, denn meine Augen klebten an diesen vielen Menschen, die immer weiter in die ankommenden Straßenbahnen einstiegen. Ich begriff damals nicht, warum diese Leute sich für eine Reise bereitmachten, die mir verwehrt war.
Natürlich konnte ich damals nicht wissen, daß sie in den Tod reisten. Ich habe neunundvierzig Jahre lang versucht, zu begreifen, was damals geschehen ist. Das Bild der Rue Spillmans in der anbrechenden Morgendämmerung, schwarz von Menschen, hat meine Nächte seit diesem 28. August 1942 beherrscht – bis zum März 1991. Eines Morgens beim Aufwachen erkannte ich seine Bedeutung: Es drückte meine Trennungsangst aus. Sie hat mein ganzes Leben vergiftet.»

Wenn er sich auf die Zehenspitzen stellte, konnte Jacques K. die Vorladung erkennen, die auf dem Tisch im Eßzimmer lag. Die Buchstaben, mit denen sein Nachname darauf geschrieben stand, sahen hübscher aus als die in seinem Schreibheft.
Zum ersten Mal wurde ein Gespräch zwischen seinen Eltern ziemlich laut.

Seine Mutter bestand darauf, daß sein Vater sich nicht dort melden solle, weil es sicherlich eine Falle war. Und der Vater erwiderte immerzu, daß sie und die Kinder Schwierigkeiten bekommen würden, wenn er nicht hinginge. Aber wo sollte er denn hingehen, und was war daran so beunruhigend?
Jacques K. wollte es herausbekommen und zog sich am Tisch hoch. Da stand: »Lager Malines«. »Lager« sagte ihm nichts, aber Malines kannte er. Und der Junge begriff nicht, weshalb sich die Mutter solche Sorgen machte. In Malines hatten sie vor kurzem bei einem Sonntagsausflug einmal ein Boot geliehen und waren auf dem See gerudert, und das fand er wunderschön.
Die Auseinandersetzung zwischen Vater und Mutter ging weiter. Der Vater meinte, sie solle sich nicht unnötig aufregen, die Vorladung sage klar und deutlich aus, daß er zur Zwangsarbeit eingezogen würde. Die Liste der Kleidungsstücke, die er mitzubringen hatte, zeugte ebenfalls davon. Er klappte sein Köfferchen zu, verschloß es und zog eine leichte Jacke über. Es war Juni, und der Frühling in diesem Jahr war schon so voller Düfte gewesen, daß der Sommer heiß zu werden versprach.
Jacques' Vater umarmte seine Frau und seine beiden Söhne, dann verließ er mit dem Koffer in der Hand das Zimmer und ging zur Wohnungstür. Er warf noch einen kurzen Blick in den Garderobenspiegel im Flur und griff zur Türklinke. Als er sie herunterdrückte, gab sie einen klagenden Laut von sich. Und schon war er verschwunden.
»Wir haben ihn nie wiedergesehen.«
»Die Vorladung war also eine Falle?«
»Meine Mutter hatte Recht gehabt. Der große Trick dabei war die Liste der mitzubringenden Kleidungsstücke, die zusammen mit der Vorladung kam. Dank der großen Denkschrift für die deportierten belgischen Juden, die dem gleichkommt, was Serge Klarsfeld für die Juden in Frankreich geleistet hat, konnten wir herausfinden, mit welchem Transport er deportiert worden war und wohin. Nur sein Todesdatum wissen wir nicht. Seit vielen vielen Jahren versuchen mein Bruder und ich, dieses Datum zu erfahren.
»Was ist nach dem Weggang Ihres Vaters geschehen?«
»Unsere Mutter hat uns versteckt.«

In Frankreich hieß die Vorladung »die grüne Karte« und war nichts anderes als ein böses Spiel mit der Gutgläubigkeit der Menschen. Das Ganze war von den Deutschen angeordnet und von der französischen Polizei oft mit Übereifer ausgeführt worden.

Die französische Polizei legte schon seit dem 13. Mai 1941 einen ungewöhnlichen Fleiß an den Tag, wenn es darum ging, die niederträchtigsten Vorhaben der Deutschen in die Tat umzusetzen. Und dieser Fleiß blieb bis zum Kriegsende ihre Sache.

Den Behörden der Besatzungsmacht ging es um Überraschungsattacken, die den Juden keine Zeit zum Nachdenken und Reagieren ließen. Und vor allem die Kommunikation untereinander sollte damit unmöglich gemacht werden.

Am 13. Mai 1941 überfielen mehrere hundert französische Polizisten, ferngesteuert von den Deutschen und unter dem Deckmantel französischer Gesetzgebung, die Wohnbezirke von Paris, in denen besonders viele Juden lebten. Sie überbrachten eine »Vorladung«, auf grünem Papier gedruckt, der zufolge die Angesprochenen sich am darauffolgenden Morgen bei den Behörden vorzustellen hatten. Auch bei David Diamant, dem Verfasser des wichtigen Buches »Le Billet vert« (Die grüne Karte), knarrten an jenem 13. Mai die Dielen im Treppenhaus ...

Am Dienstag, dem 13.5.41 gegen siebzehn Uhr hörten wir von der Treppe her stürmische, laute Schritte. Ein brutaler Fausthieb an unsere Wohnungstür. Ich öffnete und sah einen Polizeibeamten vor mir, hochrot im Gesicht und merklich in Eile. Mit einer nervösen Bewegung drückte er mir ein grünes Papier in die Hand, das auf den ersten Blick wie ein Rohrpostbrief aussah, und stürzte gleich wieder auf und davon.

Meine Frau und ich entzifferten diese Vorladung. Sie war von überwältigender Klarheit: Ich sollte am nächsten Morgen um sieben Uhr auf dem Polizeirevier vorstellig werden, ein Familienmitglied sollte mich begleiten. Die ganze Nacht über saßen wir beisammen, eng aneinandergeschmiegt. Das Kerzenlicht flackerte traurig. Unsere Gedanken stürzten in ein riesiges Durcheinander und hielten uns hellwach. Erinnerungen zogen an uns vorüber. Der Augenblick für unsere Gewissensprüfung schien gekommen. Wir zogen eine Bilanz unserer gemeinsamen sozialen Arbeit: die revolutionären Jahre, der Kampf gegen den

Faschismus, unser Zusammenleben... Was würde aus uns werden, getrennt und weit entfernt voneinander?
Als der Abschiedsmoment immer näher rückte, sprang ich mit einem Mal auf. Ich hatte mich entschlossen und sagte in entschiedenem Ton: ›Ich werde dort nicht hingehen!‹

David Diamant berichtet, daß die Zustellung der »grünen Karte« bis spät in den Abend und in die Nacht hinein weiterging, in manchen Fällen sogar bis zu wenigen Minuten vor der angegebenen Uhrzeit. Die Strategie, die jüdische Bevölkerung durch eine Vorladung zu den Sammelpunkten zu bewegen – zur Rue Edouard Pailleron, zur Caserne des Tourelles am Boulevard Mortier, zur Rue de la Grange-aux-Belles, zur Caserne de la Rue des Minimes, zur Sporthalle Japy, zur Caserne Napoléon an der Place Vaudoyer, zur Rue Duc im 18. Arrondissement und zum Revier des Bezirks Opéra – hatte beinahe vollen Erfolg, denn auf 5 000 Vorladungen reagierten nur 1 300 Juden negativ, indem sie nicht erschienen, sondern sich versteckten.

Die jüdische Gemeinschaft im Frankreich der dreißiger und vierziger Jahre wollte tunlichst jede Auseinandersetzung mit den französischen Behörden vermeiden. Diese Haltung kostete sie tausende und abertausende ihrer Mitglieder. Der kleine, in den Vorladungstext eingebaute Satz: »Personen, die zu angegebenem Tag und Stunde nicht erscheinen, müssen mit ernsten Strafen rechnen.« verstärkte ihr Gefühl, bei derartigem »Ungehorsam« sofort in die Illegalität zu geraten, was sie verhindern wollten. Und sie interpretierten den Satz: »Sämtliche Ausweise sind unbedingt mitzuführen«, zusammen mit der Bemerkung »zur Überprüfung« als eine der vielen, inzwischen geläufigen polizeilichen Überwachungsmaßnahmen.

Die Erstankömmlinge auf den Revieren wurden sofort hinter die Schranken geholt und bekamen ihre Papiere abgenommen. Viele unter ihnen, so führt David Diamant aus, waren bewußt sehr früh erschienen, in der Überzeugung, es handele sich nur um eine Kontrolle, und hofften, schnell wieder gehen und zur gewohnten Zeit ihre Arbeit aufnehmen zu können.

Die draußen Wartenden erfuhren, was drinnen vor sich ging. Vor allem, daß das begleitende Familienmitglied, das in der Vorladung angesprochen war, nach Hause geschickt wurde, um eine Decke, Kleidung und Essen für ein paar Tage zu holen. Ob-

wohl damit Beunruhigung, manchmal sogar Panik aufkam, dachte niemand daran, aus der Schlange auszutreten und zu flüchten. Man fürchtete, Ehefrau und Kinder damit Repressalien auszusetzen.
So wurden sie in Autobusse gedrängt, die mit großen gelben Transparenten verhängt Paris durchquerten. Diese gelben Fahnen bedeuteten, daß es sich um Quarantäne-Transporte mit ansteckend infizierten Kranken handelte – um jegliche Kommunikation mit Passanten auf den Straßen zu vereiteln. Am Gare d'Austerlitz standen bereits die Züge, mit denen sie nach Pithiviers, etwa vierzig Kilometer von Orléans entfernt, und nach Beaune-la-Rolande gebracht werden sollten.
Diesen beiden ersten von den französischen Behörden auf französischem Boden eingerichteten Internierungslagern sollten weitere folgen.
Serge Klarsfeld schreibt dazu:
Es war die große Razzia vom 14.5. 1941 in Paris und die Errichtung von Lagern speziell für Juden, Pithiviers und Beaune-la-Rolande, sowie die Razzia vom 20.8. 1941 und die Errichtung des Lagers Drancy, die diese Tragödie der Deportation erst ermöglicht haben. Tragisch dabei ist ebensosehr die politische, administrative und polizeiliche Mitarbeit am Völkermord der Nazis, die das Regime von Vichy für immer in Ehrlosigkeit und Schande gestürzt hat.

Bereits seit 1933 hatten in Deutschland und bald darauf in Österreich die Kinder darunter zu leiden, daß sie jüdisch waren. 1935, zwei Jahre nach der Machtergreifung, verkündete Hitler in Nürnberg seine Rassengesetze. Es handelte sich dabei zum einen um das Gesetz über die deutsche Staatsangehörigkeit und zum anderen um das Gesetz zur Reinerhaltung der deutschen Rasse. Daraus ging eindeutig hervor, daß die Juden von der Teilnahme am politischen Leben ausgeschlossen waren. Dies war die erste spektakuläre Maßnahme, die alle weiteren vorbereitete. Die nächste Explosion war schon angelegt...
Ein junger, siebzehnjähriger jüdischer Mann in Paris lieferte den Anlaß dazu. Im Glauben, den Generalkonsul des Dritten Reiches vor sich zu haben, erschoß er in Wirklichkeit den Botschaftssekretär Ernst vom Rath. Sofort war die Nazipropa-

ganda zur Stelle und machte daraus die Begründung für die »Reichskristallnacht«, das Pogrom vom 9. November 1938, als vom frühen Nachmittag bis spät in die Nacht in Deutschland und Österreich terroristische Gruppen, hauptsächlich aus SA bestehend, jüdische Geschäfte, Synagogen und Wohnungen überfielen, zerstörten, die Menschen dort verhafteten, verprügelten oder umbrachten und alles in Brand setzten.

Hélène B. war am 9. 11. 1938 zwölf Jahre alt, als sie in ihrer kleinen Heimatstadt Sankt Goar am Rhein mit ihrer Mutter zusammen in ihr Haus flüchten mußte. Die Horde, von der sie verfolgt wurden, setzte sich vor allem aus Hélènes Schulkameraden zusammen.
Die jugendlichen Terroristen verrammelten die Eingangstür mit Holzplanken. Hélène und ihre Mutter verbrachten die Nacht zitternd vor Angst, während von draußen der Lärm von Verwüstungen und Gewalttätigkeiten bis zu ihnen drang. Die Synagoge wurde in Brand gesteckt, die Schaufenster jüdischer Läden eingeworfen. Am folgenden Morgen kletterte das Mädchen aus dem Fenster und rutschte am Regenabfluß hinunter, um zu einer protestantischen Freundin zu laufen und sie um Hilfe zu bitten.

Laure war gerade elf Jahre alt geworden. Ihr Vater arbeitete als Zahnarzt, die Mutter als Ärztin. Die Familie lebte in Berlin und gehörte der kultivierten Berliner Gesellschaft an, eine Linie von assimilierten, seit Jahrhunderten in Deutschland eingewurzelten Juden. Man war beinahe völlig deutsch geworden und wenig fromm. Bis 1933, dem Jahr von Hitlers Machtergreifung, hatten sich alle Familienmitglieder als deutsch verstanden. Erst seitdem definierten sie sich als jüdisch.
Am 9. November 1938 wurde Laures Vater verhaftet und in ein Konzentrationslager bei Berlin gebracht. Einen Monat lang blieb er dort und wurde nur aufgrund der Bemühungen seiner Frau wieder freigelassen: Sie hatte unterschrieben, daß die ganze Familie aus Deutschland wegginge. Er kehrte als gebrochener Mann zurück. Hatte er früher neben seiner Familie und seinem Beruf die Bücher und seine große Bibliothek geliebt, so zeigte sich hier, was dieser Monat in ihm angerichtet hatte.

»Als er vom Lager zurückkam, ging er geradenwegs in seine Bibliothek. Und dort wütete er los, riß Bücher aus den Regalen, zerriß andere, warf sie auf Haufen – es war entsetzlich mitanzusehen. Mein Vater war ein sanfter, träumerischer und zurückhaltender Mensch, der Wert auf Umgangsformen legte. An diesem Tag habe ich ihn zum erstenmal in meinem Leben wütend gesehen. Noch nie zuvor war er so zornig gewesen, aber in diesen Augenblicken stand eine so furchtbare Wut in seinem Gesicht, daß ich Angst bekam. In diesem einen Monat im Lager muß er erlebt haben, was Menschen anderen Menschen antun können. Er hatte dort das Böse schlechthin erfahren, und von daher waren die Bücher, die ganze schöne Literatur, an der er so hing, sinnlos für ihn geworden.«

Die blutige Bilanz jener Nacht des 9. November 1938 wiegt schwer: 36 Menschen, überwiegend jüdische Kaufleute, waren ermordet worden, 29 jüdische Geschäfte waren völlig abgebrannt, 7500 Geschäfte geplündert und zerstört, 171 jüdische Wohnungen und 191 Synagogen, Gemeindehäuser und religiöse Versammlungsorte waren zerstört und abgebrannt, weitere 76 verwüstet worden.
Die SA hatte sich nicht damit zufriedengegeben, ihren Haß auf den Straßen auszutoben. Auf Anordnung Hitlers wurden in jener Nacht über 20000 deutsche Juden mit Gewalt aus ihren Wohnungen oder von ihren Arbeitsstellen geholt und in Konzentrationslager gebracht. Vorgeblich, um die Auswanderung der jüdischen Bevölkerung aus Deutschland zu beschleunigen. Göring bot ihnen die Möglichkeit, ihrem tragischen Schicksal zu entgehen und sich gegen immense Summen freizukaufen.
Göring zog außerdem finanziellen Gewinn aus dieser Pogromnacht: Er forderte von der deutschen jüdischen Gemeinschaft Entschädigungszahlungen in Höhe von einer Milliarde Mark, da, wie er angab, die Mehrzahl der von den Nazitrupps zerstörten Geschäfte nur von Juden gemietet oder geführt wurden, folglich deutsche Vermieter und Angestellte durch die Verwüstungen zu Schaden gekommen waren.

Am Morgen nach der »Kristallnacht« weigerte sich Lieselotte, Laures Klassenkameradin, sich neben ihr auf die Schulbank zu

setzen. Die Eltern hatten ihr verboten, daß sie noch weiter mit der Jüdin redete oder Kontakt hatte.
Die Mitschüler Henry B.'s hetzten einen Hund auf ihn, der ihn übel zurichtete.
Hélène B. wurde nach der Schule von einer Horde Jugendlicher so sehr verprügelt und getreten, daß sie einen Kieferbruch davontrug – unter den billigenden Blicken eines Lehrers.
»Mein Leben wurde zur Hölle. Jeden Tag auf dem Schulweg mußte ich neue Verstecke finden und warten, bis die ganze Meute vorbei war.«
Kitty wurde von ihrer Lehrerin aus dem deutschen Geschichtsunterricht entfernt.

In den Schulen hagelte es Ohrfeigen, Schläge, Strafen aller Art. Lehrer kamen in SA-Uniformen zum Unterricht. Die Erwachsenen schwiegen, die Presse verhielt sich gleichgültig. Die jüdischen Kinder schrien vor Schmerz – der Himmel schwieg.
Am 17. 1. 1939 titelte die Nazi-Presse: »Hitler zwingt die Juden Deutschlands zur Auswanderung«.
Aber von normaler Auswanderung konnte nicht die Rede sein. Um aus dem »Reich« ausreisen zu dürfen, mußte man als Jude all seinen Besitz offiziell dem Nazi-Staat überantworten oder eine astronomische Summe bezahlen oder diese Summe durch ausländische Familienmitglieder oder Helfende bereitstellen, falls nicht Güter im Ausland verkauft und auf diese Weise die Freikaufsumme aufgebracht werden konnte.

In Wien öffneten zu dieser Zeit die Eltern von Paul S. eines Tages einer Familie die Tür, die ihnen mit offiziellen Papieren in Händen nachwies, selbst die Mieter dieser Wohnung zu sein – vom gleichen Tag an...

Die Flucht

In nur wenigen Minuten wurde ein Kind aus seiner vertrauten Umgebung herausgerissen und in eine andere Welt versetzt, oft ohne den geringsten Anhaltspunkt. Zuerst die brutale Trennung von den Eltern, dann die Notwendigkeit sich zu verstecken. Das Kind mußte, weil es jüdisch war, verschwinden, sich für die Nazis unsichtbar machen. Es wurde eilig und überraschend in Züge, in Autobusse oder Lastwagen gesetzt und wußte meist nicht einmal, wohin die Fahrt ging. Ebenso selten kannte es die Person, die es begleitete. Wie ein Vogel, der immerzu fliegen muß, nirgendwo ein Plätzchen findet, bewegte sich das Kind in einer Welt für sich.

Es mußte lernen, daß der Übergang von einer Sphäre in eine andere Gefahren barg, daß überall, in scheinbar unwichtigen Kleinigkeiten, Fallen lauerten. Es lernte Gefühle kennen, die ihm bis dahin fremd waren: daß das Berührbare unantastbar ist, daß die Zeit sich ausdehnt, daß Traurigkeit ein Dauerzustand sein kann. Es war sehr bald vertraut mit Angst, Hunger, körperlichem Mangel und Not, mit Schmutz, Brutalität, Verlassenheit und, am schlimmsten, mit ständigem Mißtrauen. Diese Wunden blieben – auch nach vielen vielen Sommern und Wintern...

Um denen, die seinen Tod wollten, zu entgehen, mußte das Kind lernen, seine Identität zu leugnen, einen falschen Namen anzunehmen und nie aus Versehen seinen eigentlichen Namen auszusprechen, sein Jüdischsein zu verdrängen, sich nicht zu beklagen, zu weinen oder Schmerzen nachzugeben. Es mußte lernen, still, unauffällig und genügsam zu sein, seine wirklichen Gefühle zu verbergen und mußte sich an die Unsicherheit und sein provisorisches Schattendasein gewöhnen.

Als diese alptraumhafte Reise mit dem Kriegsende abbrach, blieben die versteckten Kinder innerlich zerschlagen, doch lebendig zurück, und ihre verdorrte Kindheit wurde zu ihrem seelischen Gepäck.

Der Wind brauste unter das Glasdach des Bahnhofs. Sein Heulen ließ Laure frösteln. Sie nahm Platz auf der Bank und rückte an ihren Vater heran. Am liebsten hätte sie eine Hand in seine Manteltasche geschoben, um sich zu trösten und aufzuwärmen, aber vor allem, um ihm zu zeigen, daß sie bei ihm war. So konnte sie auf ihre Art sagen, daß sie ihn liebhatte. Aber wegen seines abwesenden Gesichtsausdrucks, der ihn seit ihrer Abreise aus Berlin nicht mehr verlassen hatte, unterließ sie diese Geste. Er war nicht mehr derselbe wie früher, seitdem er aus dem Lager, in dem er einen Monat lang eingesperrt war, zurückkam. Auch sein Blick hatte sich geändert. Er schien in eine andere Welt zu schauen. Etwas wie ein grauer Schleier trübte seine Augen. In solchen Momenten fühlte sich Laure von Traurigkeit überwältigt. Ihr Vater, den sie als vergnügten Menschen kannte, der oft und gerne die schönsten Geschichten erzählte oder neue Spiele erfand, dieser Vater war verschwunden. Er war ihr weggenommen worden, und ein ganz anderer, der wie sein Negativ wirkte, war an die Stelle getreten. Doch was sollte sie machen, sie war erst elf Jahre alt.
Laures Mutter kam zurück zu der Bank, auf der Vater und Tochter beisammensaßen. Ihre Wangen brannten, und in ihren Augen flackerte ein helles Licht. Sie war sichtbar aufgeregt, denn ab und an zuckten ihre Schultern und ihre Hände zitterten leicht. Sie wartete ab, bis die beiden Soldaten vorbeigegangen waren. Dann beugte sie sich zu ihrer Familie herunter und flüsterte ihnen schnell zu: »Ich habe die Leica versteckt.« Mit einer knappen, nur angedeuteten Kopfbewegung bestätigte ihr Mann diese Mitteilung.
Laure lächelte für sich. Der Fotoapparat war ihr seit Kleinkindertagen vertraut, und sie mochte das helle Summen so gerne, das, sobald der Auslöser gedrückt wurde, vom Objektiv ausging. Das war wie Zauberei. Ihre Mutter hatte noch hinzugefügt: »In Belgien werden wir sie verkaufen.«
Ein deutscher Soldat trat neben sie, pfiff auf der Trillerpfeife und bedeutete Laure und ihren Eltern mit einer Handbewegung, ihm zu folgen. Sie liefen einen Gang entlang, in den nur aus kleinen,

unverglasten Löchern ein wenig Licht einfiel. Der vorangehende Soldat schritt so weit aus, daß sie gezwungen waren, sich sehr zu beeilen. Laure sah zu ihrem Vater hin. Dieser Zwangsmarsch setzte ihm zu. Er biß die Zähne zusammen, und an seiner rechten Schläfe lief Schweiß herunter.

Am Ende des Gangs saß ein Militärbediensteter an einem Tisch. Er trug die Familie einzeln in ein Register ein, mit Namen, Vornamen, Geburtsdaten und -orten. Laures Mutter holte die Ausreisebescheinigung aus ihrer Handtasche hervor. Der Beamte hob seine rechte Hand in Schulterhöhe und schnalzte mit den Fingern, worauf der Soldat, der sie hereingeholt hatte, neben ihn hinter den Tisch trat und ihnen befahl, die Hände hoch zu heben.

Laure tat es ihren Eltern nach. Sie hielten die Arme und Hände hoch, und der Soldat durchsuchte sämtliche Taschen an ihrer Kleidung. Als er damit fertig war, deutete er mit einer lässigen Handbewegung an, daß sie die Arme wieder herunternehmen könnten. Daraufhin ergriff er die Handtasche, öffnete sie, wühlte mit beiden Händen darin und nahm alles heraus. Er gab Laures Mutter die Tasche schließlich zurück und verschwand hinter dem am Tisch Sitzenden.

Dieser wies ihnen mit dem Zeigefinger eine Tür. Dahinter öffnete sich ein großer Raum. Ein Ofen bullerte. Vom Ofenfenster fiel das rötliche Licht unregelmäßig züngelnder Flammen auf vier durch dünne Wände abgetrennte Nischen. Vor den Eingängen dieser Kabinen hingen Vorhänge; sie ähnelten Badeumkleiden. Zwei Frauen und ein Mann kamen aus dem Dunkel hinter dem Ofen, wo sie ihre Sitzplätze hatten, auf sie zu.

Der Mann nahm Laures Vater mit zu einer Kabine. Eine der beiden Frauen tat dasselbe mit Laures Mutter, und die verbleibende übernahm Laure. Die Frau zog den Vorhang beiseite und drehte sich zu ihr um. Mit einer Kopfbewegung wies sie auf eine Ablage, wo Laure ihre Puppe absetzen konnte. Diese Frau hatte einen kalten, starren und durchdringenden Blick, der das tiefste Innere eines Menschen zu durchsuchen schien.

Sie befahl ihr, den Mantel auszuziehen und zeigte mit derselben Kopfbewegung auf die drei Haken, die in einer Reihe an der Wand angebracht waren. Laure mußte sich auf die Zehenspitzen stellen, um ihn aufhängen zu können. Die Frau half ihr nicht. Sie gab ihr ein Zeichen, auch den Pullover auszuziehen.

Aus der Nachbarkabine tönten dieselben Befehle wie Peitschenhiebe. Die Leica! Plötzlich fiel Laure die Kamera wieder ein. Und auch die vorausgegangenen Ereignisse traten ihr wieder vor Augen.
Während sie auf ihre Abfertigung warteten, war die Mutter kurz verschwunden. Als sie zurückkam, hatte sie in triumphierendem Verschwörerton gesagt, sie habe die Leica versteckt. Aus Berlin waren sie ohne einen Koffer oder große Taschen abgereist. Sie durften nur 10 Mark mitnehmen, also praktisch gar nichts. Die Mutter hatte den Fotoapparat bei sich versteckt!
Laure fing an zu zittern, denn sie hatte sich ausziehen müssen und stand inzwischen mit nacktem Oberkörper da. Mit einer Handbewegung gab ihr die Frau zu verstehen, daß sie sich wieder anziehen könne. Als sie ihr Hemd überzog, fiel ihr Blick durch eine kleine staubige Fensterscheibe, vor der die belgische Fahne im Wind flatterte.
Eine Frage hatte sie gefangengenommen: Was würde ihnen passieren, wenn der Fotoapparat bei ihrer Mutter entdeckt worden war? Riskierte die Mutter eine Strafe? Aber selbst, wenn sie die Leica nur beschlagnahmten und sie aus Deutschland ausreisen ließen, in Belgien hätte die Familie dann kein Geld. Ihre Mutter hatte gesagt, wenn sie die Kamera in Belgien verkauften, könnten sie ein paar Tage gut davon leben.
»Wir haben dann Deutschland verlassen können und sind nach Belgien gekommen. Aber diese Durchsuchung war eine Tortur. Ich hatte solche Angst, daß ich, als ich aus dieser Kabine heraustrat, meine Zähne eine Zeitlang nicht mehr auseinanderbekam. Ich habe auch nie gewagt, meine Mutter zu fragen, wo sie die Leica versteckt hatte.«

Bei jedem Schritt nahmen die Schmerzen in den Beinen des kleinen Paul S. zu. Der Schnee war locker, daß seine Füße so tief einsackten, als liefe er durch aufgeschüttetes Mehl. Das Herausziehen war am schwierigsten. Er mußte jedes Bein bis zur Brust hochziehen und sich, damit es überhaupt funktionierte, dabei leicht zur Seite neigen. Für die Erwachsenen war es bestimmt einfacher. Aber Paul S. war erst fünf Jahre alt, und wenn er im Schnee einsank, war er halb verschwunden. Er versuchte in der dunklen, dichten Masse, die die Gruppe bildete, seine Mutter

auszumachen. In dieser schwarzen Nacht konnte er sie nur ungefähr an ihrem Schal, der über ihre Schulter wehte, erkennen und an dem hellen Kranz um ihren Hals – den umgelegten Armen des kleinen Kindes, das sie trug.
Trotzdem hatte Paul keine Angst, nein, aber er hätte zu gerne für einen kurzen Augenblick die Gestalt seiner Mutter festgehalten. Bevor sie von Köln aufgebrochen waren, hatte sie alles mit ihm besprochen. Sie hatte ihm eingeschärft, daß er bei diesem zweiten Versuch, über die belgische Grenze zu gelangen, sich um sich selbst kümmern müsse, daß sie ihn diesmal nicht wie vorher ein Stück weit tragen oder sonst bemuttern könne.
Bei der Vorbereitung im Hotel war der Fluchthelfer ganz förmlich gewesen. Er hatte verlangt, daß jeder Erwachsene mindestens eins der vielen Kinder verantwortlich betreut. Pauls Mutter hatte geantwortet, daß ihr Sohn sich selbst zu helfen wisse, und sie schlug sogar vor, daß Paul, obwohl er noch so klein war, ein weiteres Kind an die Hand nehmen könnte.
Paul war sehr stolz, daß soviel Vertrauen in ihn gesetzt wurde. Und er hatte begriffen, daß von einer guten Organisation der Erfolg dieses zweiten Versuchs abhing. So gesehen war der erste Versuch des Grenzübertritts aus purem Zufall schiefgegangen. Zum Gelingen hatte wirklich fast nichts gefehlt. Genau in dem Moment, als die Gruppe eine Baumreihe, die Deutschland von Belgien trennte, passieren wollte, waren belgische Polizisten aus dem Dunkel aufgetaucht. Man riskierte es erst gar nicht, noch Worte zu wechseln; die Gegenwart der Grenzbeamten genügte, um die Österreicher zur Rückkehr nach Köln zu bewegen. Sie waren niedergeschlagen gewesen und verzweifelt darüber, der Freiheit nur nahe gekommen zu sein, aber sie nicht erreicht zu haben.
Diesmal war die Nacht sehr dunkel. Hier und dort tauchte ein winterschwarzer Baum aus dem Nichts auf und verschwand ebenso bald wieder – wie ein Gemälde, das sofort weggewischt wird. Alles war still, nicht der leiseste Wind rührte sich. Als sie von Köln aufbrachen, meinte der Grenzgänger, das sei ein Glück. Paul verstand nicht, weshalb. Er wußte nur, daß man dem Fluchthelfer vertrauen mußte.
Paul ahnte, daß der Versuch diesmal gelingen würde. Er wäre nicht in der Lage gewesen zu sagen, warum, doch er war voller

Zuversicht. In Belgien würden seine Mutter und sein Vater Arbeit finden, und das Leben würde wieder schön, so wie vorher.
Das Kind, das er an der Hand führte, fiel auf einmal hin. Paul half ihm sofort wieder aufzustehen. Er klopfte ihm den Schnee vom Mantel und war ihm behilflich, Gesicht und Hände vom Schnee zu befreien. Das Kind, das etwa so alt war wie er selbst, weinte und jammerte nicht. Es bedankte sich nur mit einem kurzen Kopfnicken bei Paul.
Der kleine Paul war erstaunt und bewunderte das andere Kind auch ein bißchen. Er erinnerte sich daran, wie der Fluchthelfer, bevor sie losgegangen waren, ihnen das Versprechen abgenommen hatte, während des ganzen Fußmarsches weder zu weinen noch zu jammern oder zu quengeln. Er hatte ihnen eingeschärft, vorsichtig und aufmerksam zu sein, und wenn er mit den Fingern schnippte, auf der Stelle stehenzubleiben und abzuwarten. Und unterwegs keinerlei Fragen zu stellen. Paul hatte sich alle Anweisungen eingeprägt. Er hatte sich gesagt, wir können nicht machen was wir wollen, schließlich müssen wir uns verstecken.
In der Ferne bellte ein Hund. Paul hatte den Eindruck, es sei derselbe, der schon vor zwei Tagen die Nacht mit seinem Gebell zerriß... Vor kurzem, als sie durch ein Dorf gekommen waren, hatte er durch ein erleuchtetes Fenster sehen können, wie eine Familie gemeinsam um den Tisch saß und das Abendessen zu sich nahm. Da waren ein Vater, eine Mutter und zwei Jungen zu sehen, und einer der beiden mochte etwa so alt sein wie er selbst.
Plötzlich merkte Paul, daß er viel leichter laufen konnte, als zu Beginn dieses Fußmarsches. Er konnte jetzt einfach mit den Erwachsenen Schritt halten. Er beugte sich ein wenig nach vorn und beschaute seine Beine. Nein, gewachsen waren sie nicht. Er war immer noch wie vorher, gleichzeitig fühlte er sich ganz verändert und war verblüfft.
»Ich kann mich noch sehr gut daran erinnern. Mir war, als würde ich mit jedem Schritt meine Kindheit ein Stück weiter hinter mir lassen. In dieser Nacht zwischen Köln und der belgischen Grenze bin ich, glaube ich, ein kleiner Mann geworden.«

Hélène B. fixierte nervös die große Uhr an der hinteren Wand der Zollabfertigung. Unaufhaltsam rückten die Zeiger auf dem Zifferblatt weiter vor, die kostbaren Minuten verstrichen. Das junge Mädchen sollte in Nancy seine Mutter treffen, die dort mit viel Mühe eine Stelle als Hausangestellte gefunden hatte. Hélènes Koffer lag zwischen ihr und den beiden deutschen Grenzsoldaten auf dem Tisch. Der erste der beiden überragte seinen Kollegen um mindestens zwei Köpfe. Sein rechteckiges, wie aus Holz gehauenes Kinn gab dem Gesicht ein brutales Aussehen, dem der eher weiche Blick zu widersprechen schien. Der andere Mann war untersetzt und hatte einen überraschend breiten Brustkorb im Verhältnis zu seiner übrigen Statur. Er redete langsam, sprach dabei jede Silbe einzeln aus.

Mit einem Kopfnicken befahl der größere von beiden Hélène, ihren Koffer zu öffnen. Ohne mit der Wimper zu zucken entriegelte sie die Schlösser und hoffte auf die Gutwilligkeit der Soldaten. Der Lange hob den Kofferdeckel hoch, beugte sich etwas nach vorn und durchwühlte mit beiden Händen die sorgfältig zusammengelegte Kleidung und Wäsche.

»Später kam mir die Erinnerung an diese Soldaten, die mit vollen Händen meine Unterwäsche auf den Tisch schaufelten, immer wieder hoch.«

Einer nahm die Schlüpfer und Büstenhalter mit spitzen Fingern, was er wahrscheinlich lustig fand, hoch und faltete sie auseinander. Gleichzeitig musterte sein Kollege das Mädchen Hélène mit anzüglichen Blicken. Und die Uhrzeiger bewegten sich unerbittlich weiter.

Der Größere schnappte sich ihr persönliches Tagebuch. Sie fing an zu zittern, als sie sah, wie er das Buch aufschlug und darin herumblätterte. Schließlich blieb er auf einer Seite hängen. Hélène suchte fieberhaft nach einer Antwort auf die Frage, die nun mit Sicherheit gestellt werden würde.

Der andere machte mit dem Kofferinhalt weiter. Er dachte sichtbar über eine Fiole mit Badesalz nach – mit einem erstaunt-stupiden Blick, als sei der Gegenstand in seiner Hand gerade vom Mars gefallen. Der andere, der ganz in der Lektüre des Tagebuchs aufgegangen war, lachte zwei- oder dreimal kurz höhnisch auf. Dann klappte er es zu und warf es mit einer lässigen Bewegung, die seine Verachtung demonstrieren sollte, in den Koffer zurück.

Hélène zuckte zusammen. Eine näselnde Stimme auf der anderen Seite der Glastüren sagte gerade die Ankunft des Zuges an,

den sie nehmen mußte. Sie war ganz aufgeregt. Der Kleinere gab ihr den Befehl, selbst alles wieder einzupacken, was verstreut auf dem Tisch lag. Beim hastigen Zusammenlegen der Schlüpfer, Hemden und der anderen Kleidungsstücke sahen sie ihr ungerührt zu.
Dieselbe verzerrte Lautsprecherstimme wiederholte die Abfahrtszeit ihres Zuges nach Nancy. Hélène hatte das sichere Gefühl, wenn die Soldaten sie jetzt sofort gehen ließen, würde sie den Zug noch erreichen. Aber da hatte sie den Koffer und sein Gewicht nicht einkalkuliert, das sie im Laufen behindern würde. Und um das Maß voll zu machen, wollte sich der Deckel nicht wieder schließen lassen. Innerlich heulte das junge Mädchen vor Wut und Ungeduld.
In einer Anwandlung von Menschlichkeit kam ihr der Größere der beiden einen Moment zu Hilfe. Er stütze sich mit beiden Armen auf den Kofferdeckel und drückte mit dem ganzen Gewicht seines Oberkörpers darauf, so daß der Deckel zuging. Diesen Augenblick nutze er aus, um über Hélènes Hand zu streichen.
Der Kleine fragte indes, warum sie Deutschland verlassen wolle. Sie zuckte innerlich zusammen. Offenbar hatte die ganze bisherige Prozedur ihre Männlichkeit noch nicht befriedigt. Aber sie hatte keine Angst vor dieser Frage. Seit ihrer Abreise aus Sankt Goar hatte sie darüber nachgedacht, weil sie wußte, daß sie spätestens an der Grenze danach gefragt würde. Ohne das geringste Schwanken in der Stimme gab sie zur Antwort, sie sei zur Hälfte Französin und würde zu ihrer Familie fahren.
»Das war sogar die Wahrheit. Mein Vater war Franzose, er hatte meine Mutter 1917 in Deutschland kennengelernt.«
Der Kleine fuhr mit seiner Befragung fort und beobachtete sie dabei mit forschem Blick. Dann fragte er, ob sie Jüdin sei. Seine Frage kam heraus wie ein extrascharf geschliffenes Messer.
»Ich habe innerlich die Zähne zusammengebissen und selbst die kleinsten Gesichtsbewegungen, die mich hätten verraten können, unter Kontrolle gehalten und habe ›Nein‹ gesagt.«
Der Grenzsoldat gab sein Verhör auf. Hélène hielt kurz die Luft an. An seinen Kollegen stellte er die Frage: »Also, was machen wir mit ihr?« Das klang, als wollte er die endgültige Entscheidung loswerden. Der andere interessierte sich schon nicht mehr

für die ganze Angelegenheit und meinte lasch, während er in seinen Hosentaschen nach einer Zigarette suchte: »Laß' sie halt gehen.«

»Da habe ich meinen Koffer geschnappt und bin losgerannt wie eine Verrückte. Doch der Koffer wog schwer, und der Zug stand am anderen Ende der Halle. Um Zeit zu gewinnen, hätte ich direkt die Gleise überqueren müssen, anstatt die Unterführung zu nehmen. Ein Eisenbahner bemerkte meine Notlage und kam mir zu Hilfe. Zusammen rannten wir über die Gleise, und der Zug fuhr gerade an, als ich aufsprang. Ich zitterte noch, als ich in Nancy ankam.

Können Sie sich das vorstellen... nur ein Wort, eine Handbewegung, und ich wäre aus Deutschland nicht mehr herausgekommen.«

Freitag, den 10. Mai 1940, um 5 Uhr 35 am Morgen besetzten die nazideutschen Truppen Belgien. Das Leben der deutschen Juden, die hier Unterschlupf gefunden hatten, wurde zum zweiten Mal aus den Angeln gehoben.

Paul S. kann sich noch deutlich erinnern. An diesem Tag hielt der Lehrer, Monsieur Cempé, es für angebracht, die Ergebnisse der Schülerarbeiten in der vergangenen Woche zu bilanzieren. Paul war dreimal auf dem ersten Platz. Er hatte so gut abgeschnitten, daß der Lehrer ihn den anderen als Vorbild hinstellte: »Strengt euch auch mal so an. Schaut her, Paul, der noch gar nicht so lange hier bei uns ist, kommt schneller voran als ihr!«

»Aber damit hatte er mit keinen Gefallen getan.«

»Hat es Ihnen Neid und Mißgunst eingetragen?«

»Allerdings. Aber mein Problem war, ich konnte einfach nicht aufhören, für die Schule zu lernen. Es war stärker als ich, irgendwie ›mußte‹ ich lernen. Mein Vater riet mir oft zur Vorsicht. Er sagte, wenn ein Fremder besser ist als ein Einheimischer, kann das gegen ihn zurückschlagen.«

Der Lehrer kam hinter seinem Schreibtisch hervor, stellte sich auf das Podium und klatschte ein paarmal in die Hände. Schon beim ersten Klatschen sprangen die Schüler auf und rannten stürmisch zum Ausgang.

Paul fühlte sich etwas beklommen. Er hatte auf den Gesichtern seiner Klassenkameraden ablesen können, wie das Lob seiner

Leistungen seitens des Lehrers bei ihnen angekommen war. Und das zeigte sich auch an den Fußtritten ans Schienbein oder den Bemerkungen: »Autrichien, fils de chien – Österreicher, Hundesohn«, die geflüstert oder gezischt wurden, damit es Monsieur Cempé nicht zu Ohren kam. Denn dieser Lehrer verstand keinen Spaß, wenn es um Rassismus ging. Er wurde nicht müde, immer wieder zu betonen, daß die Menschen endlich ihre Unterschiede akzeptieren und annehmen lernen müßten. Für den Fall, daß einige es nicht verstanden hatten oder behalten konnten, ließ er es die ganze Klasse eines Tages fünfzigmal in die Schreibhefte eintragen. Und er hatte eine deutliche Sympathie für den kleinen Paul S. aus Österreich.

»Etwas später hat sich das ganz eindeutig in einer für meine Familie wirklich schwierigen Situation gezeigt. Er dachte sich wohl, daß ich nicht genug zu essen hatte und warf deshalb jeden Morgen auf seinem Weg zur Schule diskret ein Frühstückspaket in unseren Briefkasten. Als ich nach dem Krieg wieder nach Belgien kam, galt mein erster Besuch diesem Lehrer. Als ich mich bei ihm zu Hause einfand, sagte mir seine Frau, daß er zwei Tage zuvor gestorben sei. Ich habe darüber denselben Schmerz empfunden wie bei dem Tod meines Vaters.«

Bevor Paul unter das Vordach des Wohnhauses seiner Familie trat, um zu klingeln, schaute er kurz an der Fassade hinauf: Das Küchenfenster war hell erleuchtet. Er freute sich so, daß ihm ganz leicht wurde. Seine Mutter war also früher nach Hause gekommen, genau wie sie es versprochen hatte. Kaum hatte er die Wohnung betreten, stürzte er zur Küchentür und platzte herein. Zwei bitterernste Gesichter blickten ihm entgegen.

Sein Vater und seine Mutter hörten Radio. Eine Stimme redete auf Deutsch. Sie sagte, die deutsche Offensive gegen Belgien sei am frühen Morgen eröffnet worden, Fallschirmspringer des Deutschen Reiches besetzten die strategisch wichtigsten Punkte im Land, darunter die Festung von Eben-Emael. Die Durchsage endete mit der Behauptung, die belgische Armee sei auf dem Rückmarsch. Das war jedoch nicht die Wahrheit.

»Für uns war das Eindringen der Nazis in Belgien der Wiederbeginn des Alptraums.«

Schon nach dem Abendessen krachten die Holztreppen unter

donnernden Schritten. Es wurde an die Tür geklopft. Der Hausflur vor der Wohnung war schwarz von Polizisten. Der Offizier verkündete deutlich, aber in aller Form, daß aufgrund der besonderen Lage ab sofort alle deutschen und österreichischen Flüchtlinge verhaftet waren.
»Er hatte nicht genau ›verhaftet‹ gesagt. Sein Satz war uneindeutiger, aber das Ergebnis war, wie Sie sich denken können, das gleiche.«

»Die belgischen Behörden hatten in dieser Situation nichts Eiligeres zu tun«, sagt Laure, »als verfolgte deutsche und österreichische Flüchtlinge zu verhaften.«
»Um sie nach Deutschland zurückzuschicken?«
»Meist nicht«, fügt Laure hinzu, »meistens beförderten sie die Geflüchteten nach Frankreich, das damals noch nicht von den Nazis besetzt war. Später hatten dann die Franzosen nichts Besseres zu tun, als sie in Lager zu stecken, obwohl es niemand von ihnen verlangte.«
»Schließlich waren es die Franzosen, die die Flüchtlinge zusammen mit den anderen Juden nach Deutschland zum Vergasen schickten«, führt Paul S. aus.
»Die belgische Polizei verhaftete meine ganze Familie«, schaltet sich Doris S. ein. »Wir wurden in Richtung Frankreich transportiert, in Viehwaggons. Diese Reaktion der belgischen Verwaltung war überraschend und unverständlich.«
»Vielleicht befürchteten sie ja die Gründung einer ›Fünften Kolonne‹«, meint Paul S.
»Aber den Behörden war doch bekannt, daß Sie aus Deutschland und Österreich geflohen waren, weil Sie jüdisch sind.«
»Das hatten sie eben vergessen«, gibt Paul S. mit ironischem Lächeln zurück, »völlig vergessen.«
»Bis zum 9. Mai 1940«, setzt Laure hinzu, »waren wir bedauernswerte deutsche Juden auf der Flucht, die von den Belgiern voller Mitgefühl aufgenommen wurden. Am Morgen des 10. Mai hatten wir uns verwandelt und waren wie durch Zauberei zu verdächtigen deutschen Flüchtlingen geworden.«

In gleichgültig kaltem Ton, aber die Form wahrend, verlangte der Polizeioffizier von Pauls Vater, er sollte sich einen kleinen

Koffer packen und von der Mutter, daß sie ihrem Mann ein Eßpaket fertigmachte.
»Kurz darauf gestattete uns dieser Offizier, meinen Vater zur Wache zu begleiten.«
Paul S. kann sich noch gut daran erinnern, was er dem Polizeikommandanten damals am liebsten alles ins Gesicht gesagt hätte. Zu gerne hätte er herausgeschrien, daß sein Vater sich gesetzestreu verhalten hatte und sechs Wochen lang in einem Arbeitslager schwer arbeitete, nur um seine Aufenthaltsgenehmigung zu bekommen. Daß er keinen einzigen Centime dabei verdient hatte!
»Und zu allem Unglück hatte er mit dieser Aufenthaltsgenehmigung noch lange nicht das Recht auf Arbeit!«
»Wie haben Sie überlebt?«
»Meine Mutter hatte eine Arbeit als Haushälterin in einer jüdischen Familie gefunden.«
»Und Ihr Vater?«
»Er hatte keine Arbeit. Offiziell durfte er nicht arbeiten, und insgesamt war es fast unmöglich, irgendeine Arbeit zu finden.«
»Er setzte sich mit mir hin und ließ mich Briefe an meine Großtanten, die in Österreich geblieben waren, schreiben. Auf diese Weise habe ich lesen und schreiben gelernt. Mein Vater lernte Englisch. Er hatte bei der amerikanischen Botschaft ein Visum beantragt. Er wollte nach Amerika umsiedeln. Nachmittags ging ich mit ihm spazieren. In dieser Zeit waren wir uns sehr nah und verbunden miteinander. Ich erinnere mich noch sehr gut daran, denn trotz aller Beschwernisse waren das wunderschöne Momente für mich.«
Von Polizisten eingerahmt kamen Paul S. und seine Eltern auf dem Polizeirevier an. Sofort wurde sein Vater in einen Innenhof geführt, der von hohen Zäunen umgeben war und wo bereits andere jüdische Männer warteten. Paul und seine Mutter verabschiedeten sich an diesem Zaun von ihm.
»Dort war er sozusagen schon im Gefängnis.«
Der Vater trug seinem kleinen Sohn damals auf, weiterhin gut in der Schule aufzupassen und zu lernen. Und weil er jetzt der einzige Mann zu Hause wäre, sollte er auch die Mutter beschützen.

»Ich kann heute nicht mehr mit Sicherheit sagen, in welcher Sprache wir miteinander redeten, ob Deutsch oder Französisch oder in einer Mischung aus beidem. Aber den Sinn seiner Worte an mich habe ich nie mehr vergessen.«

»Wie ist es weitergegangen mit Ihrem Vater?«

»Ich habe ihn nie mehr wiedergesehen. An jenem 10. Mai 1940 hatten wir uns durch die Zaunlücken den Abschiedskuß gegeben.«

Die Luft im Waggon war schwer und stickig.

Ein Geruch von frisch umgegrabener Erde und etwas Süßlichem hing im Raum. Der ganze Wagen war dunkel. Ab und zu schoß ein Lichtpfeil von Gott weiß woher durch die vergitterten Luftschlitze. Schnell wischte er über die dunkle Masse der Reisenden. Nicht ein einziger kleiner Zentimeter in diesem Viehwaggon war frei geblieben. Niemand sagte ein Wort, niemand bewegte sich oder schrie und weinte. Eingeschlossen und ohnmächtig, wie sie da waren, hatten diese Deportierten schon eine Reise nach innen angetreten.

Kitty G., die halb in Großmutters Kleid gewickelt zwischen deren Oberschenkeln auf dem Waggonboden saß, dachte keinen Moment an die mangelnde Behaglichkeit. Nur die Luft, die von Minute zu Minute dicker wurde, machte ihr bis zur Unerträglichkeit zu schaffen. Sie konnte auch nicht schlafen, denn sie wollte alles sehen und hören, was um sie herum geschah. Nichts sollte ihr entgehen. Schließlich war sie kein kleines Kind mehr – mit immerhin elf Jahren. Auch Angst hatte sie keine. Nur wenn eine Kurve kam und die Achsen quietschten, oder wenn der Waggon plötzlich ohne ersichtlichen Grund zu vibrieren anfing, dann wurden Befürchtungen in ihr wach. Sie fürchtete, der Waggon könnte auseinanderfallen wie ein morsches Haus, wenn er so stark ratterte.

Kitty mußte einfach wachbleiben. Seit ihrer Abreise aus Österreich hatten sich die Ereignisse überschlagen. Da war der Tod ihrer Mutter, die an der holländischen Grenze von Soldaten erschossen worden war, dann die Deportation ihres Vaters in das französische Lager Saint-Cyprien. Wie konnte sie da, bei dem, was womöglich auf sie noch alles wartete, ein Auge zu tun? Im Augenblick beanspruchte dieser Zug, der mit ihnen allen hier

drin über die Schienen schlingerte und die Nacht mit seiner wütend schnaubenden Lokomotive zerschnitt, ihre ganze Aufmerksamkeit.
»Wußten Sie, wohin der Zug fuhr?«
»Wir sollten nach Deutschland zurückfahren, um dort weiter deportiert zu werden.«
»Waren es die belgischen Behörden, die Sie zurückschickten?«
»Ja. Am 10. Mai 1940 sind wir von der belgischen Polizei verhaftet und sofort in diesen Güterzug geladen worden, mit Ziel Deutschland.«
»Nur deutsche Juden?«
»Ja, nur deutsche Juden.«
Jeder durfte nur einen kleinen Koffer, der zehn Kilo nicht überschritt, mitnehmen. Kitty kann sich daran erinnern, weil die Polizisten sie zwangen, ihre Märchenbücher, an denen sie so hing, zurückzulassen.
Der Transport kam an der deutschen Grenze an und blieb stehen. – Stille. – Eine Stille, die sich von der verrinnenden Zeit und den unausgesprochenen Fragen der Verhafteten nährte. Die Waggons blieben dunkel, die Polizei fand Beleuchtung offenbar überflüssig. Die Türen blieben verriegelt. Die deutschen Juden, die von den Belgiern aufgenommen worden waren und sich von einer auf die andere Minute in verdächtige Flüchtige verwandelt hatten, warteten ab. In den Viehwaggons standen sie – oft auf einem Bein balancierend – oder saßen auf der Kante eines Koffers. Einige teilten, oder besetzten abwechselnd, je nach dessen Stabilität, diesen einzig zur Verfügung stehenden Sitzplatz. Nach einer Stunde des Ausharrens fielen die ersten bösen Bemerkungen. Dann breitete sich wieder Schweigen aus, nur unterbrochen von Hustenattacken, die Kommentare und medizinische Ratschläge hervorriefen, oder von einem gelegentlichen Niesen, das prompt mit einem ganzen Chor aus »Gesundheit«-Wünschen beantwortet wurde.
Ein plötzlicher Fausthieb gegen eine Waggonwand hallte lange durch das Dunkel. Er hatte Signalwirkung. Nach und nach wurden den ganzen Zug entlang immer mehr Fäuste gegen die Wände und Türen gehauen, von Sekunde zu Sekunde wurden es mehr... Bald war die Nacht erfüllt von diesem lautstarken

Hämmern, dessen Macht und Rhythmus sich steigerten. Der ganze Zug bildete ein Orchester der Deportierten. Und ihre wütenden Rufe teilten den Zorn und das Unverständnis von Menschen mit, die wie Schlachtvieh erniedrigt wurden.

Die Polizei war völlig überrascht und wurde langsam unruhig. Dann brachte man eilig das geforderte Wasser herbei, aber die Portionen waren spärlich. Vom Bahnsteig aus wurde durch die vergitterten Notbelüftungen jeweils eine Kelle voll Wasser ausgegeben. Natürlich hatte niemand daran gedacht, etwa ein Glas mitzunehmen. Alle legten die Hände zu einer Kuhle aneinander und hielten sie unter die kleine Öffnung, um in diesem undichten, improvisierten Becken einen Wasserschwall zu empfangen, von dem sofort die Hälfte auslief, trotz der Anstrengungen, möglichst viel zu bewahren. Und meist bekamen die Lippen nur noch ein paar nasse Finger zum Ablecken, aber die Macht der Einbildung half den schlimmsten Durst löschen.

»Wir haben die ganze Nacht dort an der Grenze abwartend in den verschlossenen Viehwaggons gesessen und konnten uns nicht bewegen.«

»War Ihnen ein Grund für diesen langen Aufenthalt bekannt?«

»Manche vermuteten, daß das Lager, wo wir hingebracht werden sollten, noch nicht bereit war, andere meinten, daß die Belgier die Initiative zu unserer Deportation wohl von sich aus ergriffen hätten, ohne die Deutschen davon zu verständigen. Oder die Nazis hatten ausnahmsweise an diesem Tag keine Lust, Juden umzubringen... Doch den wirklichen Grund für diesen Halt an der deutschen Grenze erfuhren wir nie.«

Ohne eine Vorankündigung, ohne äußere Anzeichen wurde plötzlich am frühen Nachmittag des nächsten Tages die Lokomotive zur Überraschung der Gefangenen angeheizt. Beinahe zwei Tage waren sie auf engstem Raum zusammengepfercht, endlich würden sie weiterfahren. Die Lokomotive spuckte dicke graue Rauchwolken aus, von außen prüfte ein Eisenbahner hörbar die Waggonräder, indem er mit dem Hammer dagegenklopfte, dann fuhr der Zug langsam an und verließ den Aachener Bahnhof.

Als die Insassen der Waggons bemerkten und ziemlich sicher

waren, daß der Zug denselben Weg zurückfuhr, den sie gekommen waren, entwich aus den vergitterten Luftluken ein großes Freudengeheul.
Der Zug rollte zurück, mitten hinein in eine friedliche Landschaft, wie ein völlig normaler, alltäglicher Zug.

Wer solch einen Zug vorbeifahren sah, hielt vielleicht in seiner Tätigkeit inne, betrachtete die endlose Waggonschlange und fing vielleicht an, die Wagen zu zählen – nur so. Wieviele solcher Güterzüge haben zwischen 1941 und 1945 die europäischen Landschaften durchquert? Die Viehwaggons über und über beladen mit Menschen: Männer, Frauen und Kinder, aus deren Gesichtern Verzweiflung und Nichtverstehen sprachen. Hunderte? Tausende? Wieviele unschuldige, unwissende Augen haben die Waggons betrachtet, gezählt – nur so?
Kittys Zug legte Kilometer um Kilometer zurück und hielt von neuem an einem Bahnhof. Die Menschen in den Waggons erstarrten. Draußen, auf dem Bahnsteig fand eine seltsame Verhandlung statt. Der für den Transport verantwortliche Polizeioffizier wollte vom Bürgermeister des Dorfes wissen, wieviele jüdische Familien seine Gemeinde »aufnehmen« könne. Was unausgesprochen nur hieß, wieviele Juden sie bei sich dulden würden. Der Bürgermeister nahm seine Mütze ab, kratzte sich am Kopf und nannte eine Zahl. Sogleich wurde ein Waggon geöffnet, ein Trüppchen in der angegebenen Größe zusammengestellt und aussteigen geheißen.
Der Zug setzte sich wieder in Bewegung, zu den nächsten Zielen.
In der Folge hielt er an jedem Bahnhof an, ob groß oder klein, und sogar an Bedarfshaltestellen mitten auf freiem Feld. Je weiter sie vorankamen, desto weniger brauchte der Polizeioffizier zu verhandeln. Viele Leute hatten inzwischen von diesem Transport gehört, kamen angelaufen und drängten sich auf dem Bahnsteig. Die Neuigkeit eilte dem Zug voraus wie eine Standarte…
Wieder hielten sie an einer Ortschaft. Der Bahnsteig war schwarz von Menschen. Frauen, Männer und Kinder stürzten sich auf die Waggons und kletterten so hoch, daß sie durch die Notbelüftungen nach drinnen schauen konnten. Ihre neu-

gierigen Gesichter füllten die kleinen Rechtecke ganz aus. Alle wollten einmal »echte Juden« sehen.

»Sie hatten vielleicht noch nie in ihrem Leben mit Bewußtsein einen jüdischen Menschen gesehen und hatten die unglaublichsten Vorstellungen. Sie dachten wohl, uns wüchsen Hörner aus der Stirn. Aber wie dem auch gewesen sein mag, bald lösten sich die Menschentrauben wieder auf, die Dorfbewohner kletterten wieder herunter von den Waggons und waren enttäuscht, daß die Wirklichkeit so viel unspektakulärer war als die Gerüchte. Und sie waren überrascht, daß diese Juden ihnen so ähnlich sahen. Viele hatten blondes Haar wie ihre eigenen Kinder. Eine Frau gab deutlich hörbar auf dem Bahnsteig zum Besten, daß sie im Halbdunkel des Waggons im Gesicht eines Mannes richtig blaue Augen gesehen hätte.«

Dieses Dorf hieß Zelem und lag etwa 70 Kilometer nordwestlich von Aachen in Belgien. Da waren Kitty und ihre Verwandten an der Reihe mit dem Aussteigen.

»Wir wurden ganz fabelhaft beherbergt. Die Leute dort waren außergewöhnlich freundlich. Ich stehe übrigens noch heute in Kontakt mit ihnen!«

»Und als Sie da in Zelem waren, machten Ihre Verwandten keine weiteren Versuche, sich zu retten?«

»Unmöglich. Zweimal am Tag mußten wir uns bei der Polizei melden. Und meine Großmutter, die mit uns zusammen war, konnte keine körperlichen Strapazen mehr ertragen. Wir wären sehr schnell wieder gefangengenommen worden.«

»Womit verbrachten Sie den Tag? Bekamen Sie irgendeine Arbeit?«

»Nein. Wir hatten nichts genaues zu tun. Nur mein Bruder Eric half hier und da mal mit, wo gerade jemand gebraucht wurde.«

»Wie lange lebten Sie in diesem Dorf?«

»Ein paar Monate.«

»Und wie ist es danach weitergegangen?«

»Der Alptraum fing von neuem an.«

Die Erschöpfung legte sich mit ihrer ganzen Schwere auf die Schultern des kleinen Salomon G.

Er schloß die Augen, und bald darauf spürte er, wie ihn die

Hände seiner Schwester unter den Achseln faßten und etwas anhoben, um ihn auf die Sitzbank zu legen, damit er besser schlafen konnte. Mit geschlossenen Lidern bat er sie um einen Gutenachtkuß, den ihm das Mädchen gerne gab. Ihre Bewegungen, die er am Rascheln der Kleidung verfolgen konnte, waren von einem leisen Lachen begleitet. Und er fiel schnell in Schlaf, noch mit dem Gefühl der Wärme auf seiner Wange, an der Stelle, wo ihr Kuß saß.
Salomon wandte seinen Kopf unwillkürlich zur Seite und schlug die Augen wieder auf, ohne ein Gefühl davon, wie lange er wohl geschlafen hatte. Das Abteil war inzwischen leer. Mit einem Satz war er auf den Beinen. Er ging zur Tür, hängte sich an den Griff und zog mit seiner ganzen Kraft, bis die Tür aufging. Da stand er in der Kälte, die vom Gang hereinwehte. Er lief entschlossen den Flur entlang, traf dabei auf traurig aussehende Reisende, die still dastanden und rauchten. Natürlich verwandte niemand Aufmerksamkeit auf einen kleinen Jungen von sechs Jahren, der einen Zugkorridor entlanglief. Beim WC am Waggonende konnte er die Wasserspülung von draußen rauschen hören. Er blieb vor der Tür stehen, stemmte beide Hände in die Hüften und wartete vorwurfsvoll ab.
Als die Tür geöffnet wurde, erschien eine Frau im Rahmen, und Salomon trat einen Schritt zurück, um den Weg frei zu machen. Also hier war seine Schwester nicht. Er beschloß, seine Suche fortzusetzen. Ein nächster Gang, dann wieder einer, und noch einer… so folgte ein Flur auf den nächsten, als ob eine unsichtbare Hand immer einen aus dem anderen herausgezogen hätte. Auf einmal war es nicht mehr kalt, und seine Schuhe machten auf dem Fußboden kein Geräusch mehr. Er ging jetzt über kurzflorigen Teppichboden.
Aber seine Schwester konnte er immer noch nirgendwo entdekken. Er ging den nächsten Korridor hinunter, bis eine dunkle Masse auf der anderen Seite der Glastür ihn dazu bewog, anzuhalten und auf halber Strecke umzukehren. Es waren deutsche Soldaten.
Auf dem Rückweg war er trotz der ganzen Angst, die ihn bedrückte, beinahe glücklich, seine Schritte auf dem rohen Holzfußboden der 3.Klasse wieder zu hören. Das Abteil, in dem er vorher geschlafen hatte, war immer noch leer. Dennoch ging er

wieder hinein und ließ sich auf der Sitzbank an seinem Platz nieder. Er stützte seine Hände auf die Oberschenkel und kämpfte gegen die Tränen an. Eiskalt wurde ihm im Rücken. Jetzt war er allein und verlassen.

»Noch heute kann ich manchmal die Verzweiflung wegen des Verschwindens meiner Schwester so scharf und einschneidend wie damals fühlen.«

»Was war denn damals passiert?«

»Es war verabredet gewesen, daß meine Schwester an einem bestimmten Bahnhof aussteigen und zu einem bestimmten Pensionat gehen sollte. Nur ich wußte nichts davon. Sie hatte es nicht fertiggebracht, mich vorher aus dem Schlaf zu reißen und mir Bescheid zu sagen.«

»Sind Sie dann allein weitergefahren?«

»Ja.«

Nie wird Annette die Fahrt mit ihrem Onkel Jacques und ihrer kleinen Schwester von Paris bis in die Dordogne vergessen.

An jedem Bahnhof mußten sie alle drei aussteigen, unauffällig am Bahnsteig entlanglaufen, die Polizeipatrouille ausfindig machen und umgehen, so daß sie sich immer hinter den Polizisten befanden. Die ganze Fahrt über war es unabdingbar, die beiden Enden des Ganges zu beobachten und auf der Hut zu sein.

Annettes Onkel wurde als Widerstandskämpfer sowohl von der französischen als auch von der deutschen Polizei gesucht.

»Diese Reise sollte mehrere Tage dauern. Es war der Alptraum an und für sich«, sagt Annette heute.

Simone M. kam an Bord eines Lastwagens aus dem besetzten Paris heraus. Sie saß im Frachtraum verloren zwischen den Kisten. Der letzte Eindruck, das letzte Bild, das ihr von ihrer Mutter im Gedächtnis blieb, ist eine Frau im engen, abgetragenen Mantel, die am Straßenrand steht und langsam kleiner wird, bis sie zu einem fast unsichtbaren Punkt zusammengeschmolzen ist. Ihre Mutter hatte diese Flucht für sie organisiert, nun war sie unterwegs.

Rosette W. fuhr von Paris mit dem Zug nach Lyon, in Begleitung eines Fluchthelfers. Bevor sie abfuhren, hatte er zu ihr gesagt: »Paß auf, wenn irgendetwas passiert, dann kennst du mich nicht. Du hast mich noch nie gesehen. Verstanden?«
»Hatten Sie Angst?«
»Nein. Angst hatte ich erst im Bus, auf der darauffolgenden Fahrt von Lyon nach Grenoble.«
Der Autobus war voll besetzt. Rosettes Tante hatte ihr in knappen Worten dieselbe Anweisung gegeben wie der Helfer vorher. »Wenn du Gestapo siehst, tu so, als gehörten wir nicht zusammen.« An jeder Haltestelle musterte sie nervös die zusteigenden Fahrgäste. Bis irgendwann zwei deutsche Soldaten einstiegen.
»Als ich die sah, überfiel mich die Angst. Es war schrecklich. Ich zitterte am ganzen Körper und schwitzte stark.«
Die Soldaten gingen von Platz zu Platz und kontrollierten die Ausweise der Reisenden. Den Ausweis der Tante sahen sie sich sehr genau und ausführlich an. Dann musterten sie die Frau selbst von Kopf bis Fuß.
»Eigentlich müßten diese Soldaten damals gemerkt haben, daß meine Tante Jüdin war. Sie hatte falsche Papiere, in denen der Stempel «J» fehlte, und ich weiß bis heute nicht, warum sie sie nicht verhaftet haben. Diese Überprüfung wollte kein Ende nehmen. Als es schließlich weiterging, quälte mich noch die ganze Fahrt über die Frage, was aus mir werden sollte, wenn sie meine Tante verhafteten.«

Eine Nacht im Oktober 1943, dunkel und eisig kalt.
Der Überlandbus nahm die letzte Kurve und kam am Ortseingang zum Stehen. Céline Vallée hieß die Kinder aussteigen: Sarah, ihre ältere Schwester Malka, ihren Bruder Bernard, und die jüngste, Rosette, nahm sie auf ihren Arm. Die Bustüren schlossen sich hinter ihnen mit einem asthmatischen Stöhnen, und das Fahrzeug verschwand im Dunkeln.
Die Begleiterin brachte die kleine Kindergruppe zum Buswartehäuschen, das von allen Seiten recht verrottet aussah. Sarah zog ihre kleine Schwester an sich und versuchte sie durch die zu dünne Kleidung hindurch ein wenig aufzuwärmen. Um die einsame Gruppe breitete sich gleichmäßige Stille aus. Auf einmal

hallten Schritte über die Straße. Die Gangart, die gleichmäßig und unzögerlich blieb, teilte Céline unterschwellig mit, daß es sich um den Grenzgänger handeln mußte.
Und tatsächlich, kurz darauf tauchte das weiße Auge seiner Taschenlampe auf. Sarah war von dem eigenartigen Glanz in den Augen dieses Mannes beeindruckt, dessen Blick etwas von einem Wolf hatte. Die junge Frau und er traten zur Seite und redeten leise. Sarah war froh. In ein paar Stunden würde sie zusammen mit ihren Geschwistern aus Frankreich heraus sein. Und dann könnte sie endlich wieder nach Lust und Laune kommen und gehen, wäre diesen scheußlichen gelben Stern an ihrer Kleidung los, der ihr peinlich war und der sie in den Augen der anderen als ein fremdartiges Wesen darstellte. Sie würde ins Kino gehen, würde wieder jeden beliebigen Laden, wann immer sie wollte, betreten können. Sie kannte die Schweiz zwar nicht, aber sie stellte sie sich als ein Land mit angenehmen, freundlichen Menschen vor.
»In Wirklichkeit habe ich fast nur schlechte Erinnerungen an die Schweiz und die Schweizer.«
Der Fluchthelfer bog zwei Reihen Stacheldraht auseinander. Ein Kind nach dem anderen schlüpfte geduckt und mit eingezogenem Kopf hindurch. Céline Vallée blieb am Wartehäuschen und rief den Kindern nach, sie komme nicht mit ihnen. Mit einer einzigen, gemeinsamen Bewegung drehten sich die vier in ihre Richtung um und liefen zum Stacheldrahtzaun zurück. Alle wollten ihre Helferin noch einmal umarmen. Als Sarah ihre Wange an Célines Gesicht drückte, spürte sie Tränen, die die junge Frau nicht hatte zurückhalten können.
Nachdem sie zwei große Felder hinter sich gelassen hatten, wurde es Zeit für den Grenzgänger, umzukehren. Er erklärte Malka und Bernard, den beiden Älteren, ganz ausführlich, daß sie zuerst geradeaus weitergehen müßten und ein Feld überqueren, das mit Kohlköpfen bewachsen war. Hinter diesem Feld seien sie dann in der Schweiz. Nachdem er die Taschenlampe ausgeknipst hatte, riet er ihnen noch, möglichst wenig Geräusche zu verursachen. Nicht zu sprechen oder zu husten und absolut alles zu unterlassen, was Aufmerksamkeit erregen könnte. Mit einem Kopfnicken zeigten ihm die Kinder, daß sie verstanden hatten und Bescheid wußten.

Malka und Bernard übernahmen von nun an die Führung der kleinen Gruppe. Sarah hielt Rosette an der Hand und ging mit festen Schritten voran. Die Nacht war stockfinster, so daß sie kaum etwas erkennen konnten. Im Weitergehen orientierten sie sich an den vereisten Kohlblättern, die an ihren Knöcheln entlangstreiften. Manches vereiste Blatt hinterließ Kratzer an ihren Beinen.
Sarah dachte an Céline Vallée zurück, sah die zierliche Gestalt und den willensstarken Blick der jungen Frau wieder vor sich – wie sie im Zug von Paris nach Lyon deutsche Soldaten zum Aufstehen gebracht hatte, damit die Kinder einen Sitzplatz bekamen... Während sie noch so in ihre Gedanken versunken weiterlief, donnerte eine Männerstimme durch die Nacht. Sie rief »Halt!«
Die Kinder erstarrten und bewegten sich keinen Schritt weiter. Der Mann kam sehr schnell zu ihnen hin. Sarah fragte sich in höchster Aufregung, ob sie wohl das Ende des Kohlfeldes erreicht hatten, ob dieser Herannahende Franzose oder Schweizer war. Da ließ plötzlich jemand eine Taschenlampe aufleuchten. Es war ein Soldat. Als Rosette ihn sah, entfuhr ihr: »Schaut nur, das ist ein boche.«
Aber der Mann beugte sich zu ihr herunter und hob sie auf seinen Arm. Er sagte ihr in Französisch, er sei kein boche, sondern Schweizer. Dann gab er ihr einen lauten Kuß auf die Wange und fügte hinzu: »Und du bist jetzt in Sicherheit.«
»Er brachte uns zur nächstgelegenen Grenzstation. Dort erst habe ich bemerkt, daß meine kleine Schwester Rosette unterwegs ihre Schuhe verloren haben mußte, denn sie lief auf Socken. Aber sie hat nicht ein einziges Mal gejammert. Auf dieser Polizeistation haben wir dann weder etwas Warmes zu trinken noch eine Decke bekommen können. Nichts.«
Schließlich brachten die Polizisten die vier Geschwister in ein umgewandeltes Hotel, wo in den Zimmern aufgeschüttetes Stroh die Betten ersetzte. In der darauffolgenden Zeit kamen jeden Tag Polizisten und verhörten die älteste Schwester, Malka. Sie wollten sie dazu zwingen, zuzugeben, daß sie älter als sechzehn Jahre war.
»Die Schweiz schickte Jugendliche, die älter waren als sechzehn Jahre, zurück über die Grenze. Das entsprach dem Gesetz. Und

meine Schwester Malka sah älter aus, als sie in Wirklichkeit war.«

»Wie ging es dann weiter mit der Polizei?«

»Sie haben zwei Monate lang Malka jeden Tag bearbeitet. Noch heute wird sie bisweilen von den Verhören damals heimgesucht.«

Das Versteck

Bevor ein Kind in das Versteck ging, das man ihm organisiert oder das es sich selbst beschafft hatte, mußte als erste Vorsichtsmaßnahme sein Name geändert werden. Im allgemeinen lernten die Kinder ihre neuen Namen sehr schnell – nicht zuletzt aufgrund ihres Verantwortungsgefühls, das unter diesen Bedingungen übermäßig schnell ausgebildet wurde, und aufgrund ihrer schnellen Auffassungsgabe, die sich im täglichen Überlebenskampf schärfte. Allerdings wurde, wenn möglich, der alte Vorname des Kindes beibehalten, um das Lernen zu erleichtern, es sei denn, der richtige Vorname war zu eindeutig jüdisch. Im Alltag des Versteckstseins waren aber Ausrutscher unvermeidlich.
Michel F., neun Jahre alt, hörte seine Cousine, die gerade zehn geworden war, ab, indem er sie immer wieder nach ihrem Namen fragte, damit sie den neuen besser behielt. Einmal fragte sie ihn zurück: »Welchen willst du wissen, den alten oder den neuen?«
Henry A. wird nie die Reise von Brive-la-Gaillarde nach Chambéry vergessen. Er saß als eines von mehreren deutsch-jüdischen Kindern in einem reichlich mit Nazis besetzten Zug. Vor ihrer Abreise aus Brives hatten die Kinder schnell noch falsche Papiere mit den neuen Namen ausgehändigt bekommen. Ein Kind aus der Gruppe konnte seinen neuen Namen einfach nicht behalten. Die anderen Jungen beobachteten die deutschen Soldaten unablässig und brachten im Gespräch ihren Freund immer wieder unauffällig dazu, seinen neuen Namen zu sagen und ihn dabei richtig zu lernen. Doch vergeblich.
»Zu seinem und zu unser aller großem Glück kam während der ganzen Fahrt keine Kontrolle.«
»War sein falscher Name denn so schwierig?«

»Meiner Meinung nach, nein. Ich glaube, ich erinnere mich, daß sein neuer Name sogar ein Anagramm des richtigen gewesen war.«

»Waren die Namen der Eltern auch geändert worden?«

»Der Familienname selbstverständlich! Aber die Vornamen nicht und die Geburtsdaten auch nicht. Das Kind mußte wenigstens ein paar Anhaltspunkte haben. Sehen Sie, die Namen wurden ja nicht auf eine beliebige, willkürliche Weise geändert. Zum Beispiel achtete man darauf, daß die Anfangsbuchstaben der neuen Namen sich mit denen der alten deckten, schon deshalb, weil oft Wäsche oder Kleidung oder irgendein nebensächlicher Gegenstand mit Initialen versehen sein konnte.«

T.G. wurde in einem Kinderheim in Belgien unter nichtjüdischen Kindern versteckt. Sie hatte vollkommen verinnerlicht, daß sie niemals und bei niemandem ihren richtigen Namen erwähnen durfte.

Eines Tages wurde sie krank, sie hatte sich mit einer hartnäckigen Bronchitis infiziert. Die ganze Nacht über mußte sie husten, was die anderen Kinder um den Schlaf brachte. Die Heimleiterin beschloß, das Mädchen für ein paar Tage in der Mansarde unterzubringen, in der auch die Putzfrau schlief. Und T.G.'s Husten störte natürlich auch die Erwachsene, die tagsüber schwer arbeitete und abends müde und erschöpft ins Bett fiel. T.G. merkte es sehr schnell und entwickelte Schuldgefühle. Sie wußte nicht, was sie nur tun sollte, um sich zu entschuldigen. Da erzählte sie dieser Frau, wer sie wirklich ist.

»Was ich für lange, lange Monate für mich behalten hatte, mein wirklich wertvollstes Geheimnis, das habe ich ihr sozusagen als Geschenk dargeboten.«

Zwei Tage nach dieser Enthüllung kamen deutsche Soldaten, um die Heimleiterin zu verhaften. Sie war aber rechtzeitig vorgewarnt worden und zu diesem Zeitpunkt längst zusammen mit den jüdischen Kindern, die sie in ihre Obhut genommen hatte, geflohen.

»Sehen Sie einen Zusammenhang zwischen der Offenlegung Ihrer Identität gegenüber der Putzfrau und der beabsichtigten Verhaftung?«

»Den habe ich nie eindeutig herausfinden können. Ich hörte später von dem Gerücht, daß der Bauer, der das Kinderheim mit Milch belieferte, uns angezeigt haben sollte. Verdächtig blieb aber, daß die Putzfrau, kurz nachdem die Deutschen weggegangen waren, verschwand. Ich habe oft darüber nachgedacht, was wohl geschehen wäre, hätte nicht jemand die Heimleiterin vorgewarnt...«

Die flüchtenden Kinder erwartete fast immer ein weiterer Schock: ihre erste Begegnung mit der ländlichen, bäuerlichen Lebenswelt. In der überwiegenden Mehrheit waren die jüdischen Kinder der vierziger Jahre ausgesprochene Stadtkinder. Von der Welt der Bauern hatten sie, wenn überhaupt, nur eine ferne, verschwommene Vorstellung und Bilder aus Büchern im Kopf. Im Milieu der Handwerker und kleinen Kaufleute, dem sie zumeist entstammten, war es üblich, als Kind in die einfachen, nahegelegenen Ferienheime von Berck-Plage oder Fontainebleau am Pariser Stadtrand geschickt zu werden.

In ihrem Buch »Les Etoiles cachées« (Die versteckten Sterne) berichtet Régine Soszewicz über ihre Ankunft, zusammen mit ihrer Schwester Marcelle, auf einem französischen Bauernhof in der Region Loir-et-Cher.

Für die beiden kleinen Mädchen waren die ersten Eindrücke erschreckend, der Ort war völlig ungewohnt. Hier grenzten die von Menschen bewohnten Räume direkt an die Stallungen an, und ein kräftiger Geruch von Jauche und Hafer hing permanent in der Luft. Einige Angewohnheiten der Bäuerin waren genauso befremdlich. »Manchmal spreizte Mutter Hézard ein wenig die Beine und pinkelte, während sie ungerührt weiterstrickte.«

Sarah R. kann sich noch erinnern, daß sie sich erst an die Sprache der Bauern gewöhnen mußte. Sätze aus oft nur halben Wörtern oder voller unbekannter Ausdrücke, die in derbem Ton ausgesprochen wurden. Oder auch die Nahrung und was damit zusammenhing. Sie sieht noch heute die Schüssel mit Milch vor sich, die sie von der Bäuerin auf den Tisch gestellt bekam und auf der eine ekelerregende Haut schwamm. Man ist unwillkürlich an das kleine Mädchen aus René Cléments Film »Jeux intérdits« (Verbotene Spiele) erinnert, das sich ebenfalls weigert, die vorgesetzte Milch auch nur anzurühren, weil gerade eine Fliege darin ertrunken ist.

Auch die Entdeckung der Tiere, die nun keine hübschen Zeichnungen in irgendeinem Bilderbuch mehr waren, versetzte viele Stadtkinder erst einmal in Schrecken.
Simone M. hat ihre Begegnung mit Kühen, Pferden, Enten und Hühnern noch lebhaft in Erinnerung – und vor allem ihre Verwirrung angesichts der abwechselnden Zärtlichkeit und Brutalität, mit der die Bauern ihre Tiere behandelten.
Lassen wir noch einmal Régine Soszewicz zu Wort kommen:
Der Geruch des Hühnerstalls schien mir inzwischen akzeptabel. Der Tod des Schweins hatte mich tief getroffen. Aber so war es nunmal, Tiere wurden hier getötet. Ich erinnere mich noch gut, wie Mutter Hézard einmal eine Ente getötet hat. Als ob nichts wäre, ließ sie sie zum Körnerpicken heranwatscheln, dann packte sie sie blitzschnell am Hals, wirbelte sie ein paarmal herum und schlug ihr kräftig den schweren Stein ins Genick. Das Tier war sofort und endgültig tot.
Dennoch wurde die neue Umgebung von Tag zu Tag vertrauter, die Kinder lernten schnell, sich an die Gepflogenheiten und die anfangs unverständliche Sprache anzupassen. Auch die Tiere waren nicht länger Anlässe des Erschreckens.
Régine und Marcelle fanden sich so gut ein, daß die Bäuerin ihnen bald die Kühe zum Hüten anvertraute. Auch das Wollekämmen brachte sie Régine bei, das diese schließlich geschickter als manche Frau im Dorf beherrschte. Und Kochen lernte sie nebenbei.
So lebten viele der entwurzelten Kinder in ihrer neuen Umgebung, fanden sich schließlich mit dem anderen Essen, der fetten, oft mit Haut überzogenen Milch zurecht und aßen dann oft mit Genuß den Bauernkäse, der stark nach Kuh oder Ziege roch.
Viele der Kinder entdeckten in der freien Natur auch neue Geheimnisse und Schönheiten und unbekannte Emotionen – ob es das Abendlicht bei Sonnenuntergang oder die frühe Morgendämmerung waren oder die intensiven Gerüche und Düfte, wenn die Erde unter der heißen Augustsonne ausdünstete oder etwa bei der Ernte...
Sarah R. erinnert sich an das Dreschen in Vibray, wenn große Wolken aus Goldstaub aufflogen. Oder an das mitgebrachte Mittagessen, das sie zusammen mit den Bauern an einem kühlen, schattigen Plätzchen unter Bäumen teilte...

Doch sie erinnert sich auch an die Abende, wenn alle von der Arbeit müde und erschöpft in die Federn sanken, aber sie nicht einschlafen konnte und langsam Verzweiflung aufkommen spürte.
Wie hätte auch ein von Eltern und nächsten Verwandten getrenntes Kind, sobald es allein und von Dunkelheit umgeben war, den Abgrund seines Ausgesetztseins ignorieren, überbrükken können? Wie hätte es sich nicht den Kopf darüber zerbrechen sollen, wo die Eltern, die Geschwister, die Großeltern, die Onkel und Tanten wohl geblieben sein mochten? Wo waren Vater, Mutter, Bruder jetzt? Wann würden sie zurückkommen?
Und um nicht wieder weinen zu müssen oder Angst zu bekommen, um vor allem nicht die ganze Nacht von den bedrängenden Fragen wachgehalten zu werden, murmelten oder sangen viele Kinder ein paar Worte oder Strophen der jiddischen Lieder, die sie von zu Hause kannten und in der Familie gesungen hatten.

Marcus war 1940 dreizehn Jahre alt. Er war mit seinen Eltern aus Bayern heimlich nach Luxemburg entkommen. Aber als am 10. Mai 1940 die Nazitruppen Holland, Belgien und Luxemburg überfielen, mußten sie weiter aus dem Großherzogtum flüchten. In Frankreich brachte der Zufall die Familie in ein Hotel in Compiègne, das von vielen deutschen Juden bewohnt wurde. Dort blieben sie mehrere Wochen. Im Monat Juni trieben die Ereignisse sie schon wieder auf die Straße, zusammen mit Tausenden nach Süden fliehenden Franzosen.
In Clermont-Ferrand beschlossen Marcus' Eltern, ihn bei einer Familie unterzubringen, die sie für seinen Unterhalt bezahlten. Sein Vater hatte vor, sich nach Marseille durchzuschlagen und ein Schiff nach Marokko zu erreichen, wo einer seiner Schulfreunde seit Jahren lebte.
Als Marcus einen ganzen Monat lang nichts mehr von seinen Eltern gehört hatte, wollte er selbst nach Marseille fahren. Er nahm einen Zug, der aber unterwegs blockiert wurde und nicht mehr weiterging. Marcus entschied sich, ein Fahrrad zu kaufen und seinen Weg fortzusetzen, vielleicht würde er irgendwo ja wieder einen Zug finden. Er sprach kaum französisch und konnte sich entsprechend schlecht verständlich machen. So passierte es ihm, daß er sich nach zweitägiger Radfahrt, bei der er

nachts im Freien schlief und sich von Obst und Brot ernährte, völlig verfahren hatte. Er schien sich im Kreis zu bewegen und konnte wegen der Sprachschwierigkeiten die Auskünfte der Bauern nicht richtig deuten.
Gegen Abend kam er bei einem freistehenden Gehöft an und erklärte dem Bauernpaar, er sei zur Weiterfahrt zu erschöpft, ob er bei ihnen übernachten dürfe.
»Ich habe ihm einen Geldschein angeboten, und er hat ihn angenommen, was ja in Ordnung ist.«
Man gab ihm etwas zu essen und ließ ihn in der Scheune auf einem Strohsack schlafen. Am nächsten Morgen merkte der Junge, daß seine Taschen leer waren. Sein Geld mußte ihm in der Nacht gestohlen worden sein. Auch sein Fahrrad war verschwunden.
Marcus versuchte, mit dem Ehepaar zu reden und zu erklären, was passiert war. Die aber verstanden gar nichts.
»Der Mann sagte nur immerzu: ›Boche, boche!‹ Und allmählich begriff ich, was das hieß. Ich wollte ihm erklären, daß ich zwar deutsch sprach, aber Jude war, und daß ich die Deutschen genauso haßte wie er.«
Marcus wollte gehen. Er hatte vor, bei der nächstgelegenen Gendarmerie vorzusprechen, die Situation zu erklären und sein Geld wiederzubekommen. Da stellte sich ihm der Bauer in den Weg und hinderte ihn am Hinausgehen. Ein kurzer Kampf zwischen dem Erwachsenen und dem Jungen folgte, wobei der Ältere schnell die Oberhand gewann. Mit einem Strick fesselte er Marcus an Händen und Füßen und brachte ihn zur Scheune, wo er ihn mit der Hilfe seiner Frau an den Füßen aufhängte.
»Ich hing da wie ein Schwein, das geschlachtet werden soll.«
»Waren das Perverse?«
»Nein, ehrlich gesagt, ich glaube, sie waren so normal wie jemand nur sein kann.«
Marcus kämpfte gegen die Fesselung, versuchte, sich zu befreien. Er ruckte und zog mit aller Kraft, aber da war nichts zu machen. Schreien war ebenfalls vergeblich, denn der Bauernhof lag weit abseits von allem. So blieb er zwei Tage und Nächte mit dem Kopf nach unten in der Scheune hängen. In der zweiten Nacht begann ihm das Blut aus Nase und Ohren zu laufen, und er verlor das Bewußtsein.

Später fand ihn ein englisches Pärchen auf freiem Feld liegen, kilometerweit von diesem Hof entfernt. Im Krankenhaus erholte er sich zwar wieder, erlitt aber für ein ganzes Jahr völligen Gedächtnisverlust.
»Diese Amnesien habe ich immer noch. Aber nur für kurze Zeitabschnitte, maximal einen Tag. Wegen dieser Monstren war mein Leben zerstört.«
»Glauben Sie, daß diese Leute sie gequält haben, weil sie Sie für einen Deutschen hielten?«
»Ich hatte oft und deutlich versucht, ihnen beizubringen, daß ich Jude bin.«
»Haben Sie nach dem Krieg etwas unternommen, um den Hof und diese Leute wiederzufinden?«
»Ja, nur ist es mir bis heute noch nicht gelungen, sie ausfindig zu machen. Seit Jahren fahre ich jeden Sommer nach Frankreich und verbringe einen Monat mit der Suche. Eines Tages, da bin ich mir sicher, werde ich sie finden...«

Es fällt schwer, diese Grausamkeit überhaupt zu fassen, selbst wenn man zugute hält, daß die Nazibesatzung bei vielen Franzosen einen tiefsitzenden Haß gegen alles Deutsche hervorgebracht hat.
Aber die kalte Brutalität dieses Bauernpaares steht in den hier gesammelten Berichten als Einzelfall da, auch wenn eingeräumt werden muß, daß viele der beherbergenden Familien nicht eben vorbildlich mit den ihnen anvertrauten Kindern umgingen. In vielen Fällen enthüllen die Berichte versteckter Kinder sexuelle Belästigung, sowohl bei Mädchen als auch bei Jungen, und oft wurden sie als Haushaltshilfen eingesetzt oder als Hilfskräfte und Lehrlinge in den Werkstätten von Pflegeeltern. Auf diese Weise hatten viele eine Gratisarbeitskraft, für die sie obendrein Unterhaltsgeld erhielten.
Diskriminierung schlich sich auf vielen Wegen und oft fast unmerklich in alltägliche Handlungen und Gesten ein. Sarah R., die zeitweise in einem Pensionat in Clamart versteckt war, bekam zum Beispiel weniger zu essen als ihre nichtjüdischen Mitschülerinnen. Sie kann sich an Bemerkungen wie diese erinnern: »Sie nimmt hier doch nur anderen Mädchen den Platz weg.«

Oder einem Kind wurde auf alle erdenklichen Arten jeden Tag von neuem klargemacht, daß es nur zahlender Gast war. Und es gab Anspielungen, wo das versteckte Kind sich jetzt eigentlich befinden müßte... Gewiß, es wurde ernährt und gekleidet, wie die anderen legitimen Kinder der Familie, doch gab man ihm zu verstehen, daß es nicht zur Familie dazugehörte.
S.B. erinnert sich nur äußerst ungern an die Familie, die ihn bei sich versteckte. Auch wenn er einigermaßen normal zu essen bekam, normal gekleidet wurde, gab es während der ganzen langen Zeit nicht den leisesten Anflug einer freundlichen, persönlichen Geste. Wenn er von der Frau spricht, die seine Pflege-»mutter« hätte sein sollen, klingt das so: »Sie versah ihre Pflicht als Ziehmutter. Punkt. Und das war's.«

Aber es gab für viele Kinder auch glücklicherweise die gegenteilige Erfahrung. Sie fanden bei ihren Pflegefamilien die Wärme und Herzlichkeit, die sie so dringend brauchten.
Mit den folgenden Berichten soll deshalb an dieser Stelle all jenen Franzosen und Französinnen, Belgiern und Belgierinnen gedankt werden und ihnen die Ehrung widerfahren, die sie verdienen – dafür, daß sie in diesen düsteren Zeiten den eigenen Vorteil vergaßen und es riskierten, den Kindern auf der Flucht vor ihren Verfolgern ein Zuhause und eine Familie zu geben, bei der sie sich eingliedern und von ihren schrecklichen Hindernisläufen erholen konnten.

Weil Sarah R. Angst um ihr derzeitiges Zuhause bekam, zitterte sie plötzlich am ganzen Leib, als sie das Gespräch zwischen Céline Valée und der Bäuerin, ihrer Ziehmutter, in Vibray aufschnappte.
»Céline Vallée betreute uns; sie kam an jedem Monatsende, um nach uns, also mir, meinen beiden Schwestern und meinem Bruder, zu schauen. Bis zu jenem Tag hatte ich noch nie Gelegenheit gehabt, eines der Gespräche mitanzuhören, die sie immer bei ihren Besuchen mit der Bäuerin führte. An diesem Tag aber war ich im selben Zimmer. Ich habe gesehen, wie Fräulein Vallée die Banknoten aus ihrer Handtasche hervorholte. Es waren große Noten. Sie zählte sie auf einen Tisch vor unsere Pflegemutter hin. Es war beeindruckend.«

»Erinnern Sie sich an den Betrag, den sie jeden Monat für Sie zahlte?«

»Ja, genau. Es waren 700 Francs pro Kind für einen Monat, doch an diesem Tag war Mme. Papin mit dem Betrag nicht einverstanden. Sie verlangte eine Erhöhung, und Céline Vallée erklärte ihr, daß das völlig unmöglich sei.«

»Und warum fingen Sie an zu zittern?«

»Ich bekam sofort Angst, daß Mme. Papin uns nicht bei sich behalten würde.«

»Weil es Ihnen dort gut ging?«

»Aber ja! Verglichen mit dem, was wir hinter uns hatten und was noch vor uns lag, war es dort wunderbar!«

»Bekam Mme. Papin dann den höheren Betrag, den sie gefordert hatte?«

»Soweit ich mich erinnere, nein.«

»Mußten Sie deshalb fort aus Vibray?«

»Das weiß ich bis heute nicht. Jedenfalls war ich sehr unglücklich, von dort wieder weg zu müssen.«

Rosette Z. verzog vor Anspannung ihr Gesicht. Sie trug einen randvoll mit Regenwasser gefüllten Krug angestrengt in Brusthöhe vor sich her, wie ein junger, staksiger Vogel. Als sie an dem alten, schäbigen, halbverrosteten Gartenzaun angekommen war, stellte sie das Gefäß vorsichtig auf den Boden. Vor Anstrengung waren ihre Lippen ganz schmal geworden. Obwohl sie sicher sein konnte, daß der Briefkasten leer war – der Briefträger kam nur einmal am Tag, und zwar morgens – wollte sie doch vor der Nacht noch einen letzten Blick hinein werfen.

Mit geübter Hand gab sie der kleinen Tür oben einen Klaps, daß diese aufsprang. Auf Zehenspitzen und mit hochgestrecktem Kopf konnte sie feststellen, daß auch heute der braune Umschlag, auf den sie so ungeduldig wartete, nicht im Kasten lag. Entmutigt und traurig ließ sie den Arm sinken.

Sie war ziemlich klein für ihre zehn Jahre, hatte ein rundliches Gesicht, hohe Wangenknochen und rotes Haar. Die letzten Sonnenstrahlen dieses Tages ließen es wie Feuer leuchten. Der Abendwind glitt über ihre schmalen Schultern, und sie fröstelte etwas. Dann beugte sie sich vor, packte den Henkel und hob mit routiniertem Schwung den Krug wieder hoch.

Es war schon viele Wochen, wer weiß, vielleicht schon Monate her, daß sie bei ihrer Mémé eingezogen war. Manchmal schien sich die Zeit über sie lustig zu machen, denn bald war es ein Mittwoch, bald ein Samstag, wenn der Briefträger den braunen Umschlag mit dem Unterhaltsgeld von ihrem Vater in den Briefkasten warf.
Sie half sich mit einem leichten Tritt, um die Türe zu öffnen. Die alte Frau hatte sich an dem einzigen Tisch im Haus niedergelassen, mit dem Rücken zum Kamin, in dem auf kleinen Holzscheiten ein Feuerchen knisterte. Die gelbblauorangen Flammen züngelten an dem geschwärzten Rauchfang empor. Mit leicht vorgebeugtem Oberkörper wandte die Pflegemutter unendlich langsam den Kopf zur Seite und schaute nach dem kleinen Mädchen, das gerade zur Tür hereinkam. Sie bedachte das Kind mit wohlwollenden Blicken.
Seit Rosette Z. in dieses bescheidene Zuhause eingezogen war, entwickelte sich zwischen der alten Frau und dem kleinen Mädchen aus Paris eine stillschweigende Zuneigung. Rosettes Pflegemutter war seit dem Tod ihres Mannes und dem Auszug ihrer beiden Töchter das Leben allein gewohnt. Sie hatte den Spaß an Unterhaltung verloren. Und Rosette, so entwurzelt und unglücklich wie sie war, wollte von sich aus auch nicht viel sprechen. So kam es vor, daß die beiden vom Morgen bis zum Abend zwischen Haus und Garten ihren Beschäftigungen nachgingen, ohne ein Wort miteinander zu wechseln. Manchmal sogar für mehr als einen Tag.
Das Kind stellte einen tiefen Teller für die alte Frau auf den Tisch und ihren eigenen gegenüber. So aßen sie still ihre Suppe, getröstet vom leise singenden Kaminfeuer, das fröhlich flakkerte...
Mit einem Schlag war Rosette hellwach. Sie erkannte die Stimmen. Es waren die beiden Töchter ihrer Mémé. Auf dem Rükken in ihrem Alkoven liegend, konnte sie mit weit offenen Augen jedes Wort verstehen, das hinter dem Vorhang im Raum gesprochen wurde.
Von ihr war die Rede. Und von Geld. Eine der beiden jungen Frauen rief ihrer Mutter ins Gedächtnis, daß sie schon seit langem keinen Centime mehr gesehen hatte. Die andere Tochter setzte damit nach, daß sie unter diesen Umständen dieses Kind

doch wohl nicht behalten würde! Die alte Frau sagte kein Wort. Ihr Schweigen zog Gräben in dieses Gespräch ein, die eine der Töchter damit zu überbrücken versuchte, daß sie mahnte, Rosette sei schließlich Jüdin und sie zu behalten wäre gefährlich. Die Mutter gab zurück, daß mit oder ohne Geld das Risiko schließlich das gleiche bliebe. Und mit ruhiger Stimme fuhr sie fort: »Wohin soll das Kind denn gehen, wenn ich es vor die Tür setze? Was soll aus ihr werden? Und wenn ihr Vater nichts mehr schickt, heißt das doch, ihm ist vielleicht was Ernstes zugestoßen. Also werde ich sie nicht wegschicken. Solange ich noch eine Kartoffel zu essen habe, teile ich sie mit der Kleinen.«
Daraufhin fielen sich die beiden Töchter gegenseitig ins Wort, ein Stimmengewirr, dann plötzlich Stille. Sie waren gegangen. Erst als sich Rosette dessen sicher war, zog sie ihren Bettvorhang beiseite.
»Erst in diesem Moment habe ich gewagt aufzustehen und mich zu zeigen. Meine Pflegemutter saß in ihrem abgeschabten Sessel. Als ich zu ihr hinging, hob sie nicht einmal den Kopf. Es war, als hätte sie meine Schritte auf dem Fußboden gar nicht bemerkt. Ich kniete mich vor sie hin, umschlang ihre Knie, legte meinen Kopf auf ihren Schoß und sagte nur: ›Danke.‹«

Simon war zuerst in der Provinz Sarthe versteckt gewesen, bevor er in die Normandie kam. In ein winziges Dorf mit ungefähr 130 Einwohnern. Dort lebte er zusammen mit fünf anderen jüdischen und nichtjüdischen Kindern bei dem Ehepaar Grenouillet.
Monsieur Grenouillet war ein Veteran aus dem Ersten Weltkrieg und trug noch immer die Flanellbinde um den Bauch. Seine Oberlippe zierte ein dichter gallischer Schnurrbart. Er war von Beruf Holzfäller, ließ sich aber zum Mechaniker umschulen, damit ihn die verhaßten Deutschen nicht zum Kriegsdienst einzogen. Als Veteran von 14/18 hatte er eine ausgeprägte Abscheu vor den Deutschen.
»Seine Rede war: ›Die Juden kann ich nicht besonders leiden, aber sie sind mir hundertmal lieber als die Deutschen.‹«
»Wie reagierten Sie, die jüdischen Kinder, wenn er so etwas sagte?«
»Wir zogen ihm ein Gesicht, aber innerlich nahmen wir es ihm

nicht ernstlich übel, denn wir waren davon überzeugt, daß er nicht tatenlos zugeschaut hätte, wenn einem einzigen von uns auch nur ein Haar gekrümmt worden wäre.«

Er hatte zu Hause eine regelrechte Kasernenordnung erlassen. Am Morgen, nachdem seine Frau alle Kinder geweckt hatte, wachte er darüber, daß sie sich alle richtig wuschen. Am Tisch war nur er allein befugt, das Wort zu ergreifen. Alle anderen, seine Frau eingeschlossen, hatten zuzuhören. Und wenn er zu dem einen oder anderen etwas sagte, war es strikt verboten, zu widersprechen. Sobald das Frühstück beendet war, half er seiner ganzen Schar noch schnell beim Mantel-Mütze-Handschuhe-Anziehen und sah ihnen von der Haustür aus nach, bis sie an der Schule angekommen waren.

Manchmal machte er auch später am Morgen noch eine Kontrollrunde um das Schulhaus, um sich von außen zu vergewissern, daß »seine Kinder« alle noch in ihren Klassen saßen. Abends sah er dann ihre Hausaufgaben nach, kontrollierte und berichtigte, wo es nötig war.

»Er wollte, daß die Kinder aus seinem Haus die Klassenbesten waren.«

»Und waren Sie denn gute Schüler?«

»Quasi die besten der ganzen Schule.«

Nach dem Abendessen durften die Ältesten mit Monsieur Grenouillet das verbotene Radio London hören. Er schärfte ihnen ein, mit niemandem aus dem Dorf darüber zu reden, denn er war ausnahmslos mit allen zerstritten.

»War denn seiner Frau und ihm klar, welche Risiken sie mit all dem eingingen?«

»Ja, daß sie einiges riskierten, wußten sie. Es war eben seine Art, den Deutschen etwas entgegenzusetzen.«

Sonntagsmorgens mußten »seine Kinder« ihre besten Sachen anziehen, und dann ging das Familienoberhaupt stolz mit der ganzen kleinen Bande durch das Dorf spazieren – höchst zufrieden, daß er allen in der Umgebung saubere, gesunde Kinder vorführen konnte.

»Aber war es denn nicht auch gefährlich, sich so offen zu zeigen?«

»Ja, aber er behauptete strikt das Gegenteil. Er war überzeugt, es sei richtig, offen aufzutreten und keine Angst zu haben.«

»Er war damit aber auf Gedeih und Verderb davon abhängig, daß niemand im Dorf ihn anzeigte.«
»Ja, sicher...«
Eines der großen Vergnügen für die Jungen war das Holzhacken in den benachbarten Wäldern. Sie zogen mit M. Grenouillet hinaus, und dann, bei der Arbeit oder auch in den Pausen erzählte er mit Vorliebe seine Kriegs- und Heldengeschichten von 1914/18. Doch immer mußten die Kinder einen bestimmten Trick anwenden, um ihn zum Plaudern zu bewegen.
»Wenn wir einfach gefragt hätten: ›Bitte, erzähl' doch mal ...‹, hätten wir keinerlei Antwort bekommen. Doch sobald wir ganz unschuldig die Schlüsselfrage stellten: ›Sag mal, Pépé, die Deutschen damals, waren das wirklich richtige Schweine?‹, ging es los, und wir umringten ihn und hörten stundenlang mucksmäuschenstill seinen Geschichten zu.«
»Ich vermute, das war nie langweilig.«
»Es war begeisternd. Er hat mir tatsächlich eine gewisse Liebe zu Frankreich vermittelt.«
Am 6. Juni 1944 landeten die Truppen der Alliierten an der normannischen Küste. Seitdem saß Monsieur Grenouillet jeden Abend nach dem Essen mit »seinen« Ältesten am Empfänger, und sie hörten zusammen Radio London. Dann zeigte er ihnen auf einer großen Landkarte der Gegend, wo genau der Vormarsch und die Truppenbewegungen seit der Landung entlangführten.
»Eines morgens verkündete er, im Garten werde er jetzt einen Graben ausheben, denn ein Teil der Auseinandersetzungen war in der Nähe unseres Dorfes zu erwarten.«
Diesen Graben deckte er dann mit Holzknüppeln und einer Schicht Gras ab. Er sollte recht behalten. Bald rückten die Kämpfe wirklich nah, bis kurz vor den Dorfeingang. Vier Tage lang donnerte pausenlos eine große Kanone.
Am Morgen des fünften Tages, als die ganze Familie beim Frühstück um den großen Tisch saß, donnerte die Kanone wieder, dann war deutlich das Pfeifen eines Geschosses zu hören ...
Monsieur Grenouillet sprang auf und brüllte: »Alle Kinder sofort in den Graben!« Und wie eine Sperlingsschar flatterten sie in den Garten unter die Grasdecke. Noch beim Hinausrennen der beiden Erwachsenen schlug ein Geschoß durchs Hausdach

und explodierte auf dem Tisch. Madame Grenouillet und ihr Mann wurden von der Druckwelle zu Boden geworfen.
»Er war im Ersten Weltkrieg Kanonier gewesen und konnte aufgrund seiner Erfahrung allein am Pfeifton hören, wie weit ein Geschoß entfernt war.«
»Bekamen Sie und die anderen keine Panik, als er plötzlich losschrie?«
»Nein. Schon ein paar Tage zuvor hatte er mit uns immer wieder exerziert.«
»Wieviel Zeit mag zwischen dem Pfeifen und dem Einschlag des Geschosses gelegen haben?«
»Höchstens 30 Sekunden.«
Die darauffolgenden Tage verbrachten die beiden Erwachsenen und die Kinder überwiegend im Schutzgraben. Natürlich mußte in dieser außergewöhnlichen Situation die Disziplin erst recht gewahrt werden. Das Ergebnis: Die Kinder fingen an, sich zu langweilen. Der wirkliche Krieg war überhaupt nicht begeisternd und ganz anders, als das, was in der Schule darüber gelehrt wurde. Aber ein Larousse-Wörterbuch sollte bald für Abwechslung sorgen. Die findige Kinderbande lernte daraus ein neues Kommunikationssystem: die Taubstummensprache! Ab da waren sie sogar bei Tisch, wenn kein Wort fallen durfte, schnell bei der Hand und »unterhielten« sich mit Zeichen. Natürlich regte sich Monsieur Grenouillet furchtbar auf, aber da war nichts mehr zu machen, die Kinder hatten ihm nun etwas voraus...

Oft ließ die affektive Beziehung zwischen versteckten Kindern und Pflegeeltern auch auf Seiten der Kinder ein erhebliches Verantwortungsgefühl wachsen.
Simone M. schwamm an diesem Morgen geradezu in Gefühlen des Wohlbehagens. Am Abend zuvor hatten Mémé und Pépé gesagt, sie dürfte heute, an ihrem Geburtstag lange ausschlafen und faulenzen. Sie streckte genüßlich Arme und Beine aus, gähnte zufrieden, drehte sich um und blickte verschlafen in den Raum.
Aus der Küche kamen vertraute Geräusche, die das Frühstück ankündigten. In dem braunen Spiegel des glänzend gebohnerten Fußbodens ließ sie Bilder aus ihrem Leben mit den Eltern in Paris

wiedererstehen. Ein erstes Bild schob sich vor ihr inneres Auge. Es zeigte ihre Mutter am Werkstattisch beim Zusammensuchen von Lederstücken, die zu einer Handtasche werden sollten. Simone war einen Moment lang ganz betroffen von dem schönen Gesicht, das sich konzentriert der Arbeit zuwandte. Sie hätte am liebsten den Arm ausgestreckt, um ihrer Mutter die braune Locke, die ihr immer wieder aus dem dichten Haar in die Stirn fiel, beiseite zu streichen.
Plötzlich zuckte sie vor Schreck zusammen. Sie konnte hören, wie in der Küche ihr Name fiel – von einer fremden Stimme genannt. Die Erinnerung an ihre Mutter wurde von diesen Tönen verdrängt. Ihr Pflegevater wurde barsch aufgefordert, die Anwesenheit eines kleinen Mädchens namens Simone M. zu bestätigen.
»Es waren zwei Polizisten, die mich verhaften wollten.«
Simones Pépé versuchte die Beamten davon zu überzeugen, daß sie sich geirrt hatten, daß es in seinem Haus kein jüdisches Kind gab. Der zweite Polizist fuhr ihn daraufhin an: »Da Sie trotz unserer Informationen abstreiten, ein jüdisches Kind bei sich zu beherbergen, müssen wir Sie selbst verhaften.«
Simone fühlte einen Kälteschauer in ihrem Rücken. Mit einem Sprung hüpfte sie aus dem Bett und zog sich in Windeseile an. Sie zitterte bei dem Gedanken, ihr Pépé könnte wegen ihr verhaftet und wie ein Dieb aus seiner Wohnung abgeführt werden.
»Ich bin schnell hinuntergegangen und habe zu den Polizisten gesagt: ›Hier bin ich‹«.
»Wie alt waren Sie damals?«
»Noch nicht ganz neun Jahre.«
»Sie haben sich sozusagen gestellt?«
»Ja, wenn ich es nicht getan hätte, wäre mein Pflegevater verhaftet worden.«
»Und diese Polizeibeamten schämten sich nicht, Sie dann tatsächlich mitzunehmen? Haben Sie später herausgefunden, wer Sie angezeigt hatte?«
Ja, ich wurde verhaftet. Ich habe auch erfahren, wer mich anzeigte, aber ich werde es aus Rücksicht auf seine Nachkommen nicht sagen.»

Es kam auch vor, daß eine ganze Gemeinde um ein verstecktes Kind Schutzwälle des Verschweigens baute. Félix J. hat erst nach dem Krieg herausgefunden, daß die Eltern seiner Schulkameraden – der Metzger, der Bahnhofsvorsteher und andere mehr – als Mitglieder einer Widerstandsorganisation persönlich auf ihn aufpaßten.

Ebenso bot in vielen Fällen die Schule einen großen Halt und Unterstützung für die Kinder. Dank des persönlichen Einsatzes sehr vieler Lehrerinnen und Lehrer, vor allem in der Provinz, konnten viele versteckte jüdische Kinder einen beinahe normalen Schulunterricht absolvieren. Die Lehrenden brachten vielerorts den Kindern, die mitten im Schuljahr in ihren Klassen auftauchten und deren Lage sie sehr schnell erkannten, genau die Sympathie und das Zutrauen entgegen, auf das die Kinder so sehr angewiesen waren.
Sarah R. erinnert sich noch mit Begeisterung an ihre Lehrerin in Connéré. Diese vertraute ihr die kleineren Kinder in den unteren Klassen an; sie sollte ihnen das Lesen beibringen.
Ein Lehrer von Félix J. verhielt sich genauso. Félix konnte wegen behördlicher Probleme die Bescheinigung über seine Abschlußprüfung nicht bekommen, doch sein Lehrer beauftragte ihn, einen Teil der Klasse selbst zu unterrichten. Und Régine Soszewicz erzählt, wie stolz sie sich fühlte, als ihr Lehrer sie bat, die Klasse mit den Kleinen zu übernehmen:
Die Kleinen unterrichten! Lehrerin sein! Das war seit langem mein Traum, und jetzt sollte er wahr werden, mit einem Mal. Mit halberstickter Stimme fragte ich ganz aufgeregt: »Jetzt gleich?«
»Selbstverständlich, jetzt gleich!«
Er gab mir ein großes Lineal, damit ich die Wörter auf der Tafel anzeigen konnte, die die kleineren Schüler lesen sollten. Sie waren beim Buchstaben M. Also mußte ich Wörter mit dem Buchstaben M finden, die die Kleinen schon kannten. Ich war vor Aufregung und Freude ganz rot im Gesicht. Um nichts auf der Welt hätte ich meinen neuen Platz wieder aufgegeben.
Wieviel Selbstwertgefühl gaben solche Lehrerinnen und Lehrer mit diesen und ähnlichen Gesten ihren verfolgten Schülerinnen und Schülern wieder zurück!

Und wie oft wirkten sie zusätzlich als Beschützer, indem sie ihre jüdischen Schüler auf die unterschiedlichsten Arten daran erinnerten, ihre wahre Identität geheimzuhalten und nichts Verräterisches von sich zu erzählen.

Simon hat seinen Dorflehrer in der Normandie nie vergessen. »Oft gab er mitten im Unterricht den jüdischen Kindern von Monsieur Grenouillet per Anspielung einen Hinweis.«

»Was meinen Sie mit Anspielung? War das ein Hinweis auf ihre Situation?«

»Es war so: Er gab wie nebenbei blitzschnell ein paar Worte, etwa über die Widerstandsbewegung, von sich. Er drückte sich auf eine ganz bestimmte Art aus, und wir waren die einzigen in der Klasse, die ihn genau verstanden.«

»Woher wußte er, daß Sie jüdisch sind?«

»Er war Sekretär beim Bürgermeisteramt, er verteilte auch die Lebensmittelkarten. Er bat uns ab und zu, zu ihm zu kommen und ihm zu helfen. Unsere Namen standen auch auf der Liste.«

»Sie hatten Ihre Namen nicht geändert?«

»Nein. Und ich glaube, daß er uns um Hilfe bat, war einfach seine Art, uns zu zeigen, daß er Bescheid wußte. Er war ganz fabelhaft.«

In manchen Kleinstädten und Dörfern, wo sich Juden versteckten und gleichzeitig deutsche Soldaten stationiert waren, konnte es zu seltsamen Situationen eines Zusammenlebens kommen.

November 1941. Charles P.'s Vater war Schneider. Er entschloß sich, dem Ratschlag eines Unternehmers zu folgen und in ein Dorf an der Somme umzuziehen, dort eine kleine Schneiderwerkstatt zu eröffnen. Zunächst fuhr er allein los, um sich an Ort und Stelle einzurichten und dann Frau und Kinder nachkommen zu lassen.

Kaum hatte er sich in dem Dorf niedergelassen, wurde nur ein paar Kilometer entfernt eine deutsche Garnison stationiert.

Der Chefadjutant, im Zivilstand selbst Schneider, hatte sehr bald die kleine Werkstatt entdeckt. Und er war hochzufrieden, an Charles' Vater zu geraten, denn dieser sprach gut deutsch (er war an der österreichisch-ungarischen Grenze geboren und aufgewachsen).

Der Nazioffizier beschlagnahmte also kurzerhand die einzige Nähmaschine in der Werkstatt, besser gesagt, er requirierte den Schneidermeister, der ab da vorrangig für die deutschen Soldaten zu nähen hatte, wann sie und was sie wollten. Die Zeit verging, und der Chefadjutant kam regelmäßig mit Hosen, mit Westen und allem möglichen, das ausgebessert werden mußte. Er legte dabei eine gewisse Sympathie für den Schneider an den Tag. Es kam sogar vor, daß er schon morgens in der Werkstatt auf ein Glas Wein vorbeischaute und dabei einmal dem verblüfften Schneider erklärte: »Da haben wir's aber wirklich gut getroffen mit Ihnen. Das hier ist doch was anderes als so ein Jiddenschneider!«

»War das nicht eine Provokation?«

»Ich glaube nicht. Er hatte keine Ahnung und erfuhr auch nichts davon, daß er es mit einem versteckten Juden zu tun hatte.«

Schließlich kam es noch dahin, daß immer wenn der Vater von Charles P. dem Nazioffizier auf der Straße begegnete, alle in der Nähe befindlichen Soldaten Haltung annahmen und salutierten.

Bald verließ die erste Garnison das Dorf und die nächste zog an ihrer Statt ein. Die Neuankömmlinge hatten ebenfalls sehr schnell ausgekundschaftet, daß sich ein Schneider im Dorf befand, der gute Arbeit leistete und dazu deutsch sprach...

»Wir haben den Krieg damit verbracht, die Uniformen und die Zivilkleidung der verschiedenen im Dorf stationierten deutschen Offiziere zu ändern, auszubessern, zu kürzen oder anzustückeln.«

»Und keinem dieser Offiziere ist etwas aufgefallen?«

»Wir waren überaus vorsichtig. Wir achteten zum Beispiel sehr darauf, nie ein Wort oder einen Satz fallen zu lassen, der uns hätte verraten können. Das Wort »Jude« oder »jüdisch« hatten wir aus unserem Wortschatz völlig gestrichen, denn in dieser absurden Situation hätte uns das alles kosten können.«

Die Arbeit in der kleinen Schneiderei nahm schnell zu, und mit Freude sah der Vater, daß er seine Familie endlich zu sich holen konnte. Doch ein Schatten lag über dem schönen Vorhaben: Er erinnerte sich, daß die Ausweise seiner Frau und der Kinder mit dem Buchstaben »J« gestempelt waren. Damit konnten sie jederzeit als Juden identifiziert werden, falls sie auf ihrer Reise von Paris an die Somme in Kontrollen geraten würden.

»Der Sekretär des Bürgermeisteramtes half ihm, das Problem zu lösen. Er war gekommen, um sich seinen Mantel wenden zu lassen. Mein Vater führte diese Arbeit wie gewöhnlich aus und machte sich dann auf, dem Sekretär sein Kleidungsstück ins Haus zu bringen. Ohne ein äußeres Zeichen der Ermutigung legte er dem Beamten seine Situation dar, daß er Jude war und daß seine Frau und die Kinder andere Pässe brauchten, in denen kein »J« auftauchte.«

»Das war aber doch recht gefährlich! Dieser Sekretär hätte ohne weiteres ein Kollaborateur sein können.«

»Gewiß, aber ich glaube, mein Vater hat irgendwie gespürt, daß er das machen konnte.«

Ein paar Tage später kam der Beamte wieder in die Werkstatt und brachte dem Schneider neue Ausweise, in denen der Stempel »J« fehlte.

»Die Voraussicht meines Vaters hatte sich als klug erwiesen. Als wir am Bahnhof Saint-Lazare ankamen und in unseren Zug steigen wollten, wurden wir prompt von einer Polizeipatrouille angehalten und kontrolliert.

Viel später, als die Befreiung kam, fanden wir eines morgens das Zeichen für »Kollaborateur« an die Werkstattür gemalt. Meiner Schwester Madeleine wären beinahe die Haare geschoren worden, weil wir die Hosen deutscher Offiziere gekürzt oder verlängert hatten... Zum Glück tauchte der Sekretär wieder auf und schritt gegen die Handgreiflichkeiten ein. Erst in diesem Augenblick erfuhren wir, daß er der Chef der Widerstandsbewegung im Sommetal war.«

In Kinderheimen und Waisenhäusern, in denen jüdische Kinder versteckt waren, blieb die Hauptschwierigkeit das Zusammenleben mit den anderen, Kindern wie Aufsichtspersonen. Das oberste Überlebensprinzip eines versteckten Kindes hieß Mißtrauen und Vorsicht – zu allererst sich selbst gegenüber. Dem Kind war bewußt, daß der kleinste Fehler seinen Untergang bedeuten konnte. Und als zweites, Mißtrauen und Vorsicht gegenüber den anderen. Man wußte nie wirklich genau, mit wem man es zu tun hatte.

Zu der Zeit, als Paul S. in einem Heim im belgischen Jamoigne versteckt war, glaubte er felsenfest, er sei dort das einzige jüdische Kind. Erst einige Jahre später, nach Kriegsende, erfuhr er, daß von den 123 Kindern in diesem Heim ganze 83 Kinder jüdisch waren. Auch die anderen sagten später erstaunt, sie seien ebenfalls überzeugt gewesen, jeweils das einzige jüdische Kind dort zu sein.

Die Technik des Selbstschutzes, die das Kind entwickelte, war denkbar einfach. Sich in allen möglichen Situationen als guter Kamerad zeigen, sich in eine Gruppe integrieren, ohne ihr Anführer zu werden, mit Selbstverständlichkeit an allen Aktivitäten teilnehmen, und vor allem: sich an niemanden binden.

Das tägliche Zusammensein förderte die Entstehung von Freundschaften mit dem einen oder anderen Jungen oder Mädchen und stellte damit eine ernste Gefahr dar. Dann nämlich konnte die Versuchung stark werden, sich anzuvertrauen – vor allem in Augenblicken der Trauer oder Niedergeschlagenheit. Vielleicht lüftete man zuviel von seinem Geheimnis und öffnete damit der Katastrophe Tür und Tor.

»Es hieß, vierundzwanzig Sunden lang, am Tag wie in der Nacht, auf der Hut sein«, sagt Paul C.

Ebenso unmöglich bezw. problematisch war es, sich den Erzieherinnen und Erziehern anzuvertrauen. Und oft stellten diese Erwachsenen als Vertrauenspersonen gegenüber den anderen Kindern sogar die größere Versuchung dar. Doch das versteckte Kind tat besser daran, inmitten der Gruppe einsam zu bleiben.

Glücklicherweise konnten jedoch diese Art Abschottung und Selbstschutz häufig auch aufgegeben werden, vor allem dann, wenn die Heime von Organisationen geleitet oder unterstützt wurden, die systematisch jüdische Kinder retteten und in denen die Erzieher Bescheid wußten.

In Moissac, in einem von der O.S.E. (Oeuvre de Secours aux Enfants – Kinderhilfswerk) unterhaltenen Heim, wo nur jüdische Kinder untergebracht waren, befreundete sich Laure sofort mit einem kleinen Mädchen, das genauso alt war wie sie. Und gemeinsam träumten und entwarfen sie eine schönere Zukunft. Eine bessere Welt, in der die Juden nicht mehr an den Rändern der Gesellschaft, sondern in ihr und wie alle anderen lebten.

Die Kinderheime mitten auf dem Land verlangten von den meist städtischen jüdischen Kindern ähnliche Umstellungen, wie die Verstecke auf Bauernhöfen. Ohne jegliche Beziehungen zum ländlichen Alltag, wie sie die kleinen Franzosen jener Zeit noch hatten, fiel den jüdischen Kindern die Gruppenintegration damit nicht eben leichter.
»Als ich neu war in Jamoigne,« erzählt Paul S., »hatte ich das Gefühl, regelrecht auf einen anderen Planeten versetzt zu sein.«
Mit der Hilfe eines Erziehers, der Verständnis für seine Bedrängnis aufbrachte, überwand er seine Ängste und gewann Zugang zu dieser anfangs so feindlichen Naturumgebung. Er lernte querfeldein zu laufen, auf Bäume zu klettern und auf ihnen herumzuturnen und war nicht wenig stolz darauf.

T.G., die unter dem Namen Mariette in einem Landheim Unterschlupf gefunden hatte, schaffte es nicht, sich an den Alltag dort zu gewöhnen. Sie hat von dieser für sie düsteren Zeit unangenehme Erinnerungen zurückbehalten, vor allem an ihre ständigen Kältegefühle. Dabei spielte es keine Rolle, wo ihre Unterkunft lag; ausschlaggebend war, daß sie vollkommen von ihrer Familie abgeschnitten war und ihr in ihrer Umgebung alles unwirklich vorkam.
»Ich hatte ein Gefühl, so dahinzutreiben und keinen Boden mehr unter den Füßen zu haben.«
In ihren Gedanken herrschte völlige Verwirrung, und sie wartete nur darauf, daß die Welt wieder würde wie zuvor, damit sie endlich nach Hause zurückgehen konnte – zu ihrer Schwester und zu ihren Eltern. Wenn die Erzieherinnen in ihrem Beisein von dem Leben, das »nach dem Krieg« kommen würde, redeten, begriff sie gar nicht, was sie damit meinten.
»Was ›vor dem Krieg‹ gewesen war, hatte ich lebhaft in Erinnerung, darüber wußte ich Bescheid, da war noch alles klar. Aber mit ›nach dem Krieg‹ wußte ich nichts anzufangen und konnte mir auch absolut nichts vorstellen.«
Die Erwartung, nach Hause zurückzukehren, ließ sie für gewisse Phasen völlig antriebslos werden, und dies zog sich später noch weit in ihr Erwachsenenleben hinein.

Auch Hélène W., die in einem Haus des Kinderhilfswerks in Saint-Raphael untergekommen war, gelang es nicht, sich in ihre Kindergruppe zu integrieren, obwohl die Kinder dort ihr Jüdischsein nicht kaschieren mußten. Aber sie kamen von überall her, darunter eine große Gruppe aus Osteuropa. Sie sprachen polnisch, jiddisch, ungarisch, deutsch und russisch. Hélène kann sich nicht erinnern, daß außer ihr noch ein anderes Kind französisch gesprochen hätte. Das Sprachengewirr, das rauhe und entbehrungsreiche Leben im Heim ließen das kleine Mädchen ziemlich verwildern. Meist lief sie barfuß und war nur notdürftig gekleidet, aber das Schlimmste für sie waren die Essenszeiten.
»Schaute ich mich beim Essen mal kurz im Saal um, war mein Teller schon leer, wenn ich mich wieder umdrehte.«
Weil sie weder zur Schule gehen konnten, noch aus Sicherheitsgründen einfach hinauslaufen durften, reduzierte sich das Leben Hélène W.'s wie auch das von T.G. darauf, aus dem Fenster zu schauen und die Landschaft zu betrachten, die sie von dort aus sehen konnten. Die Tage verloren sich in einer Abfolge wiederkehrender Handlungen, die nie ein Ende zu nehmen schienen.

In dem Waisenhaus, in dem Georges R. einige Monate verbrachte, stahlen sich die Kinder, wie er sich erinnert, gegenseitig das Essen, verwickelten sich in Prügeleien und terrorisierten sich gegenseitig. Auch hier kamen sie überwiegend aus Osteuropa und waren meist von jüdischen Widerstandsorganisationen den Fängen der Nazis entrissen worden. Ihre harten und früh gealterten Gesichter wie ihre dunklen, kalten Blicke kündeten von dem, was sie durchgemacht hatten.
Jacques K. und Paul S., die beide im Abstand von einem Jahr in Jamoigne waren, bestätigen, daß sie diese Zeit der Abschottung nur überstanden, weil die Heimleiterin und die Erzieherinnen und Erzieher dort eine hervorragende Pädagogik entwickelt hatten und mit den Kindern praktizierten. Obwohl das Programm durchaus nicht kompliziert war: vormittags Unterricht, nachmittags Bewegung im Freien. Aber es herrschte ein der Pfadfinder- und Jugendbewegung vergleichbarer Geist, der diesen aus allem herausgerissenen Kindern eine gewisse Stabilität gab und ihnen erlaubte, wenigstens für einige Zeit am Tag den Fragen, die sie innerlich bestürmten, zu entrinnen.

Der schwierigste Moment kam abends, wenn es still wurde im Schlafsaal und das Kind noch für kurze Zeit zwischen Wachen und Schlafen schwebte. Das waren die Minuten, in denen jeder Widerstand gegen die bedrängenden Fragen zusammenbrach. Dann stiegen vor dem inneren Auge wieder die Bilder von Vater und Mutter auf, die Augenblicke der Trennung, und ihre Abschiedsworte waren wieder präsent. Dieser kleine Ausschnitt aus dem gemeinsamen Leben wurde wieder und wieder durchlebt, bis zur Betäubung. Diese Visionen vor dem Einschlafen konnten in verschiedenen Varianten auftauchen, aber eins blieb immer gleich: das offene Ende und die Sehnsucht, daß die Eltern ihr Kind bald wieder zu sich holen.

Rosette Z. stellte sich vor, daß ihr Vater das schiefhängende Gartentürchen aufstieß. Sie konnte deutlich hören, wie es in den Angeln quietschte. Und immer war es am Morgen. Ihr Vater kam durch den Gemüsegarten und freute sich sichtlich über die jungen Salatpflanzen, die seine Tochter am Abend vorher frisch gegossen hatte. Er klopfte an die Haustür, es war ein fröhlicher, hüpfender Klang. Er wollte seine Tochter abholen und mitnehmen, weit weg vom Krieg. Er erklärte alles geduldig ihrer Pflegemutter, die es verstand, aber trotzdem sehr traurig wurde. Auch Rosette Z. war dann ganz bestürzt, ihre Mémé zu verlassen. Doch sie mußten aufbrechen, ihr Zug würde nicht länger warten...

Jacques K. redete sich ein, er sei nur im Ferienlager und bald sei sein Aufenthalt zu Ende. Seine Eltern würden ihn spätestens in einer Woche auf die selbstverständlichste Weise wiederbekommen: Am Brüsseler Hauptbahnhof würden sie ihn erwarten und abholen.

Die Mutter von Simone M. war eine Fee. Sie kam spät abends und holte ihre Tochter aus dem Bett. Dann nahm sie sie auf ihren Arm und entschwand mit ihr. Ihre Schleier, die sie umwogten, rauschten seidig singend durch die Luft.

Jean S. malte sich aus, daß überall in dem Dorf an der Sarthe, wo er versteckt war, von den Bewohnern Transparente und bunte Fähnchen drapiert wurden, um seinen Eltern einen glanzvollen Empfang zu bereiten. Und sie kamen dann in einem majestätischen weißen Wagen herangefahren und wurden mit Trompetenstößen und Trommelwirbel begrüßt.

Paul S. erzählt: »Ich hatte mir keine Geschichte zurechtgelegt, vielleicht aus Realismus, oder weil mir dazu die Phantasie fehlte. Nein, was mich betrifft, so war ich ganz einfach fest davon überzeugt, daß ich meine Eltern wiedersehen würde. Das konnte gar nicht in Frage gestellt werden.«

Im Kinderheim von Jamoigne war es der allabendliche Gutenachtkuß der Leiterin, der den Kindern über die Augenblicke der bangen Fragen hinweghalf. Paul S. erinnert sich: »Jeden Abend ging die Leiterin von Bett zu Bett und gab jedem einzelnen Kind vor dem Einschlafen einen Kuß.«

»Wir konnten nicht einschlafen, bevor sie nicht zu jedem von uns gekommen war«, fügt Jacques K. hinzu. »Alle warteten auf ›ihren‹ Gutenachtkuß.«

Die Kinder empfingen diese Geste der bewundernswerten Heimdirektorin wie einen beschützenden Segen. Danach konnten sie die Augen schließen, alles war in Ordnung. Die Kinder hatten das Gefühl, wahrgenommen und bedacht zu werden. Paul S. schließt: »Wenn für uns größere Jungen dieser Gutenachtkuß schon so wichtig war, brauche ich sicher nicht zu betonen, was er für die Kleinen bedeutete.«

Die Kinder, die sich keine Geschichten für die Momente der Verzweiflung zusammenphantasiert hatten, wurden in den Nächten zumeist von Alpträumen heimgesucht.

J.C., der häufig noch heute von diesem Traum gequält wird, saß in einem seeuntüchtigen Boot. Seine Mutter ruderte angestrengt wie auf einer Galeere, doch das Boot bewegte sich nicht von der Stelle. Langsam und Stück für Stück sank das Gefährt mit ihnen immer tiefer in schwarzes, eiskaltes Wasser hinein, bis es ganz untergegangen war.

»Ich habe lange Jahre gebraucht, bis ich diesen Alptraum verstand. Er bedeutete nur, daß meine Mutter, die als Erwachsene für mich verantwortlich war, mich nicht beschützen konnte.«

Jean S. fuhr in seinem Traum ganz allein in einem Zug. Kurz vor dem Bahnhof, wo seine ganze Familie, selbst die Verwandten, die er nur vom Erzählen kannte, zum ersten Mal wieder vereint auf ihn wartete, explodierte die Eisenbahn. Hoch oben auf einem Trümmerteil saß Jean und flog immer weiter vom Bahnhof weg. Seine Geschwindigkeit war schwindelerregend, und seine Familie schaute nicht ein einziges Mal hinauf zu ihm.

»Ich konnte schreien wie ich wollte, niemand hat mich gehört. Die ganze Familie starrte gebannt auf die Überreste am Boden. Ich versuchte oft, diesen Ablauf im Traum zu beeinflussen, vergeblich. Immer wieder verketteten sich die Ereignisse zu der ursprünglichen Form.«

Das Kinderheim konnte oft das Gefühl unmittelbarer Bedrohung bei den Kindern nicht abwenden. Und die Angst wurde von jedem Einzelnen anders erlebt.

In Jamoigne tauchten eines Morgens unvermutet die Deutschen auf. Es handelte sich um eine Hausdurchsuchung. Nachdem sie in dem weitläufigen Haus alles abgegangen waren, drangen sie in die Schlafsäle ein, wo die meisten Kinder noch schliefen. In diesem Moment wachte Paul S. auf und sah zwei deutsche Soldaten vor seinem Bett. Vor Schreck urinierte er auf seine Unterlage. Die Strohmatratze war so durchlässig, daß die ersten Tropfen sehr bald hörbar zu Boden fielen. Sofort guckten die beiden Uniformierten unter Pauls Bett, gingen dann aber lachend hinaus.

»Sie können sich vielleicht vorstellen, was hätte passieren können, wenn es ihnen eingefallen wäre, die Bettdecke zu lüften und sie entdeckt hätten, daß mein Geschlecht beschnitten war...«

Hélène W. hatte das Gefühl, eine ständige Gefahr schliche um das Haus. Jede Welle, die hinter der Zimmerwand auf den Strand rollte (das Kinderheim lag direkt am Meer), war eine Drohung, die sie vom Einschlafen abhielt.

»An diesem Ort habe ich die meisten Nächte schlaflos verbracht.«

Sie hatte die Vision, daß ganze Horden von Soldaten mitten in der Nacht das Heim überfielen und die Kinder aus den Betten rissen. Diese Alpträume fand sie schlimmer als den Luftschutzalarm, bei dem alle schnellstens das Haus verlassen mußten.

Sarah R. fühlte während der Zeit ihres Verstecks in der Sarthe-Region andauernd den Blick einer unsichtbaren Macht auf sich gerichtet, der sie nicht ein einziges Mal in Ruhe ließ.

»Manchmal kam diese Präsenz mir nahe, so nahe, daß sie erst im allerletzten Moment an mir vorbeiwischte. Dann spürte ich eine Beinahe-Berührung, die mir heute noch Gänsehaut verursacht, wenn ich nur davon spreche.«

Jean S. konnte keinen Schlaf finden. In der Dunkelheit seines Zimmers vergrößerten alle möglichen leisen Geräusche seinen Schrecken. Dann stand er auf und verbrachte die halbe Nacht damit, an den Wänden nach dem Lichtschalter zu tasten.
»Sehr oft fand mich meine Pflegemutter morgens irgendwo im Zimmer schlafend auf dem Fußboden.«
»Aber das konnte doch auch die ganz normale Angst eines Kindes vor der Dunkelheit sein?«
»Bestimmt war davon auch etwas mit dabei. Aber in diesen Nächten sah ich immer Gesichter von Soldaten. Das war meine eigentliche Angst. Ich bin sicher, daß ich auch geschrien oder geweint habe, aber ohne einen Ton von mir zu geben. Noch viele Jahre später und ab und zu auch heute noch kann ich nicht in einem fremden Haus schlafen, wenn ich nicht irgendeine Lampe in Reichweite finde.«

Ganz andere Ängste und Sehnsüchte durchlebte Hélène W., als ihre Mutter eines Tages im Kinderheim von Saint-Raphael auftauchte. Sie war völlig überraschend und unangemeldet gekommen, denn vom Lager Rivesaltes, wo sie zusammen mit ihrem Sohn interniert war, hatte sie eine Ausnahmegenehmigung erhalten. Sie durfte, gegen das Versprechen, ins Lager zurückzukehren, ihren Jungen, der eine schwere Gelbsucht hatte, in ein Krankenhaus bringen. Allerdings dachte sie nicht daran, freiwillig in das Lager zurückzugehen. Hélène W. hatte ihre Mutter monatelang nicht mehr gesehen und ihre unerwartete Ankunft versetzte dem Mädchen einen solchen Schock, daß es die eigene Mutter nicht wiedererkannte. Die Frau, die sie da besuchte, war wie eine Fremde für Hélène. Ein weiterer Graben trennte die beiden: die in der Familie übliche Sprache, das Jiddische. Die Sprachenvielfalt im Heim hatte auf das Kind die Auswirkung, daß es in Versatzstücken aus allen möglichen europäischen Sprachen redete.
»Ich mußte meinen Bruder bitten, mir zu übersetzen, was die Mutter zu mir sagte.«
Dennoch lösten die jiddischen Worte Gefühle in ihr aus, aber den Sinn konnte sie nicht verstehen. So hörte sie der Mutter nur zu. Und entwickelte die Angst, von jeglicher Kommunikation mit ihr abgeschnitten zu sein. Tochter und Mutter verabschiede-

ten sich gleich traurig. Einige Monate später war es einer der Brüder Hélènes, der die Sprachbarriere kennenlernte. Da mußte ihm die Schwester, die inzwischen ihre Familiensprache wiedergefunden hatte, zu Hilfe eilen und dolmetschen.

»Ich kann mich noch erinnern, wie mein Bruder unauffällig über meine Hand strich und mich leise und unsicher fragte: ›Was hat sie gesagt?‹«

Céline T. konnte zusehen, wie sie heranreifte. Ihr Körper veränderte sich deutlich. Das war ganz normal, aber es beunruhigte sie. Sie ging mit der bangen Frage um, ob ihre Eltern sie überhaupt wiedererkennen würden, wenn sie kämen, um sie abzuholen. So fing sie an, die Nahrung zu verweigern, und damit begann die Magersucht. Sie wollte ihre Entwicklung unbedingt zurückdrängen und wieder so sein wie vor der Trennung von ihren Eltern.

Ovide R.'s Kopfhaar wurde geschoren und rasiert, weil die Krätze grassierte. Wenn er in einen Spiegel schaute, versetzte ihn sein eigener Anblick in Schrecken. Er wagte es nicht, sich irgendwo unter Menschen blicken zu lassen und verbrachte stattdessen die meiste Zeit damit, auf jedes beliebige Stück Papier, das ihm in die Hände fiel, sein Selbstporträt zu zeichnen. Auf jedem Bild war sein Kopf mit üppigem Haarwuchs zu sehen.

Sarah C. war in Paris in derselben Straße, nur zwei Hausnummern von der elterlichen Wohnung entfernt, untergebracht. Sie führte ein beinahe normales Leben. Sie ging zur Schule und hatte bei dem Ehepaar Andrieux ein Zuhause gefunden. Sie war erst zwölf Jahre alt, hatte aber schon eine gewisse Charakterstärke. Selbständig organisierte sie ihre heimlichen Treffen mit der Pflegemutter ihres jüngeren Bruders, für die monatlichen Unterhaltszahlungen. Das Geld dazu bekam sie indirekt von ihrem Vater, der sich bei seinem Lehrmädchen versteckt hielt, nachdem er sich der Verhaftung hatte entziehen können.

In Augenblicken der Verzweiflung kam es vor, daß Sarah C. heimlich in die unbewohnte Wohnung ihrer Eltern zurückging. Man hatte offenbar vergessen, die Tür zu versiegeln, und einen Schlüssel hatte sie noch. Dort im Wohnzimmer legte sie sich auf das Sofa und verbrachte Stunden damit, für sich zu träumen, zu lesen oder einfach zu schlafen.

Gleichzeitig lebte sie in einem Alptraum.
Inmitten der lauten jungen Mädchen, ihrer Mitschülerinnen, kam sie lachend aus dem Schulgebäude. Aber das Lächeln auf ihrem jungen, noch kindlichen Gesicht erstarb sofort, als sie zwei Polizisten in Zivil ausmachte, die auf sie zu kamen. Das war schon das zweite Mal in dieser Woche. Es waren dieselben, die damals im Regen bei ihrer Ziehmutter aufgetaucht waren und von ihr verlangt hatten, sie sollte sie zur Wohnung des Lehrmädchens führen, wo sie ihren Vater versteckt glaubten.
Sarah C. fühlte einen Kälteschauer durch sich hindurchlaufen. Ihre beste Schulfreundin Fanny verabschiedete sich schnell mit einem Streicheln am Arm, das ihr ein wenig Mut machen sollte.
Sie blieb als einzige Schülerin auf dem Bürgersteig zurück. Nur noch Sarah und ihre Verfolger. Sie wartete ab. Der erste trat an sie heran. Immer war er es, der zuerst redete. Mit einer Bewegung, die eine Vertrauensbeziehung unterstellte, nahm er ihr Kinn zwischen Daumen und Zeigefinger und hob ihr Gesicht langsam an. Er faßte sie an, als sei ihr Kopf auf ein empfindliches Kugelgelenk montiert und dürfe auf keinen Fall überdehnt werden. Er hielt also in der Bewegung inne, als ihre Augen auf seiner Höhe waren und verhakte seinen Blick in ihrem. Sie hatte sich widerstandslos dieser Behandlung gefügt, weil ihr klar war, daß alles andere zwecklos gewesen wäre. Der Zivilbeamte stellte ihr die Frage, auf die sie schon gefaßt war. War es nicht wieder dieselbe Frage wie beim letzten Besuch? Es war immer dieselbe: »Wo versteckt sich dein Vater?« Sarah C. löste ihren Blick nicht aus der Fixierung des Polizisten und gab ihm dieselbe Antwort wie beim letztenmal. Sie wußte es nicht.
»Das entsprach sogar der Wahrheit. Ich hatte vom Versteck meines Vaters keine Ahnung. Erst als der Krieg vorbei war, erfuhr ich, daß er in einer baufälligen Wohnung im Haus des Lehrmädchens gewesen war.«
»Und diese Polizisten kamen nicht auf die Idee, wieder dort zu suchen?«
»Nein. Nie. Sie zogen es vor, mich über lange Monate mit ihren Verhören zu quälen.«
»Hatten Sie Angst, als die Polizisten Sie an der Schule ›abfingen‹?«

»Ja, große Angst.«
Sarah C. hatte auch Angst darum, daß ihre Widerstandskraft sie plötzlich verlassen würde. Sie fürchtete sich, aus dem Schulhaus herauszutreten, weil die beiden Polizisten jederzeit wieder auftauchen konnten. Bisweilen kamen sie dreimal in einer Woche.
»Ich verstehe bis heute nicht, wie zwei Männer, zwei Franzosen, ein Kind von zwölf Jahren so unerbittlich verfolgen und quälen konnten.«
Dabei war Sarah C.'s Vater nicht einmal eine prominente Persönlichkeit, weder gehörte er einer Widerstandsorganisation an, noch hatte er andere politische Funktionen. Er versteckte sich nur, wie viele andere Juden in diesen Zeiten.
»Ich habe viel darüber nachgedacht und herauszufinden versucht, womit dieses Verhalten der beiden Polizisten begründet sein konnte. Als erstes denke ich, nahmen sie es meinem Vater persönlich übel, daß er ihnen entwischt war. Als zweites, das erfuhr ich erst nach dem Krieg, erhielten die französischen Polizisten Geldprämien für jede Verhaftung. Außerdem war mein Vater angezeigt worden.«

Der erste Polizist lockerte seinen Griff und ließ das Kinn des Mädchens los. Nun kam der zweite, der sich wie immer zunächst zurückhielt. Er trat an sie heran, klammerte seinerseits den Blick an ihren und fragte sie dabei: »Wer bezahlt deinen Unterhalt bei deiner Pflegemutter?« Diese Frage war neu. Sarah war in die Verteidigung gedrängt worden. Sie hatte den Eindruck, daß der Mann ihr eine Falle stellen wollte. Wenn sie nicht sehr aufpaßte und nur einen falschen Schritt tat, würden die Widerhaken in ihr Fleisch schlagen und sie wäre gefangen.
Sie mußte etwas finden, das sie antworten konnte. Da trat ihr mit einem Mal ein Bild vor Augen, das sie freudig aufnahm. Ohne zu wissen woher, fiel ihr ein Moment aus ihrem Leben bei der Pflegemutter ein. Sie sah sich mit einem Tuch in der Hand bei Madame Andrieux die massiven Möbel abstauben. Sie blickte dem zweiten Beamten gerade ins Gesicht und antwortete mit der größten Selbstverständlichkeit: »Ich arbeite im Haushalt. Das kann doch reichen für meinen Unterhalt.«
Die Reaktion war eisiges Schweigen. Ihre Direktheit und Bestimmtheit, ebenso wie die Evidenz dieser Aussage verblüffte die

Beamten. Zum erstenmal verloren sie an Terrain. Nun war es an Nummer 1, das Verhör fortzuführen. Er fragte ganz neutral: »Wer bezahlt die Pension für deinen Bruder? Wo ist er versteckt?« Mit einer kurzen Kopfbewegung drehte sie sich zu ihm um und schickte ihm seinen Blick zurück. Jetzt war sie auf Kampf eingestellt. Auch diese Frage war neu und die Fußangel darin für sie noch gefährlicher. Sarah fragte sich, woher die Polizei wissen konnte, daß sie einen Bruder hatte. Woher wußten sie, daß er bei einer Ziehmutter untergebracht war? Ob die Polizisten sie vielleicht observierten? Aber sie hatte doch so viele Vorsichtsmaßnahmen für die Verabredungen mit dieser Frau getroffen...

Ihr Bruder war in Colombes, einem Pariser Vorort, versteckt. Jeden Monat trafen sich das Mädchen und die Ziehmutter. Sarah überbrachte ihr das Unterhaltsgeld, das sie selbst vom Lehrmädchen des Vaters ausgehändigt bekam. Immer fanden ihre Begegnungen in der Métro statt, und immer war es Sarah, die Ort und Uhrzeit festlegte.

»Schon zwei Tage vorher zitterte ich vor Angst. Immer wieder ging ich in Gedanken den ganzen Weg von der Rue Patay, wo ich wohnte, bis zum jeweiligen Treffpunkt ab. Die aus Energieersparnis geschlossenen Métrostationen mußte ich mit einkalkulieren. Es war jedesmal die reinste Hölle für mich. Weil ich befürchtete, von den Polizisten beobachtet zu werden, mußte ich immer komplizierte, neue Umwege aussuchen. Ich stieg an einer Haltestelle aus, ging ein Stück zu Fuß, nahm eine andere Linie, undsoweiter. Das war völlig verrückt.«

Aber nicht nur die mögliche Observation, auch die Razzien, die immer wie aus heiterem Himmel irgendwo in der Stadt gemacht wurden, waren eine ernste Bedrohung. Das Geld, das sie bei sich trug, würde mit Sicherheit für ihre Verhaftung und vielleicht auch die ihres Bruders hinreichen.

»Immer wenn ich mit dem Unterhaltsgeld unterwegs war, ging es mir schlecht. Ich tat etwas, das den anderen zeigte, daß ich jüdisch war.«

»Trugen Sie keinen gelben Stern?«

»Nein. Noch heute habe ich Angst in der Métro.«

»Fühlen Sie sich immer noch überwacht?«

»Ja, immer noch.«

Weil seine Frage für einen Augenblick unbeantwortet blieb, trommelte der ungeduldige Polizist mit den Fingern auf die lederne Brusttasche seines Blousons. Sarah musterte ihn wachsam und gab kurz zurück, sie wisse nicht, wo ihre Mutter vor ihrer Verhaftung ihren Bruder untergebracht hatte. An dem darauf einsetzenden Schweigen merkte Sarah, daß ihre Antwort eine Grenze zwischen ihr und den Männern gesetzt hatte. Sie sagten kein Wort mehr, drehten sich nur wie immer auf dem Absatz um und gingen fort. Das Mädchen sah ihnen erleichtert nach, wie sie schweigend davongingen und immer kleiner wurden.

Michel F. war im Jahr 1943 elf Jahre alt. Er wurde von einer christlichen Familie in Warschau beherbergt.
»Vorher war ich in einem Dorf versteckt gewesen. Die Pflegemutter, die meine Cousine und mich betreute, war bei einer Fahrt nach Warschau verhaftet worden. Der Zufall wollte es, daß sie in Auschwitz mit meiner Mutter zusammentraf. Mein Onkel Jean brachte mich schließlich bei dieser katholischen Familie unter. In deren Wohnung hatte ich ein Zimmer für mich, daß ich an keinem einzigen Tag zwischen 1943 und 1944 verlassen habe. Mein Leben war bestimmt von den kleinen Höhepunkten der Mahlzeiten und von den Besuchen meines Onkels, der meinen Unterhalt bezahlen kam. Sonst war ich den ganzen Tag allein. Nur ab und zu kam die Tochter meiner Pflegemutter zu mir. Sie blieb eine Stunde oder zwei. Sie brachte mir Lesen und Schreiben bei.«
»Was taten Sie den ganzen Tag?«
»Nichts.«
»Spielten Sie denn nicht irgendetwas?«
»Mit welchem Spielzeug? Es gab nichts.«
»Konnten Sie nicht lesen?«
»Nein. Die Ziehmutter war nicht gerade freundlich zu mir. Sie beschuldigte mich, ich würde zuviel essen. Es kam vor, daß sie mir einen ganzen Tag lang nichts zu essen gab.«
»War sie Antisemitin?«
»Das glaube ich nicht. Zumindest hat sie in meiner Gegenwart keinerlei Bemerkungen gemacht.«
»Sagten Sie ihrem Onkel, daß Sie manchmal nichts zu essen bekamen?«

»Ich kann mich nicht erinnern, ihm je davon erzählt zu haben. An dieses Jahr bei dieser Familie erinnere ich mich ohnehin nur sehr schlecht. Nur kleine Bruchstücke von der Art, wie ich sie bereits erzählt habe. Was den Rest betrifft... Es war, als wäre die Zeit stehengeblieben und mein Gedächtnis erstarrt. Und ich war mit meinen elf Jahren auch noch zu klein, um Erinnerungen an die Zeit vor dieser Isolation zu bewahren.«
»Gibt es etwas aus dieser Zeit, das Sie heute noch empfinden?«
»Ein Gefühl der Leere.«
»Noch heute können Sie das fühlen?«
»O ja, diese Leere... daß mir etwas fehlt.«
Doch dann kam eines Tages das Leben zurück. Warschau erhob sich. Die geheime polnische Armee unter General Tadeusz Bór-Komorowski trat aus dem Schatten und schickte ihre Kombattanten gegen die Nazis. Das war am 1. August 1944. In einem ersten Anlauf gelang es den polnischen Patrioten, die Stadtverwaltungen und Kasernen zu besetzen, doch der SS-Chef von dem Bach-Zelewski antwortete mit seiner Spezialterroreinheit. Die Grausamkeiten, die sie begingen, hatten jedoch nicht den erwarteten Effekt: Anstatt die Polen zu terrorisieren, trieben sie sie zum Bündnis mit der Untergrundarmee.
Das Wohnhaus, in dem Michel F. versteckt war, wurde wie viele andere bombardiert. Erschrocken stürzten die Mieter in Luftschutzkeller und Bunker. Wie alle anderen im Haus wurde auch Michel F. evakuiert. Aber in dem großen Durcheinander fand er sich plötzlich getrennt von seiner Pflegefamilie auf der Straße wieder. Für das Kind, das er noch war, wirkten die Straßen Warschaus wie bei einer Kirmes. Er mischte sich unter die polnischen Kämpfer, die den Deutschen mutig Widerstand entgegensetzten. Man drückte ihm eine Waffe in die Hand. Als sei es das Selbstverständlichste auf der Welt, schoß er auf die gepanzerten SS-Fahrzeuge. Die Partisanen brachten ihm auch die Handhabung von Molotow-Cocktails bei.
»Hatten Sie keine Angst?«
»Keine Sekunde.«
Er tat sich mit anderen Kindern zusammen, die in Banden organisiert als Verbindungsagenten zwischen den verschiedenen Abschnitten des militärischen Widerstands Nachrichten beförder-

ten. Sie brachten deren Mitteilungen durch die unterirdischen Röhren der Kanalisation von einem Stadtteil zum nächsten, von einer Straße zur nächsten.

Kitty G. war 1942 knapp dreizehn Jahre alt. Zusammen mit ihrer Großmutter war sie in den Brüsseler Stadtteil Molenbeek geflohen. Weil es zu gefährlich war, sie in die Schule zu schicken, nahm ihr Onkel sie als Lehrmädchen in seine Kürschnerwerkstatt. Doch als immer häufiger Razzien in der Stadt veranstaltet wurden, fuhr sie aus Sicherheitsgründen nicht mehr vom Wohnort bis zur Werkstatt und zurück. Sie blieb in der kleinen Zwei-Zimmer-Wohnung bei der Großmutter. Diese hatte noch eine Handvoll Goldmünzen retten können, als sie aus Österreich geflüchtet waren. Sie hatten diese Kostbarkeiten in der Pelzwerkstatt des Onkels versteckt. Und Kittys Tante, die nicht jüdisch und bei den belgischen Behörden unverdächtig war, übernahm es, diese Münzen nach und nach zu verkaufen.
Aber sie verkaufte alle an dieselbe gute Freundin, die ihrerseits – wie die Tante irgendwann nur zufällig erfuhr – mit den Deutschen handelte. Eines Tages tauchte Gestapo in der Werkstatt auf, um die Frau des Kürschners zu erpressen. Man wisse, daß sie Güter von Juden horte. Wenn sie die nicht sofort übergeben würde, müsse man sie verhaften, und ihre Kinder sähe sie dann nicht mehr wieder. Die Frau bekam Angst und gab den Männern sämtliche noch vorhandenen Goldmünzen.
»Damals war ich ihr böse deshalb. Wir hatten ja sonst nichts mehr zum Leben. Später, als ich mir überlegte, in welche Lage sie geraten war, dachte ich, an ihrer Stelle hätte ich auch nicht anders gehandelt.«
Kitty G. und ihre Großmuter waren damit aller Rücklagen beraubt, Einkünfte hatten sie nicht. Von da an waren sie abhängig von der Fürsorge anderer. Der Onkel half ihnen, so gut er konnte, und gab ihnen jeden Monat einen kleinen Geldbetrag. »Wie man so schön sagt: Zuviel zum Sterben, zuwenig zum Leben.«
Kitty erinnert sich noch, daß die Nachbarn in ihrem Wohnhaus sehr wohlwollend waren. Sie gaben ihr und der alten Frau Brot und Gemüse. »Das war schon ein Bettlerdasein. Ohne

unsere Nachbarn weiß ich nicht, wie wir durchgekommen wären.«

Manchmal, wenn sie ein wenig Geld hatte, kämpfte sie ihre Angst nieder und stellte sich in eine der vielen Warteschlangen vor einem Lebensmittelladen. »Bisweilen wartete ich fünf Stunden, um eine Flasche Milch zu bekommen. Und oft gab es nichts mehr, bis ich an der Reihe war.«

Ein Nachbar übernahm es, ihnen jeden Monat Lebensmittelmarken zu besorgen. »Er erklärte mir einmal, wie er das anstellte. Auf dem Bezirksamt gab er den Ausweis meiner Großmutter unter dem Tisch einem Angestellten, den er kannte. Dieser steckte unauffällig die Marken in den Ausweis und gab ihn ebenso heimlich wieder zurück. Wir haben diesen Mann nie kennengelernt, aber er hat uns das Leben gerettet! Ein anderer Nachbar aus unserem Haus arbeitete in einer Molkerei. So oft er konnte, ließ er eine Flasche Milch mitgehen und brachte sie uns!«

»Waren Ihre Nachbarn Juden?«

»Nein. Meine Großmutter und ich waren die einzigen Juden im ganzen Haus.«

Auf Kittys dornigem Weg nimmt die Angst einen immensen Raum ein. »Ich kann Ihnen nicht in Worten erklären, was ich damals empfand. Es klingt wie aus einem schlechten Roman, doch ich kann Ihnen versichern: Es gab nicht einen Tag, an dem ich ohne Angst war.«

Angst, die Wohnung zu verlassen und auf die Straße zu gehen, Angst, bei einer Razzia verhaftet zu werden, Angst vor dem berühmt-berüchtigten »Monsieur Jacques« …

»Dieser ›Monsieur Jacques‹ konnte einen Juden auf der Straße an seinem Gang von hinten erkennen.«

»Und er irrte sich nie?«

»Nach dem, was damals über ihn in Umlauf war, täuschte er sich nie. Es wird Sie vielleicht verblüffen, aber auch ich konnte Juden am Gang erkennen.«

»Hatten sie denn eine charakteristische Art, sich zu bewegen?«

»Sie liefen irgendwie anders als Nichtjuden.«

»Woran erkannten Sie das?«

»Das kann ich heute nicht mehr sagen.«

Jener berüchtigte Monsieur Jacques zeigte auf diese Weise weit über tausend Juden an. Es wurde erzählt, als die Befreiung kam, hätten ihn die Deutschen vorsichtshalber erschossen.
»Was taten Sie tagsüber in dieser Zeit bei der Großmutter?«
»Ich tat eigentlich nichts. Unser ganzes Leben konzentrierte sich auf die Nahrungsbeschaffung. Daß wir irgendetwas zu essen bekamen, war unsere größte Sorge.«
»Konnten Sie lesen?«
»Dazu hätte ich Geld gebraucht, um Bücher zu kaufen.«
»Bekamen Sie Briefe von Ihrem Vater?«
»Ab und zu. Vor allem an den letzten Brief erinnere ich mich noch gut. Er war in Frankreich im Lager Gurs interniert und war verzweifelt. Er wußte, daß er deportiert würde, mit dem Zug nach Osten. Aber er wußte nicht genauer, wohin.«
»Welcher Eindruck ist Ihnen aus dieser Zeit geblieben?«
»Angst, Hunger, Erniedrigung. Und daß ich auf einen Schlag um ein Vielfaches älter geworden war.«

Marcel F. verbrachte die Jahre von 1942 bis 1944 im Versteck bei einer Schaustellerfamilie.
Seine vorherige Pflegemutter in der Nähe von Nantes war schwer erkrankt und bald darauf gestorben. Marcel F., der jede Verbindung mit seiner Familie verloren hatte, stand allein da. Der Bürgermeister des Dorfes kümmerte sich um ihn und vertraute ihn einer fahrenden Familie an, die eine Kirmestanzdiele und eine Schaubude mit der »dicksten Frau der Welt«, dem »Mann mit dem Hammerkopf«, den »Liliputanerzwillingen« und der »echten Sirene« betrieben.
Der Junge war damals dreizehn Jahre alt. Er war zwar nicht groß für sein Alter, aber auch nicht klein genug, um in der Schaubude als Zwerg auftreten zu können. Monsieur Rouet, der Schausteller, war schon drauf und dran, den Jungen abzulehnen, als seine Frau die zündende Idee hatte. Wenn sie das Gesicht des Jungen nur geschickt genug auf alt schminkte, würde er als »der älteste Mann der Welt« gehen!
»Ich sollte 147 Jahre alt sein.«
»Fielen die Neugierigen und Schaulustigen denn darauf herein?«
»Na ja, etwa so wie auf die ›echte Sirene‹ oder den ›Mann mit

dem Hammerkopf‹. Die einzig wirklich ›echten‹ waren Emilie, die dickste Frau der Welt, und das Liliputanerpaar. Wir waren in Glaskabinen ausgestellt, auf einem Hocker sitzend, der sich langsam drehte. Die Leute kamen heran, die Kabine wurde für maximal eine Minute hell, dann erlosch das Licht wieder. Man hatte nicht viel Zeit, ganz genau nachzusehen und die Tricks herauszufinden.«
»Wie war diese Zeit für Sie?«
»Ich habe sehr viel Spaß gehabt. Ich habe zwei phantastische Jahre verbracht. Alle waren nett. Wir waren eine große Familie und immer auf Reisen. Und man ließ uns in Ruhe. Sogar deutsche Soldaten kamen und schauten sich die Attraktionen an.«
»Wie war das für Sie, wenn Sie draußen deutsche Soldaten im Publikum entdeckten? Hatten Sie da keine Angst?«
»Ach woher, ich schnitt ihnen Fratzen oder machte ihnen eine lange Nase, und die nahmen das als Übermut und lachten.«

Vincent versteckte sich zusammen mit seiner Familie das ganze Jahr 1943 in einer natürlichen Höhle in der Umgebung von Tours.
Nur ein Bauer in der Nähe wußte Bescheid. Er belieferte die Steinzeitfamilie mit Lebensmitteln – gegen Barzahlung. Vincent kann sich erinnern, daß es bereits im Sommer kühl war in der Höhle, aber im Winter vor Kälte schier nicht auszuhalten. Sein Vater hatte diesen Ort mit Strohsäcken, die als Betten dienten, und mit selbstgebautem Tisch und Stühlen ausgestattet.
»Dieser Tisch war anachronistisch, witzig und lächerlich. Beim Essen fragte ich mich manchmal, wie wir von außen gesehen wohl wirkten.«
»Wie bereiteten Sie ihr Essen zu?«
»Unter der Öffnung eines natürlichen Abzugs, den wir entdeckt hatten.«
»Also konnte der Rauch nach draußen entweichen?«
»Ganz genau.«
»Hätte Sie das nicht verraten können?«
»Um ehrlich zu sein, ich weiß nicht, ob mein Vater überhaupt so weit gedacht hatte. Was mich betrifft, ich habe mir keinerlei Sorgen darüber gemacht.«
Der Tag ging damit vorbei, das wenige Essen zuzubereiten und

abzuwarten, daß der Krieg ein Ende fand. »Welcher Eindruck ist Ihnen aus dieser Zeit geblieben?«
»Das Wort Absurdität fällt mir dazu ein.«

Sonja und ihre Mutter verbrachten über vier Monate in einem Wasserwerk nahe bei Saint-Gervais.
»Dieser Unterschlupf war uns von einem Bekannten meiner Mutter angeboten worden, der beim Bürgermeisteramt von Saint-Gervais arbeitete. Er lieh uns auch zwei Campingliegen, die wir jeden Morgen zusammenklappen und mit unserem Koffer zusammen in einer ein Kilometer entfernten Holzfällerhütte abstellen mußten. Der Mann wollte nicht, daß wir uns tagsüber im Wasserwerk aufhielten. Er befürchtete, irgendein Beauftragter des Wartungsdienstes könnte zufällig einmal vorbeikommen und uns dann dort entdecken. Also waren wir gezwungen, tagsüber in den Bergen zu wandern bis zum Abend, bis wir wieder ins Wasserwerk schlafengehen konnten. Unsere Spazierwege mußten wir immer wieder wechseln, damit wir nicht zu oft an denselben Orten entlangkamen und womöglich auffielen. Das hätte uns verraten können. Das Ganze war ein Wirklichkeit gewordener Alptraum.«

Kinder in französischen Lagern

Manche Kinder wurden in Lagern interniert, die auf französischem Boden von der französischen Polizei und Gendarmerie kontrolliert und geleitet wurden: Drancy, Compiègne, Pithiviers, Beaune-la-Rolande, Reuicros, Les Milles, Agde, Saint-Cyprien, Rivesaltes, Le Vernet, Noè, Recebedou, Gurs, Poitiers.
Die Lager von Pithiviers und Beaune-la-Rolande waren während der ersten Kriegswochen erbaut worden, wie David Diamant in seinem Buch »Le Billet vert« (Die grüne Karte) in Erinnerung ruft. Beabsichtigt war dort die Internierung von deutschen Kriegsgefangenen. Die Vichy-Regierung wies diesen Lagern dann aber ganz andere Funktionen zu: Sie hielt Juden dort gefangen, die von da aus nach und nach in die deutschen Konzentrationslager deportiert wurden.
Die Lager von Gurs, Rivesaltes und Saint-Cyprien, die für die Aufnahme von Spanienflüchtlingen aus dem Bürgerkrieg 1939 gebaut worden waren, wurden zu sogenannten Fremdenlagern: Hier wurden Deutsche, Österreicher, Belgier, Luxemburger, Polen und andere Flüchtlinge vor dem Hitlerfaschismus interniert.
Wenn das Leben in den franzosischen Lagern im Vergleich zum deutschen System des Völkermordes mit seinen Massenexekutionen, Gaskammern und Verbrennungsöfen auch erträglicher erscheint, so bleibt doch festzuhalten, daß die dortigen Haftbedingungen lebensgefährlich waren.

»Wir schwammen sozusagen im Schlamm«, erzählt S.B. »Meine Schuhe waren völlig unbrauchbar geworden, und ein Gefangener bastelte mir aus Brettchen und Kordel ein Paar neue. Das Regime in Rivesaltes war hart und grausam. Die Gendarmen schlugen uns ohne jeglichen Anlaß. Ich habe sie einen Gefangenen vollkommen grundlos zusammenschlagen sehen. Die jüdischen Blockältesten waren kaum besser. Sie brüllten den ganzen Tag. Abends, wenn das Licht gelöscht war, galt das Verbot, die Baracke zu verlassen. Man durfte nicht mehr zur Toilette gehen. So verrichteten die Größeren ihre Notdurft aus den Fenstern. Die Kleineren, zu denen ich gehörte, urinierten sich voll, und wir teilten zu zweit einen Strohsack.«

Die Hygiene in den Lagern war miserabel, um nicht zu sagen, völlig inexistent. Fast ausnahmslos alle Kinder hatten die Krätze und Kopfläuse. Paul N. erinnert sich noch genau an das, was wir im Normalfall WC nennen: »Eine lange Bank, darin Löcher und darunter eine Grube, die als Latrine diente. Man verrichtete seine Notdurft sozusagen in der Öffentlichkeit.«

Viele starben an der Ruhr, an Hunger und Kälte, am umfassenden Mangel und an der Verzweiflung.

Die Nahrung bestand am Morgen und Abend einzig aus einer Brühe, in der eine Art Gemüse schwamm, und aus einem armseligen Stück Brot. Winters wie sommers fand die Essenausgabe im Freien vor dem Küchentrakt statt. Doris S. erinnert sich, daß die Flüssigkeit, die sie in ihren Eßnapf gefüllt bekam, immer eiskalt war. Kinder wie Erwachsene waren die meiste Zeit über auf Nahrungssuche. Manche zögerten nicht, die Abfallkübel bei den Küchen zu durchwühlen und was sie an Eßbarem fanden, hastig in sich hineinzustopfen. (Darüber schreibt auch Noël Chalef in seinem Buch »Drancy 1941«.)

Das französische Wachpersonal war nur für das Funktionieren der Lager verantwortlich. Die Deutschen hatten, wie André Kaspi in »Les Juifs sous l'Occupation« (Die Juden in der Besatzungszeit) erläutert, darüber hinaus noch keine Vorschriften erlassen. Kaspi schreibt weiter:

Die Gendarmen legten unterschiedliche Haltungen und Verhaltensweisen an den Tag. Einige zeigten sich von einer Brutalität, die nur von ihrer Habgier noch übertroffen wurde. Und von der Gier, auf dem Rücken der Gefangenen gute Geschäfte zu machen – sei es, daß sie auf dem schändlichen Schwarzmarkt handelten, sei es, daß sie die Paketsendungen an Lagerinsassen plünderten oder gleich ganz stahlen.

Pithiviers, Beaune-la-Rolande und Drancy in der ersten Zeit, später dann Gurs, Rivesaltes, Saint-Cyprien und Les Milles – diese Lager waren die Vorzimmer zu Auschwitz und Birkenau. Im Gesamtplan der »Endlösung« hatten sie eine Schlüsselfunktion. Sie waren die unverzichtbaren Umschlagplätze. Auf die Gefahr hin, Bekanntes zu wiederholen, soll dennoch hier festgehalten werden, daß der heimtückische Plan der Nazis, der die Auslöschung der europäischen Juden zum Ziel hatte, in Frankreich volle Unterstützung fand. Die französischen Behörden haben mit polizeilichen Razzien, Verhaftungen und massenhaften Internierungen in den genannten Lagern »wertvolle« Hilfe dazu geleistet. Auch den jüdischen Kindern blieb nichts erspart. Ihr Schicksal gleicht dem der Erwachsenen.

Laure erinnert sich: »Brüssel wurde jeden Tag bombardiert. Die Deutschen standen an den Stadtgrenzen. Der Widerstand der belgischen Armee wurde von Stunde zu Stunde schwächer. Meine Mutter und ich hatten Angst. Mein Vater war in Frankreich im Lager Saint-Cyprien gefangen. Meine Mutter hielt die Trennung von ihrem Mann nicht mehr aus. Sie schmiedete einen völlig verrückten Plan: Sie wollte nach Südfrankreich fahren, ihren Mann aus dem Lager herausholen und mit ihm zusammen nach Belgien zurückkehren. Um ihr Vorhaben ausführen zu können, brauchte sie jemanden, der sie heimlich transportierte. Sie ging systematisch auf die Suche und fand schließlich einen Helfer. Um diese Aktion zu bezahlen, verkaufte sie unsere kostbare Leica. Sie hatte beschlossen, alleine zu fahren und mich solange in Brüssel bei einer Pflegemutter zu lassen. Doch ich wollte auf keinen Fall alleinbleiben. Ich habe ihr eine Szene gemacht, geweint und fest versprochen, brav zu sein, kein Aufsehen zu erregen, kurz, ich weiß nicht mehr, was ich alles anführte, damit sie mich mitnahm. Ich wollte um alles auf der Welt mit ihr zusammenbleiben.
Der Helfer arbeitete für eine Papierfabrik. Ich glaube, er transportierte Pappkartons in einem Lastwagen. Zwischen den Kartonnagen hatte er eine Nische freigemacht, in der ich mit meiner Mutter Platz fand. Sobald er in ein schwieriges Gebiet, wie die Demarkationslinie, kam, ließ er uns aussteigen und gab uns eine genaue Beschreibung des Wegs, den wir zu Fuß gehen mußten.

Am vereinbarten Treffpunkt nahm er uns dann wieder auf. Auf diese Weise sind wir von Brüssel bis nach Perpignan gefahren. Das Lager von Saint-Cyprien lag zwanzig Kilometer von Perpignan entfernt, ein Autobus fuhr dorthin. Wir sind jedoch nicht direkt zur Haltestelle gegangen, sondern zuerst in ein Café, wo sich heimlich Juden trafen und dessen Anschrift meine Mutter sich besorgt hatte. Nachdem sie dort einigen Männern ihr Vorhaben erklärt hatte, stand einer auf und nahm sie beiseite. Ihr Plan sei, so sagte er, völlig unvernünftig, sie sei von Sinnen, sich in ein solches Abenteuer zu stürzen. Er erzählte ihr kurz von mißglückten Ausbruchsversuchen und den harten Strafen, die darauf folgten. Er riet ihr sogar davon ab, überhaupt zum Lager zu gehen. Er sagte immer wieder: ›Es ist besser, wenn Ihr Mann Sie nicht zu sehen bekommt.‹ Aber wie Sie sich vorstellen können, hörte meine Mutter überhaupt nicht auf ihn.
Zwei Tage später stiegen wir in den Bus und fuhren zum Lager. Was uns dort erwartete, war die Hölle. Überall Schlamm und Schmutz. Frauen wie Männer hatten aschfahle Hautfarbe, fiebrig glänzende Augen und waren erschreckend mager. Mein Vater war kein Mensch mehr, nur noch ein Schatten und am Ende seiner Kräfte. Sein Gesicht war nur ein schmerzverzerrtes Gekräusel. Er hatte sich mit Ruhr infiziert und war kaum noch in der Lage zu gehen. Wir mußten ihn links und rechts stützen, damit er ein paar Schritte laufen konnte. Während vier oder fünf Tagen haben wir ihn besucht, glaube ich. Wenn wir aus dem Lager herauskamen, gingen wir irgendwohin in die freie Natur zum Übernachten, denn wir hatten weder Papiere noch Geld. Wir schliefen unter einem Baum oder an einer Böschung. Abends war der Wind eisig, und die Nacht über klapperten wir mit den Zähnen vor Kälte.
Dann kamen Gewitter, die das Lager überfluteten. Es war unbegehbar geworden, so daß die Verwaltung entschied, die Gefangenen nach Rivesaltes zu verlegen. Meine Mutter profitierte von dem Durcheinander, um vom Lagerkommandanten die Erlaubnis zu erwirken, daß sie ihren Mann zu einem Arzt in Perpignan bringen durfte. Die Diagnose dieses Arztes war – wie nicht anders zu erwarten – alarmierend, und meine Mutter nutzte dieses Argument, um meinen Vater zur Rückkehr nach Belgien zu überreden. Der Fuchthelfer, der uns wieder mitnehmen würde,

führe am nächsten Tag... Nichts zu machen. Mein Vater war psychisch zerbrochen und verwirrt. Er wollte von alldem nichts wissen. Völlig in sich gekehrt wiederholte er nur immer: ›Laß mich in Ruhe, laß mich in Ruhe.‹ Schließlich haben wir ihn in das Lager von Rivesaltes begleitet. Meine Mutter gab dem Fluchthelfer Bescheid, daß wir nicht mit ihm zurückfahren würden.
Am folgenden Tag besuchten wir meinen Vater von neuem. Vor dem Gittertor warteten schon viele Frauen, die ihre Männer im Lager besuchen wollten. Die Gendarmen verweigerten den Zutritt. Über Stunden haben wir gebrüllt vor Wut und wurden von einigen Gefangenen, die noch kräftig genug zum Schreien waren, dabei unterstützt. Schließlich blieb den Bewachern nichts anderes übrig, als das Tor zu öffnen. Drinnen im Lager mußten wir dann den Blockältesten mit Bitten bestürmen, damit er uns zu meinem Vater vorließ. Auch er gab dann nach. Wir haben den ganzen Tag mit meinem Vater zusammen verbracht. Er sagte fast kein Wort. Ich hatte das Gefühl, mit offenen Augen durch einen Alptraum zu gehen.
Irgendwann am Nachmittag kam der Blockälteste und verlangte, daß wir gingen. Er sagte mit einem höhnischen Lachen: ›Die Besuchszeit ist beendet.‹ Meine Mutter nahm ihren Mann in die Arme, und da plötzlich fiel ihr Kopf nach hinten. Ein leiser Schrei, dann glitt sie zu Boden. Es war ein Herzschlag und sie war tot. Minuten vergingen, bis wir begriffen, was passiert war. Mein Vater starrte seine Frau auf dem Fußboden entgeistert an. Auch ich rührte mich nicht vom Fleck. Alles war unwirklich, unglaublich, monströs...
Die Mitgefangenen in der Baracke nahmen die Dinge in die Hand. Eine Gruppe benachrichtigte den Lagerkommandanten. Andere brachten einen jungen Rabbiner, der noch keine zwanzig Jahre alt war, herbei. Ich erinnere mich noch gut an diesen Rabbiner. Es war ein sehr jung aussehender, sanfter und gleichzeitig sehr autoritärer Mann. Er forderte von der Lagerkommandantur einen leeren Raum, um uns dort unterzubringen. Ich weiß nicht mehr, wo ich in dieser Nacht geblieben bin, aber mir ist noch sehr präsent, daß ich beim Einschlafen nach und nach in einer wattigen Leere versank.
Seit unserer Ankunft in Perpignan hatte ich ab und zu auf dem

Gesicht meiner Mutter ein plötzliches Zucken bemerkt, wie bei momentan heftigen Schmerzen. Zwei Tage vor ihrem Tod hatte sie Fieber. Sie hatte es mir gesagt. Sie war eine starke, couragierte und kämpferische Frau, die ihren Mann aus der Hölle herausholen wollte.
Am nächsten Morgen wollte ich die Augen nicht aufmachen, aus Angst vor dem, was ich auf mich zukommen fühlte. Der junge Rabbiner holte mich ab. Er sagte: ›Komm, wir gehen zu deiner Mutter. Sie hat jetzt Frieden.‹ Das war die Wahrheit, ihr Gesicht wirkte friedvoll und gelassen. Mein Vater hielt sich nur mit knapper Not neben der Bahre aufrecht, erschöpft und von Kummer zerfressen. Ich sah zum erstenmal in meinem Leben einen toten Menschen, und diese Tote war meine Mutter.
Zwei Männer und eine Frau, die aus Perpignan gekommen waren, wollten mich aus dem Lager mitnehmen. Sie sagten, sie würden mich in einer jüdischen Familie unterbringen. Zu ihrem größten Erstaunen lehnte ich ab. Ich wollte unbedingt mit meinem Vater zusammenbleiben. Er sagte zu mir: ›Wenn du hier bleiben willst, mach' dich auf schwere Prüfungen gefaßt.‹ Mir war alles egal, solange ich nur in seiner Nähe sein konnte. So blieb ich im Lager und wurde selbst Gefangene.
Zwei Tage nach der Beerdigung meiner Mutter wurde das ganze Lager geräumt und die Gefangenen nach Gurs überführt. Wir mußten in Viehwaggons einsteigen. Das einzige Luftloch im Waggon war mit Eisenstäben vergittert.
Diese Fahrt von Rivesaltes nach Gurs, du meine Güte! Ich war dreizehn und das einzige weibliche Wesen im Wagen. Viele Männer hatten monatelang keine Frau mehr gesehen. Ihre schweren Blicke hefteten sich an mich, und die Enge wurde unerträglich. Ich zitterte von Kopf bis Fuß, ohne zu begreifen, warum.«
»Gab es anzügliche Gesten?«
»Das ist gleichzeitig verschwommen und deutlich in meiner Erinnerung. Vor allem ist mir im Gedächtnis, daß diese Männer nur noch entfernt menschlich wirkten. Noch fünfzig Jahre nach dieser scheußlichen Nacht ist mir das präsent.
Unser Transport kam mitten in der Nacht in Gurs an. Das Durcheinander war unbeschreiblich. Wir mußten in vollkommener Dunkelheit die Baracken finden, die uns von den Gendar-

men zugewiesen worden waren. Man stolperte und fiel übereinander, boxte, puffte und trat einander. Wir wateten durch Schlamm und Fäkalien.«

»Wieviele waren Sie da?«

»Mehr als tausend. Und die Wachleute schlugen dabei mit ihren Peitschen auf die Gefangenen ein. Die Kinder brüllten vor Verzweiflung. Ich wurde von meinem Vater getrennt, und fand mich in einem riesigen Lagerabschnitt mit mehr als 150 Baracken wieder. Jeder Block war mit Menschen hoffnungslos überfüllt. Jeder legte sich zum Schlafen, wo er einen Platz unbesetzt glaubte. Meistens war der aber schon besetzt. Wir waren Vieh, nichts als Vieh.

Das Leben in Gurs war unmenschlich. Es ging ähnlich zu wie in einem KZ, nur ohne die Gaskammern und Krematorien. Wir bekamen nur zweimal am Tag eine dünne Suppe zu essen und ein winziges Scheibchen Brot. Wir kamen buchstäblich um vor Hunger. Die Gendarmen schlugen die Gefangenen unter allen möglichen Vorwänden. Die Abschnittskommandanten, obwohl sie selbst Juden waren, handelten genauso schlimm. Ohne jeden Grund hagelte es Strafen auf die Gefangenen.

Der Boden bestand aus Schlamm, in den wir bis zu den Knöcheln einsackten. Meine Schuhe hielten dem nicht lange stand. Ich hatte kein Geld, mir auf dem Schwarzmarkt ein neues Paar zu kaufen, also nähte ich mir aus Stoffetzen eine Art Stiefel. Überall am Körper waren wir von Krätze befallen, mir wurde das Haar wegen der Kopfläuse abrasiert, die darin nur so wimmelten. Einzig die Ratten hatten es gut im Lager. Es ging das Gerücht um, manche Gefangene würden sie jagen und essen. Ich kann das nicht bestätigen, denn ich habe es nie mit eigenen Augen zu sehen bekommen. Zusammen mit anderen Kindern gelang es mir, nachts aus der Baracke zu schleichen. Wir stahlen uns zu den Küchengebäuden. Dort klaubten wir eßbare Abfälle aus den Kübeln und versteckten uns zum Essen unter einer Baracke, die wir kurz zuvor entdeckt hatten. Sie stand etwas erhöht auf Pfählen.

Das Außergewöhnlichste dort war, daß die Juden weiterhin den Sabbath in Ehren hielten und daß sie jeden Tag beteten. Wie konnten sie noch an einen Gott glauben?

Eines morgens, auf dem Weg zur Essenausteilung, bin ich ohnmächtig zusammengebrochen. Ich wurde auf die Krankenstation gebracht, wo ich – verglichen mit den Zuständen im Block – das reinste Paradies vorfand. Es gab richtige Betten, die Suppe war eine wirkliche Suppe. Ich blieb vier Monate auf der Station. Als es mir wieder besser ging, hatte die Oberschwester Mitleid mit mir, weil ich so mager war, und erklärte sich bereit, mich noch ein paar Wochen dort zu behalten. Dafür mußte ich beim Bettenmachen und anderen Arbeiten zur Hand gehen. Ich leerte die Nachtgeschirre der Kranken. Ich machte alles mögliche, um den Schwestern zu helfen.

Das einzig Schöne in dieser Hölle waren die Sonnenuntergänge hinter den Bergen. So oft ich konnte, richtete ich es ein, in den Momenten der Abenddämmerung draußen zu sein. Wie verzaubert betrachtete ich diese Sonne, wie sie immer tiefer sank und hinter den Gipfeln verschwand. Das waren magische Minuten, die mir großen Trost spendeten. Sie gaben meinem Herzen die Ruhe zurück.

Ab und zu konnte ich meinen Vater sehen, doch es gelang uns nicht miteinander ins Gespräch zu kommen. Er war anderswo, verloren in einer anderen Welt.

Als ich aus der Krankenstation entlassen wurde, kam ich in einen anderen Block. Dort lernte ich zwei Schwestern kennen, Elsie und Martha. Ich war dort das einzige Kind ohne Eltern, und so ›adoptierten‹ mich die beiden. Sie richteten eine Ecke in der Baracke ein, die nur uns gehörte, die unser Zuhause war. Wir taten so, als klopften wir an, bevor wir ›eintraten‹. Trotz allem, was um uns herum geschah, lachten wir viel zusammen. Wir lasen Bücher und redeten viel. Wir machten Spaziergänge durch das Lager. Die Straßen zwischen den Blöcken verwandelten sich je nach unseren Einfällen. Einmal zum Beispiel sagten wir: ›Heute gehen wir in Mexico spazieren.‹ Dann suchten wir uns eine Straße aus und unterhielten uns über Mexico. Die Gefangenen, die uns unterwegs begegneten, waren alle Mexikaner. Abends saßen wir zusammen, betrachteten den Sonnenuntergang und genossen gemeinsam dieses Wunder. Elsie und Martha waren meine Familie. Meine Liebe zu ihnen ist unverändert, sie ist heute noch genauso stark wie damals.

Mein Vater wurde so schwer krank, daß sich die Verwaltung entschloß, ihn in ein anderes Lager zu verlegen. Aber trotz seiner

Krankheit blieb er gegenüber dem Kommandanten unnachgiebig und bestand bis zum Tag seiner Verlegung darauf, daß ich auf eine Liste mit Kindern gesetzt wurde, die auf verschiedene Kinderheime verteilt werden sollten.

Am Tag seiner Abfahrt begleitete ich ihn zum Lastwagen. Wir umarmten uns zum Abschied. Ich wollte ihn nicht mehr loslassen, und es brauchte die ganze Überredungskunst von Elsie und Martha, damit ich meine Umklammerung wieder löste. Kurz bevor er einstieg, sagte mein Vater noch zu mir: ›Bumers (das war mein Kindername in Berlin), du mußt hier unbedingt durchhalten. Und vergiß nicht, du mußt mit Anstand durchhalten!‹ Dann fuhr der Wagen aus dem Lagertor hinaus, immer weiter die Straße entlang, bis er aus meinem Blickfeld verschwunden war. Ich habe eine große Leere in mir gespürt, dann bin ich in die Arme meiner wundervollen Freundinnen geflüchtet. Sie nahmen mich mit zu unserem Lieblingsplatz, und während wir dem Sonnenuntergang zuschauten, las ich in den länger werdenden Abendschatten die einfache Botschaft: ›Von nun an bin ich allein‹. Erst sehr viel später hat sich das Wort ›Waisenkind‹ aufgedrängt.

Nachdem mein Vater fort war, bin ich von neuem krank geworden, diesmal bekam ich Paratyphus. Die beiden Schwestern hüteten und pflegten mich Tag und Nacht.

Vier Monate nach meiner Gesundung war die Zeit des Kindertransports, für den mein Vater mich auf die Liste hatte setzen lassen, gekommen. Ich wollte nicht mitfahren. Ich wollte keine Trennung mehr, wollte in nichts Neues, Unbekanntes mehr hineingeraten, und vor allem wollte ich nicht von Elsie und Martha weggehen. Aber sie schafften es, mich davon zu überzeugen, daß ich unbedingt fahren müßte. Sie begleiteten mich zu dem Fahrzeug. Wir versprachen uns zu schreiben und uns später wiederzusehen und dann immer zusammenzubleiben.

Ich sollte sie nie mehr wiedersehen.

Wenn ich an meine Eltern denke, gelten die nächsten Gedanken sofort den beiden Schwestern, Elsie und Martha.«

Vor 1939
(Foto: Harlingue-Viollet)

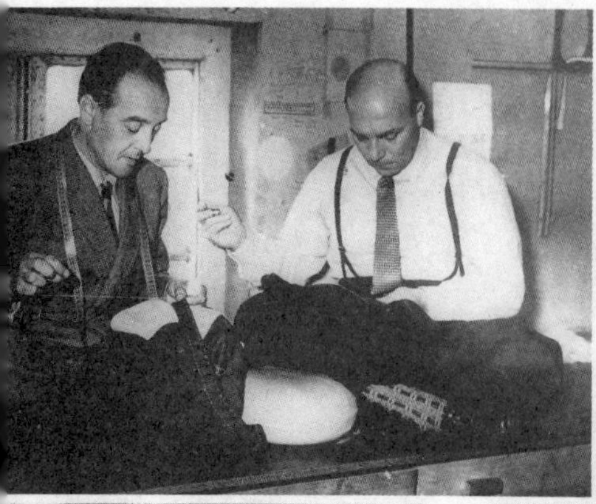

Vor 1939
(Fotos: Boyer-Viollet,
Harlingue-Viollet,
Sammlung Viollet)

Kindertransporte aus Paris
aufs Land
April und Dezember 1943
(Fotos: Lapi-Viollet)

Razzia im Marais,
dem jüdischen Viertel
von Paris
(Foto: Lapi-Viollet)

Transporte in Kinderheime
August 1941 und Mai 1942
(Fotos: Lapi-Viollet)

Ankunft im Department
La Creuse
April 1943
(Foto: Lapi-Viollet)

(Oben)
Bei Bauern auf dem Land

(Unten)
Im Lager Gurs

Im Lager Rivesaltes
(Fotos auf dieser Doppelseite:
Archiv des Jüdischen
Dokumentationszentrums, Paris)

Aus den Lagern Gurs und Rivesaltes vom Kinderhilfswerk O.S.E. befreite Kinder, die bis Kriegsende versteckt wurden. (Archiv des Jüdischen Dokumentationszentrums, Paris)

Wie heißt mein Gott?

Kinder, die für eine Zeitlang oder die ganze Zeit ihres Verstecks in christlicher Umgebung – Kinderheimen, Klöstern, Konventen – untergebracht waren, lernten die katholische Religion kennen. Oft gab ihnen die Teilnahme an den christlichen Riten eine Sicherheit in ihrer Situation. Doch dieses Zusammentreffen bewirkte auch Schocks, die das Kind unvorbereitet trafen und die manchmal die innere Verwirrung noch vergrößerten. Im allgemeinen war das jüdische Stadtkind nicht in seiner Religion unterwiesen. Eltern aus den mittel- und osteuropäischen Städten waren meist nicht gläubig; häufig waren sie politisch links orientiert oder waren Bundisten und Zionisten. Die Lehre und Praxis des Judentums war nicht ihre Sache.
Interessanterweise verkrafteten gerade die Kinder, die eine religiöse Erziehung gehabt hatten, das Zusammentreffen mit der Welt des Katholizismus besser als die meisten anderen.
Die Kirche und alles darin trug bei zur Blendung und Verführung – der Kirchenraum, die Weihrauchgerüche, die wohlwollenden Gesichter der Statuen, das Ritual und die Mysterien der Heiligen Messe, die Kleidung der Priester... Das Kind, das an seiner Familie hing, konnte eine Religion der Gnade, der Schönheit und Kultur für sich entdecken. Die Heilige Jungfrau in ihren eindrucksvollen Faltengewändern mit dem Kind auf dem Arm wurde zur Mutter, von der das versteckte Kind erst getrennt worden war. Christus faszinierte durch sein Leiden, das ein Kind sehr schnell mit seinem eigenen Leid in Zusammenhang bringen konnte.
»Das Leid Jesu Christi glich meinem eigenen«, sagt Simone M. Diese Identifikation wurde noch bestärkt, wenn das Kind erfuhr, daß Christus Jude war.
»Christus, der gelitten hat und Christus, der vergibt – das ist

sehr anziehend«, sagt Flora Hogman. Sie lebt und arbeitet als Psychologin in New York und hat zu diesem Thema ein Buch verfaßt: »The Experience of Catholicism for Jewish Children during World War II« (Jüdische Kinder erfahren den Katholizismus im Zweiten Weltkrieg), in dem es heißt:
Christus, der den Juden im Unglück nahe ist, das ist der jüdische Anteil, der verraten hat und christlich geworden ist. Von da aus »versteht« jener Christus, der selbst verraten worden ist, den Schmerz des jüdischen Kindes, das gezwungen ist, zu verraten.
Man muß sich vorstellen, wie es sich zum Beispiel für ein kleines Mädchen, das in einem katholischen Kinderheim versteckt war, ausnahm, seine christlichen Mitschülerinnen am Tag ihrer Ersten Kommunion zu sehen: in weißen Kleidern und geschmückt mit weißen Spitzenschleiern. Die Blendung war vollkommen. Es war, als ob der Ritus und die weiße jungfräuliche Kleidung von der schwierigen jüdischen Identität reinigen könnten. Ein weißes Kleid war wie eine Neugeburt.
So oder ähnlich übte die christliche Religion auf viele jüdische Kinder eine Anziehung aus. Und der Weg zur Reinheit war sogar relativ kurz. Diesen Weg einzuschlagen, hieß überdies ihr Anderssein zu tilgen, in das ihre Herkunft sie hineinversetzt hatte. Endlich konnte das jüdische Kind so sein wie die anderen Kinder in seiner nächsten Umgebung. Das war einer der Gründe, die etwa Hélène B. zur Konversion bewegten.
»Die katholische Religion anzunehmen hieß zu verschmelzen, zu verschwinden. Die Spuren zu verwischen, die den anderen zeigten, woher man kam, und den Unterschied aufzulösen.«
Wahr ist, daß die Patres in dieser schlimmen Zeit oft einen leidenschaftlichen Missionseifer an den Tag legten und die Instabilität des kindlichen Gemüts nutzten, um den jungen Menschen für die katholische Kirche zu gewinnen. Ganz anders die Protestanten. Sie waren darauf bedacht, das Kind in seinem Glauben unangetastet zu lassen oder es jedenfalls nicht von seiner Herkunft zu entfremden.
Es kam vor, wie die Geschichte der Sarah R. zeigt, daß die eigenen Wurzeln eines Kindes erst spät und ganz unerwartet zu Tage traten.
»Ich war in einem katholischen Internat in Clamart unterge-

bracht. Es war keine schöne Unterkunft, wir waren hungrig und schmutzig, und die Kleidung bestand eigentlich nur noch aus Fetzen. Damals sagte ich mir, daß die Misere mit dem Jüdischsein zusammenhing. Aus der Welt des Unglücks wollte ich aber herauskommen. Christus hatte selbst gelitten und würde auch mein Leid verstehen, und so keimte der Wunsch, mich ihm durch seine katholische Kirche anzunähern, in mir auf. Eines schönen Tages sagte der Pfarrer zu mir: ›Wenn du dich bekehren willst, dann komme nächste Woche zu mir.‹ Ich stand im Hof – es war schon dunkel – und dachte über all das nach. Die Pause ging zu Ende, und ich verließ mein Geheimplätzchen, als plötzlich eine junge Frau auftauchte. Sie wirkte wie aus dem Dunkeln entstanden, ich kann das Bild noch heute deutlich vor mir sehen. Sie trug einen grünen Mantel, hatte blaue Augen und blondes Haar. Mit einer sehr sanften Stimme sagte sie zu mir: ›Weißt du, Suzanne (das war mein Name im Versteck), wenn man jüdisch ist, bleibt man es sein ganzes Leben.‹ Damit drehte sie sich wieder um und verschwand in der Nacht. Ich bin ihr nie mehr wieder begegnet. Ich habe sie wochenlang unter den älteren Schülerinnen gesucht, aber ohne Erfolg. Ihre Stimme war so liebevoll, daß ich mir dachte, das gibt es also auch bei den Juden, und so bin ich nicht zum Christentum übergetreten.«
Wenn ein Kind den christlichen Gott liebte, konnte es so etwas wie einen schützenden Schleier um sich herum fühlen. Die Kirche mit ihrer Sicherheit in der Glaubensausübung kannte keine Zweifel. Die Nächstenliebe, die sie predigte, war tröstlich. Ebenso die Gebete, deren Text man auswendig kannte und in der richtigen Reihenfolge zu sagen wußte. Die Identifikation mit dem Leid Christi machte ihn zum Retter und obersten Beschützer. Schließlich war er nicht der Geringste, denn er hatte sich gegen den Gott der Juden gestellt, der seine Hand von seinem Volk abgezogen zu haben schien. Wo war er? Warum konnte der Allmächtige diese Lawine aus Schmerz und Not nicht aufhalten?

Der alte Fluch des »Volkes, das Gott getötet hat«, der seit Jahrhunderten auf den Juden lastete, fand während des Zweiten Weltkriegs neue Nahrung.
Jean S. erzählt, daß die Pflegemutter, bei der er versteckt war,

ihn eines Tages in die Kirche mitnahm. Am Altar im Hauptschiff zeigte sie ihm das Abbild Jesu Christi am Kreuz und sagte: »Siehst du, das ist unser Heiland, und dein Volk hat ihn getötet.«

»Diese Eröffnung war so brutal und gleichzeitig beeindruckend, daß ich mich am liebsten auf der Stelle umgebracht hätte. Ich glaubte, so nicht weiterleben zu können. Ich hatte nicht das Recht dazu. In der Nacht sah ich mich mit einem Dolch in der Hand in Christi Bauch stechen. Ein paar Tage später fragte ich, was ich machen könnte, um für mich und mein Volk Vergebung zu erlangen. Die Antwort war: Du mußt Christus so lieben und verehren wie wir. Das war sehr klar und verständlich. Ich habe dann Religionsunterricht genommen und bin getauft worden.

»Waren Sie Ihrer Pflegemutter auch böse deshalb?«

»Nicht wegen der Taufe, denn das zählte letzten Endes nicht in meinem Leben. Der Katechismusunterricht war eher eine schöne Zeit, in der ich mit Freunden zusammentraf. Nein, böse war ich ihr später, weil sie mir für einige Tage ein tiefes Leid beschert hatte wegen eines Verbrechens, an dem ich persönlich unschuldig war.«

Der Glaubensübertritt wurde für manche Kinder zum Tribut, den sie für ihr Überleben zu zahlen hatten. Die abscheuliche Erpressung war besonders in den östlichen europäischen Ländern verbreitet, wo einer vom Antisemitismus verblendeten Kirche alle Mittel recht waren, um den Übertritt zu erreichen. Wegen des aufkommenden Nationalsozialismus und antisemitischer Aktionen hatten zahlreiche Eltern ihre Kinder von vornherein christlich taufen lassen. Aber oft waren diese Kinder über ihre eigentliche Zugehörigkeit nicht hinwegzutäuschen, selbst wenn sie sich willentlich in die katholische Gemeinschaft integrierten. Marcelle R. erinnert sich:

»Wenn ich anfangs auch geblendet war von dem Kerzenlicht, dem Weihrauchduft, den Statuen im Kirchenraum, von der Schönheit der Lieder, habe ich doch sehr bald begriffen, daß das nicht wirklich meine Religion war. Also machte ich zwar weiterhin mit, redete mit meiner Schwester aber heimlich jiddisch. Das war unsere Art, den Kontakt mit unserer Herkunft lebendig zu halten und sicherzustellen, daß die katholische Kirche keinen wirklichen Einfluß auf uns ausübte.«

Die Kehrseite der Anstrengungen, den Glaubensübertritt zu vollziehen und glauben zu machen, man sei wie die anderen, war oft eine Furcht enttarnt zu werden. Sie war begleitet von Passivität, Entscheidungsschwierigkeiten und Mißtrauen. Manche Kinder wurden noch als Erwachsene von dieser Furcht verfolgt. S.B. erinnert sich dazu:

»Man konnte die Nichtjuden vielleicht täuschen, indem man zur Kirche ging. Aber das bedeutete noch nicht, daß einem ausgiebige Beschimpfungen und Beleidigungen seitens der Katholiken erspart blieben, sobald man als Jude bekannt war.«

Die Entdeckung der »Lüge« wurde von den Kindern wie ein doppelter Riß erlebt: Sie hatten einerseits ihr Jüdischsein versteckt und andererseits gewagt, einen Gott zu lieben (oder schlimmer, vorgetäuscht zu lieben), der nicht wirklich ihr Gott war.

Hélène B. besuchte die katholischen Gottesdienste, als sie nach Frankreich kam. Sie lernte einen katholischen jungen Mann kennen, den sie heiratete. Am Tag der Hochzeit stellte sie zu ihrer großen Überraschung fest, daß sie sich schuldig fühlte, einen Verrat begangen zu haben.

»Ich hatte das Gefühl, das Andenken meiner Leute, die umgekommen waren, zu verraten. Dann habe ich meine Kinder bekommen, aber ich habe nichts verändert. Ich bin weiterhin zur Kirche gegangen.«

»Waren Sie gläubig?«

»Ja und Nein. Ich glaube, in Wirklichkeit habe ich mich weiterhin versteckt und dann auf dieselbe Weise auch meine Kinder. Mit der Zeit verwandelte sich meine Bekehrung für mich in ein beschämendes Geheimnis. Heute habe ich Angst davor, was die Leute wohl sagen würden, wenn sie herausfanden, daß ich fünfzig Jahre lang gelogen habe. Meine Mutter will ein jüdisches Begräbnis; wenn dieser Tag gekommen sein wird, werde ich den Rabbiner vor den Nachbarn nicht verstecken können.«

Pastor Alain B. wird sich erst am Ende seines geistlichen Amtes bewußt, daß niemand seinen Urprüngen entgeht. Er blickt auf ein aktives und engagiertes Leben für den christlichen Glauben zurück, das er innerhalb der Reformierten Kirche Frankreichs führte.

»Ich wurde am 5. Januar 1927 in Berlin in einer völlig assimilierten jüdischen Familie geboren. Wie die Mehrheit der deutschen Juden fühlten wir uns viel mehr deutsch als jüdisch. Mein um vier Jahre älterer Bruder und ich wurden evangelisch-lutherisch getauft. Diese Taufe, auch wenn wir beide die Beweggründe unserer Eltern für diesen Schritt bis heute nicht verstanden haben, spielte eine zentrale Rolle in unser beider Leben.
Im Jahr 1933, als die Ereignisse sich überschlugen, verließen wir Deutschland, obwohl wir assimiliert waren. Wir kamen zuerst nach Versailles, wo meine Mutter ein Heim für jüdische Kinder eröffnete – Kinder, die im Begriff waren, auszuwandern. Gleich bei unserer Ankunft in Frankreich hatte uns unsere Mutter bei den »Eclaireurs Unionistes«, den Bündischen Aufklärern eingeschrieben. Und ich kann mich erinnern, daß seitdem häufig von Auswanderung nach Palästina die Rede war. Wir fingen an, hebräisch zu lernen. Seit unserem Fortgang aus Deutschland schwankten die Eltern zwischen Bleiben (in Europa) und Auswandern (nach Palästina).
Damals war diese Situation kein Problem für mich. In der Versailler Schule war ich nur der »boche«, nicht der Jude. Wenn ich abgelehnt wurde, richtete sich das gegen das Fremde, das ich verkörperte. In diesem Sinne waren die Franzosen nicht rassistisch, eher fremdenfeindlich.»
»Was hatte Ihre Mutter zur Eröffnung eines Heims für jüdische Kinder veranlaßt?«
»Nicht zuletzt mußte sie Geld verdienen. Mein Vater war zunächst noch in Berlin geblieben, wo er eine Anwaltskanzlei hatte. Er kam erst 1937 zu uns nach Frankreich.
Am 2. September 1939 wurde er hier verhaftet, mein älterer Bruder zwei Tage nach ihm. Zusammen, oder doch beinahe gleichzeitig, kamen sie von einem Lager in das nächste, bis sie in Gurs interniert blieben. Später wurden meine Mutter und ich zusammen in demselben Lager inhaftiert. Von da an unterscheidet sich mein Weg nicht besonders von dem der anderen jüdischen Kinder im Zweiten Weltkrieg – mit der Ausnahme vielleicht, daß mein Bruder und ich uns bald in Deutschland, in Köln wiederfanden.
Diese von den Deutschen erzwungene Rückkehr führte uns zuerst ins Gefängnis, dann in Verstecke und zur Arbeit in einem

psychiatrischen Krankenhaus – als Gärtner. Pausenlos mußten wir mit den deutschen Behörden Verstecken spielen. Als mein Bruder und ich unsere evangelischen Taufscheine fanden, gaben wir vor, Halbjuden zu sein. Wir behaupteten, unser Vater sei zwar jüdisch, aber unsere Mutter, die in Amerika lebte, sei Christin. Doch der Mädchenname unserer Mutter war mit dem Familiennamen unseres Vaters identisch. Wie konnte unsere Behauptung da unwidersprochen bleiben? Entsprechend hatten wir bei jeder Vorladung, bei jeder Befragung die Angst, nun wäre alles verloren! Sie würden die Einzelheiten dieser unwahrscheinlichen Geschichte überprüfen, und dann... Aber nein! Wir waren geschützt und schlüpften immer wieder durch die Maschen des Netzes.

Die Stunde der Wahrheit schlug für uns erst im Augenblick der Befreiung. Wir durften nicht nach Frankreich einreisen! Über ein Jahr liefen wir von Amt zu Amt, um aus Deutschland herauszukommen und unsere Mutter wiederzusehen.

Doch sprechen wir von meinem geistlichen Leben. Bevor ich bestimmte Etappen näher beschreibe, möchte ich etwas zu meinen Voraussetzungen sagen. In meinem Fall gab es keine Konversion, denn ich wuchs in einer jüdischen Familie auf, die keinerlei Religion praktizierte. Ich hatte daher keinen eigenen Glauben.

1942 erklärte ich mich zum Atheisten. Als wir in Pau (Südfrankreich, damals unbesetzte Zone) angekommen waren, wollte ich unbedingt eine Bibel haben. Und die hat mich bis zum heutigen Tage begleitet. Ein anderer Moment, der in meinem Glaubensleben zweifellos eine Schlüsselrolle gespielt hat, war folgender: Als ich in Köln im Gefängnis saß, erlaubte mir der Wärter meine Bibel zu behalten. Dort habe ich die Geschichte von Jakob gelesen. Jakob schloß einen Pakt mit Gott: ›Wenn Du mich in das Land meines Vaters führst, sollst Du mein Gott sein.‹ Da habe auch ich meinen Vertrag mit Gott geschlossen: ›Wenn Du mich hier herausführst, werde ich Dir dienen.‹

Spätere Begegnungen halfen mir, meinen Glauben zu festigen. Ich denke da an eine beeindruckende Frau, damals im Pyrenäenvorland, die eine wirkliche Christin war. Oder ich denke an den Diakon, der meinen Bruder und mich auf verblüffende Weise gerettet hat. Er kam in einer knallroten Feuerwehruniform ins

Gefängnis und erklärte uns, er trüge diese Verkleidung wegen der Deutschen, die mit jedweder Uniform Autorität assoziierten. Bei der Kontrolle im Zug deklarierte er gegenüber den deutschen Soldaten in einem Ton, der keinen Widerspruch zuließ: ›Gefangenenüberführung!‹ Sie salutierten ohne weitere Frage. Wahrscheinlich hatten sie keine Ahnung zu welcher Abteilung diese feuerrote Uniform gehörte.
Mein Glaube gewann gerade durch alles, was wir durchmachten, an Tiefe. Man hatte den Eindruck, daß die Welt der Menschen voller Feindschaft war. Mit Ausnahme der wenigen wirklichen Engel, denen wir ab und zu begegneten, mußten wir uns vor allem und jedem in Acht nehmen.«
»Es scheint, als habe das Schicksal eine Verkettung von Situationen hervorgebracht, die Sie zum Protestantismus führte.«
»Wobei wir von Anfang an lutherisch getauft waren. Vielleicht hat das Schicksal mit unserer Taufe einen Grundstein gelegt. Und diese Taufe war dann unser Einsatz in unserem Spiel ums Überleben... Das Gefühl, Gott etwas zu schulden? Nein, Gott gegenüber waren wir uns keiner Schuld bewußt. Für uns war unsere Beziehung zu Gott – egal ob katholisch oder evangelisch – der Grund für unser Überleben, denn er hatte uns gerettet.«
»Oder jüdisch? Wäre es übertrieben anzunehmen, daß Ihre Glaubenssuche auch im Judentum Ausdruck hätte finden können, wenn Sie auf Ihrem Weg überzeugenden Rabbinern begegnet wären?«
»Sicherlich nicht. Mit der Einschränkung vielleicht, daß meine Verankerung im Protestantismus bereits sehr stark war. Ihre Frage führt mich dazu, meine Wahl der Reformierten Kirche zu erklären. Denn dieser Punkt hat doch eine gewisse Bedeutung. Der Protestantismus war, zumindest in Frankreich, immer eine Minderheitenreligion und aufgrund ihrer Formen dem Judentum näher. Bis zu meiner Rückkehr nach Frankreich war ich – in christlichen Kategorien ausgedrückt – ein pietistischer Protestant. Diese Phase hat ziemlich lange bei mir angehalten, ja, tatsächlich sogar noch eine Zeitlang nach meiner Rückkehr.
Mein Pietismus war eine Art christlicher Frömmigkeit, die sich ganz auf Jesus Christus richtete, eine Auffassung, daß das irdische Leben nicht das eigentliche Leben sei und eine apokalyptische, eschatologische Vision.

In den ersten Jahren meines Erwachsenenlebens entsprach es meiner Auffassung, weder zu heiraten noch etwa Kinder zu haben. Ich hatte einen sehr individualistischen, nicht im geringsten ins Kollektive tendierenden Glauben. Der Gedanke an andere war darin nicht vorhanden. Gleichzeitig gehörte mein Leben nicht mir selbst, sondern Gott. Ich lebte in einer Art Erwartung des Überirdischen. Ich wollte etwas aus meinem Leben machen, obwohl mein Leben nicht besonders wichtig war. Alles drehte sich um das Überleben. Und als wir dann überlebt hatten, mußten wir uns in den Dienst Gottes stellen, der uns gerettet hatte.»

»Ihr Bekenntnis zum Christentum scheint durch zwei Türen gegangen zu sein: den Pakt Jakobs und dann eine Dankbarkeit gegenüber Gott, weil Sie am Leben geblieben waren.«

»Weniger eine Dankbarkeit, als eine Unfähigkeit, die Dinge anders zu sehen. Für uns gab es keinen anderen Gedanken, das verstand sich von selbst. Als wir nach Frankreich zurückkamen, begann mein Bruder sofort sein Theologiestudium. Ich habe zunächst mein Abitur im Kollegium von Chambon-sur-Lignon in den Cevennen gemacht.

Als ich meine theologische Ausbildung bereits beendet hatte, trat eines Tages etwas ein, das mich fürchten ließ, ich würde meinen Glauben verlieren. Auf dem Schiff in die Vereinigten Staaten war ich plötzlich mit dem Erwachen der Sexualität konfrontiert. Ich hatte den Eindruck, alles in mir bräche zusammen. Das sexuelle Begehren hat mich buchstäblich überwältigt. Bis dahin hatte ich zwar davon geträumt, aber es nicht darauf ankommen lassen. Mehr aus einem völligen Zurückgenommensein heraus, als aufgrund eines Tabus. Sie können sich vielleicht vorstellen, daß mich die Panik ergriff.»

»Was bedeutet in diesem Kontext ›den Glauben verlieren‹?«

»Daß alles in einem auseinanderfällt. Die spirituellen Werte wurden in Frage gestellt. In meinem Fall war der Glaube doch sehr an ein Übermaterielles, ein Imaginäres gebunden... Vielleicht hatte auf diese Weise nur die Kindheit fortbestanden. Es war jedenfalls ein entscheidender Augenblick. Danach fand ich mich verändert, in der Weise, daß mein Glaube gewachsen war. Kurze Zeit nach diesem Ereignis ist für mich die Frage nach dem anderen (Menschen) wichtig geworden, ich entwickelte ein Be-

wußtsein von der Gemeinschaft, das Realitätsprinzip wurde stärker. Das Leben ging weiter, und dieses Erlebnis war nicht, wie in meiner größten Angst, das Ende von allem.
Ich war zehn Jahre im Ökumenischen Rat der Kirchen. In dieser Zeit ist der Judaismus in mir zutage getreten – dank eines Kollegen, der mich bat, den Briefwechsel von Eugen Rosenstock und Franz Rosenzweig im Ersten Weltkrieg für ein Seminar zu bearbeiten. In der Folge habe ich regelmäßig an Seminaren des Zentrums für jüdische Studien in Genf teilgenommen. Stück für Stück ist an die Oberfläche getreten, was ich nie in mir zu haben glaubte.
War es nicht eine meiner Berufungen, als Christ und im christlichen Umfeld die jüdischen Wurzeln des Christentums zu verteidigen? So hat mich die Ökumene unter Christen darüber hinausgehen lassen zum jüdisch-christlichen Dialog. Ich schrieb dann mehrere Jahre an einer Dissertation, deren Orientierung sich nach und nach änderte. Von der eschatologischen Frage kam ich zur Frage der Differenz: Mein Thema wurde Identität und Differenz. Danach las ich einige jüdische Autoren, besonders Emmanuel Levinas.
Wie meine aktuelle Situation beschrieben werden kann? Nun ja, ich bin nicht gerade das, was man *persona grata* (genehme Person) nennt, weder von christlicher noch von jüdischer Seite. Zur Zeit fühle ich mich als Jude der Juden. Von der jüdischen Seite spreche ich vorsichtig, denn ich weiß, daß ich keine Mittlerrolle übernehmen kann.
In einer Zeit, in der ich mich nicht so fühlte, wurde ich als Jude bezeichnet. Heute versuche ich diesen Teil meiner selbst, meiner Vorfahren, meiner Vergangenheit und meiner Identität wie eine vergessene Seite von mir wiederzugewinnen. Als Suche nach etwas, das ich bin und das ich niemals gelebt habe.«

Eine Tür öffnet sich

Viele jüdische Kinder wurden eines Morgens von einem unbekannten jungen Mädchen oder jungen Mann begrüßt. Diese Fremden nahmen sie an der Hand, brachten ihnen bei, daß sie ab sofort nicht mehr jüdisch waren und ließen sie ihre neuen Namen auswendig lernen. Während der Fahrt im Zug oder Bus lernten sie, sich so still und unauffällig wie möglich zu benehmen. Nach der Ankunft am Ziel verschwanden der Begleiter oder die Begleiterin auf ebenso unerklärliche Weise, wie sie gekommen waren. Keines der Kinder hat daran gedacht, diese jungen Leute danach zu fragen, wer sie waren. Entweder, weil ohnehin alles so überraschend kam, oder weil sie an Fluchten, Ortswechsel in größter Eile, an schwankende Autobusse, ratternde Züge und unbekannte Ziele schon gewöhnt waren. Die Kinder ließen sich führen, weil sie wußten oder spürten, daß ihr Leben zu einem großen Teil von ihrem Stillsein abhing.

Ein junges Mädchen holte S.B. in Valence, wohin die Familie geflohen war, ab und setzte ihn auf den Gepäckträger ihres Fahrrades. In Lyon angekommen, nahm sie ihn mit in ein Café und zeigte ihm dort unauffällig einen jungen Mann, der auf der Terrasse eine Erfrischung zu sich nahm. Sie sagte ihm, er solle zu diesem jungen Mann einfach hingehen. S.B. gehorchte. Als der junge Mann ihn herankommen sah, stand er von seinem Platz auf, nahm S.B. an der Hand und ging mit ihm zu einem Autobus, in den sie zusammen einstiegen.
S.B. wurde nach Romans zu einer neuen Pflegefamilie gebracht. »Weder von dem jungen Mädchen noch von dem jungen Mann habe ich je wieder etwas gehört noch über sie erfahren.«

Am 12. Mai 1940 klopfte am hellen Mittag in Brüssel ein junger Mann an die Tür bei Paul S.

»Er sagte zu meiner Mutter: ›Ich weiß, wer Sie sind. Ihr Mann ist vor zwei Tagen verhaftet worden. Es sind weitere Razzien zu befürchten. Wenn Sie Paul retten wollen, vertrauen Sie ihn mir an. Ich kann Ihnen aber nicht sagen, wohin ich ihn bringe.‹ Stellen Sie sich die Reaktion meiner Mutter vor! Ihr Kind! Einem fremden Mann anvertrauen, auch wenn er sich als Jude vorgestellt hat. Was für eine Entscheidung! Sie bat ihn um zwei Stunden Zeit zum Überlegen. Er war einverstanden und sagte, er werde wiederkommen. Meine Mutter nahm mich mit und ging zu ihrer Arbeitgeberin, um einen Rat einzuholen. Diese wußte von dem Besuch des jungen Mannes bei uns, – das erfuhr ich Jahre später, nach dem Krieg. Selbstverständlich riet sie meiner Mutter, dieses Angebot anzunehmen. Sie erklärte sogar, sie gäbe mir ihren Familiennamen als Decknamen. Als der junge Mann zum zweitenmal zu uns kam, nahm ich meinen Rucksack, der immer fertig gepackt bereitlag, umarmte meine Mutter zum Abschied und ging mit ihm los – zum Bahnhof. Dort brachte er mich zu einem Zug und sagte: ›Damit fährst du bis nach Jamoigne. Da steigst du aus, und am Bahnhof wirst du schon erwartet. Vergiß nicht, du bist kein Jude und heißt…‹ Dann gaben wir uns zum Abschied die Hand wie zwei Freunde, und er ging wieder weg. Ich habe diesen jungen Mann nie wiedergesehen und nie etwas über ihn erfahren.«

Während des ganzen Krieges durchkämmten viele junge Leute auf diese Art die französischen und belgischen Dörfer und Städte. Sie gehörten allesamt den mehr oder weniger organisierten Bewegungen an, die im Untergrund Widerstand leisteten. Als engagierte – katholische oder protestantische – Christen, als Juden oder Kommunisten. Mutig ergriffen sie die Initiative, um in erster Linie Kinder und gefährdete Familien vor den Nazis in Sicherheit zu bringen.

An dieser Stelle soll der mutige, selbstlose und bewundernswerte persönliche Einsatz all dieser damals jungen Leute besonders anerkennend hervorgehoben und ausdrücklich gewürdigt werden.

Eine dieser jungen Frauen war Nicole Blumensztein. Sie kam 1931 mit ihrer Familie aus Warschau nach Frankreich.

Am 16. Juli 1942 wurde ihr Vater verhaftet, der währenddessen nur durch Zufall den Namen seiner Tochter auf einer Polizeiliste erkennen konnte und ihr, bevor er in den Polizeibus einstieg, noch schnell ein Zeichen gab. Sie verstand es auf Anhieb und rettete sich über die Dienstbotentreppe aus der Wohnung.
»Meine Mutter stand nicht auf der Liste. Und sie hat mich selbstverständlich wiedergefunden.«
Das Mädchen änderte seine Identität. Aus Fanny Blumensztein wurde Nicole Faure oder Nicole Bonnet. Über sieben Monate versteckte sie sich in einem katholischen Internat. Zu Beginn des Jahres 1943 ging sie zu ihrer Mutter nach Grenoble. Die energische Achtzehnjährige brannte darauf, etwas gegen die Nazis zu unternehmen. Kaum war sie in Grenoble angekommen, nahm sie Kontakt mit einer Widerstandsgruppe des »Mouvement de la Jeunesse Sioniste – Zionistische Jugendbewegung« auf und trat der Organisation bei.
»Für mich war die Lage klar: Es ging darum, mit allen Mitteln Juden zu retten. Offiziell war ich Verbindungsagent, aber in den Gruppen damals machten letztlich alle alles. Wir hielten uns ständig zur Verfügung. Meine Hauptaufgabe war es, Familien, die in Dörfern untergetaucht waren, ausfindig zu machen und in sichere Verstecke zu bringen – es sei denn, sie befanden sich bereits an einem sicheren Ort. Und ich war abgestellt, den Versteckten Geld und neue Papiere zu überbringen.
Wir wohnten in alten Häusern. Jeden Freitagabend, egal, wo wir gerade waren, machten wir uns auf den Weg zu unserem Treffpunkt in Grenoble. Wir versammelten uns in einem Haus und tanzten die ganze Nacht über die Hora – in den Sabbath hinein. Wenn ich heute daran zurückdenke, muß ich sagen, wir hatten wirklich eine gewisse Courage, aber auch eine gehörige Portion Leichtsinn. Es hätte ausgereicht, daß ein einziger Nachbar uns anzeigte, und die Gestapo hätte unsere ganze Gruppe auf einmal erwischt. Zusammen mit anderen Mädchen fuhr ich manchmal auf dem Fahrrad durch die Stadt, und wir sangen lauthals hebräische Lieder – sozusagen unter den Augen und Ohren der Deutschen. Ob wir Angst hatten? Dafür hatten wir gar nicht die Zeit, es gab soviel zu tun. Jeder Tag brachte neue Risiken mit. Vielleicht haben wir diese Gefahren wirklich nicht angemessen eingeschätzt, aber ich glaube, wenn wir das getan hätten, wäre un-

sere Arbeit nicht mehr weitergegangen. Und die Züge nach Auschwitz wären noch voller gewesen... Man kann sagen, die Angst, geschnappt zu werden, hat uns zwangsläufig an den Tod denken lassen.
Ein einziges Mal bin ich knapp einer Katastrophe entgangen. Ich begleitete eine kleine Gruppe von Frauen mit Kindern über die Demarkationslinie (vom besetzten Norden zum unbesetzten Süden). Wir hatten zwischen Kisten und Paketen in Güterwaggons, die offiziell von außen verplombt waren, Unterschlupf gefunden. Tatsächlich war aber nur eine der gegenüberliegenden Schiebetüren versiegelt. In dieser Gruppe befand sich eine Frau mit einem kleinen Jungen, und obwohl ich ihr sehr ans Herz gelegt hatte, das Kind zu beruhigen und vom dauernden Plappern abzuhalten, erzählte der Kleine in einem fort und machte Geräusche. Irgendwann hielt unser Zug in einem Bahnhof. Ich konnte Schritte von draußen hören, und sie näherten sich unserem Waggon. Einer der beiden Männer vor der Waggontür sagte: ›Na, sieh an, verplombte Wagen, bestimmt sind Juden drin versteckt.‹ Sie krochen unter dem Waggon durch auf die andere Seite und rollten die unversiegelte Tür zur Seite. Von meinem Platz aus konnte ich beide Männer sehen. Ein Bahnbeamter und ein Deutscher. Sie stiegen ein, schauten sich bei den Kisten um. Ich kam fast um vor Angst, wenn das Kind wieder zu plappern anfinge... Als sie nichts gefunden hatten, kletterten sie wieder hinaus. Und noch während die Tür von draußen geräuschvoll zugeschoben wurde, ließ ich ein leises ›uff‹ der Erleichterung los. Zu unserem Glück hat das Kind geschlafen.
Ich habe Kinder zur Schweizer Grenze gebracht und andere bis zur spanischen Grenze. Jede Gruppe, die ihr Ziel erreichte, war für mich ein Tritt gegen Hitler.«
»Ist Ihr Vater aus dem Lager zurückgekehrt?«
»Nein. Über viele Jahre hatte ich eine Schachtel Pralinen aufgehoben, die ich zu seiner Begrüßung am Tag der Heimkehr gekauft hatte. Im Lauf der Zeit lief die Schokolade weiß an, und schließlich mußte ich das Geschenk für meinen Vater wegwerfen.«
Nicole Blumensztein lebt und arbeitet in New York, im Herzen von Manhattan, in der berühmten Straße der Juweliere. Sie hat niemals Auszeichnungen oder finanzielle Unterstützung für die Rettungsarbeit, die sie während des Krieges mittrug, erhalten.

»Es war mir das Höchste und Wichtigste, Juden zu retten. Ich war bereit, ganz für diese Sache einzustehen – sogar mit meinem möglichen Tod.«

Ein schweres Erlebnis hat sich tief in ihr Gedächtnis gegraben:

»Es war am Vorabend der Befreiung. Als es Zeit war, schlafen zu gehen, konnte ich mir noch nicht vorstellen, daß wir am nächsten Morgen aufwachen würden und plötzlich nichts mehr zu fürchten hätten! Daß wir einfach wieder Pläne machen, uns etwas vornehmen könnten... Ich fragte mich in Gedanken, was das bedeutet: Friedenszeit... Auf einmal hallten Kinderschreie durch das Dunkel. Ich stand auf und ging ans Fenster. Unten auf dem Bürgersteig schrie ein kleines Mädchen verzeifelt: ›Nicht mich! Nicht mich!‹ Zwei deutsche Soldaten hatten die Eltern getötet und deren Fahrräder gestohlen, auf die sie aufsprangen. Und im Abfahren erschossen sie vor dem Hauseingang das kleine Mädchen. Noch heute höre ich die Schreie dieses kleinen Kindes in der Erinnerung, und oft sehe ich den kleinen, zusammengekrümmten Körper wieder leblos auf dem Trottoir liegen. Wieviele Kinder habe ich retten geholfen? Ich weiß es nicht mehr. Aber dieses kleine Mädchen, dem ich nicht helfen konnte, dieses Kind bleibt mir schmerzhaft in Erinnerung.«

Madeleine Barot* ist mit der Zeit zu einer Symbolfigur der Reformierten Kirche Frankreichs geworden. Sie berichtet:

* Madeleine Barot erhielt 1945 von der Niederländischen Regierung die Medaille des Widerstands. 1961 wurde sie Ehrendoktorin der Chamberlain University, USA, 1968 Ehrendoktorin der EWA University von Seoul, Südkorea. 1970 wurde ihr das Bundesverdienstkreuz der BRD verliehen. 1988 erhielt sie den Ehrendoktor der Fakultät für Evangelische Theologie in Paris, die Medaille der Gerechten des Instituts Yad Vashem, Jerusalem und wurde zum Ritter der Französischen Ehrenlegion ernannt.
Trotz einer Körperbehinderung, die sie in ihrer Bewegungsfreiheit einschränkt, widmet sie sich ungebrochen einer ganzen Reihe von öffentlichen und sozialen Aufgaben: Sie ist Vizepräsidentin der Organisationen »Aktion der Christen zur Abschaffung der Folter« (ACAT) und CIMADE (Gemeinsames Komitee für Obdachlose), weiterhin steht sie dem Verband der Altersheime in Cannes als Präsidentin vor und ist Vizepräsidentin der französischen Sektion der Weltkonferenz der Religionen für den Frieden.
Die Biografie von André Jacques würdigt angemessen die unermüdliche Arbeit und das soziale Leben der Madeleine Barot (siehe Literaturhinweis).

»Von Rom aus, wo ich als Archivarin tätig war, kam ich per Diplomatenzug nach Frankreich zurück. Nach einem kurzen Aufenthalt in Bordeaux fand ich mich in Nîmes ohne einen Pfennig Geld, aber in der Gesellschaft von Pastor Boegner wieder. Kaum zwei, drei Tage nach unserer Ankunft dort – das müßte etwa im August, September 1940 gewesen sein – wurde Pastor Boegner von einem Kollegen, der in Rivesaltes und Gurs als Lagerpfarrer Dienst tat, darauf angesprochen, daß sich die beiden Lager in Windeseile mit aus Deutschland Geflüchteten anfüllen würden, die doch zuvor in Frankreich politisches Asyl erhalten hatten. Nun würde sogar deren Auslieferung von den Nazis gefordert, und von Zeit zu Zeit würden Gefangene aus diesen Lagern abtransportiert, keiner wüßte, wohin.«

»Bezog sich das nur auf geflohene Deutsche, nicht auf deutsche Juden?«

»Niemand erwähnte die Juden. Die in Frage stehenden Gefangenen waren politische Asylanten. Man muß wissen, daß seit 1933 viele Deutsche mit dem juristisch eindeutigen Status «Politisches Asyl» nach Frankreich gekommen waren. Sie wurden von Hitler verfolgt, entweder weil sie sozialistischen oder der kommunistischen Partei angehörten, oder weil sie dem Terror des nationalsozialistischen Regimes entkommen wollten.

Als die Nazitruppen Nordfrankreich überrannten, gingen diese deutschen Flüchtlinge in den freien Süden. Sie wollten auf keinen Fall den Hitlerhorden in die Hände fallen. Aber im Süden, der im Prinzip frei (von Deutschen unbesetzt), aber von der Vichy-Regierung verwaltet war, erlebten sie ihre böse Überraschung. In diesem vermeintlich freien Süden wurden sie von französischer Polizei verhaftet und in Lagern interniert, womöglich sogar den Nazis ausgeliefert! Das war unglaublich! Wir konnten zuerst gar nicht fassen, was der Lagerpfarrer uns da erzählte. Doch wir fanden diese Hinweise befremdlich genug und beschlossen, daß ich mich an Ort und Stelle umsehen und informieren würde. Wo wurden diese Deutschen hingebracht?

Unter den deutschen Häftlingen waren einige prominente Persönlichkeiten mit großen Namen, wie etwa ein Mitglied der Schriftstellerfamilie Mann. [Es handelt sich um Golo Mann.] Und ich muß sagen, daß in unserer Gruppe anfänglich von Juden noch gar nicht die Rede war, sondern von der Schande des Artikels 19 im Waffenstillstandsabkommen der Vichy-Regierung mit den Nazis. Dieser nirgendwo publizierte Artikel 19 besagte, daß die Flüchtlinge auf Wunsch an Deutschland auszuliefern waren. Wie konnte man das hinnehmen? Frankreich, das politisches Asyl gewährt hatte, strafte sich selber Lügen? Außerdem gab es bei der Regierung Pétain Pläne, nach nationalsozialistischem Muster eine große Einheits-Jugendorganisation zu formieren, die uns vereinnahmen sollte. Das war genug, um uns in Bewegung zu setzen.

Zuerst mußte diese Sache mit den Lagern geklärt werden. War es eine Handvoll ganz bestimmter Flüchtiger oder betraf es die Mehrheit? Am Anfang glaubten wir ja noch, es sei vielleicht gar nicht so schlecht, die Flüchtlinge in Lagern unterzubringen. Dort waren sie jedenfalls geschützt, bedenkt man, daß sie meistens unsere Sprache kaum beherrschten und oft für Spione gehalten und entsprechend behandelt wurden. Und sie hatten Essen und eine Bleibe. Aber wir wollten genau wissen, ob es definitiv eine Falle war, um sie den Nazis auszuliefern. Dann hieße das: Alarm! Ich begab mich also nach Gurs und suchte den evangelischen Lagerpfarrer auf. Da es schwierig war, in das Lager hineingelassen zu werden, gab ich mich als dessen Frau aus.

Wir sind sofort zum Kommandanten gegangen. Dieser war ziemlich aufgelöst und gestand uns, er wisse bald nicht mehr, was er noch tun solle. In der vorausgegangenen Nacht waren zwei Kinder geboren worden, wovon eines gleich gestorben war. Ihm stand kein Fahrzeug zur Verfügung, um die Schwangeren in eine Klinik zu bringen. Kein professioneller Krankenpfleger, keine Medikamente, keine saubere Wäsche – nichts, absolut nichts. Der Kommandant war ein altgedienter Militär, der mit Vichy (gemeint ist die Regierung des Marschalls Pétain) nichts im Sinn hatte und versuchte, dieses Lager mit unzureichenden Mitteln irgendwie funktionsfähig zu halten. Er fügte hinzu, daß es noch mehr Schwangere im Lager gab. Ich sagte ihm, er müsse unbedingt für eine kompetente Krankenschwester sorgen, worauf er niedergeschmettert zurückgab: ›Um ein paar zusätzliche Francs zu meinem Budget hier bewilligt zu bekommen, brauche ich Monate. MONATE!‹

Er verfügte über keinerlei Finanzmittel für die Einstellung einer Krankenschwester, nicht einmal über eine Erlaubnis dazu seitens der Behörden. Der Feldpfarrer und ich begriffen schnell, daß wir diese schlimme Situation nutzen konnten, indem wir dem Kommandanten vorschlugen, ihm eine Schwester zu besorgen (die natürlich in unserem Sinne arbeiten würde), ohne daß ihm Kosten entstünden. Durch diese Frau könnten wir Informationen aus erster Hand über Transporte von Gefangenen zurück nach Deutschland erhalten. Und nach allem, was uns der Kommandant gestanden hatte, konnte er unser Angebot nicht ablehnen.
Zuerst glaubte er uns das gar nicht. Doch als ich aus dem Lager kam, bin ich sofort nach Pau gefahren und habe dort die evangelische Gemeinde wachgerüttelt. Ich habe schnell herausgefunden, daß es dort eine gewisse Jeanne Merle d'Aubigné gab, die vor kurzem ihre Mutter verloren hatte und gerne bereit war, sich um andere zu kümmern. Unser Unternehmen wurde sehr begünstigt durch den Umstand, daß Madame d'Aubigné Krankenschwester und Major der französischen Armee war.
Gleich am folgenden Morgen fanden wir uns zusammen mit ihr wieder in Gurs ein, und der Kommandant traute seinen Augen nicht. Doch er hatte ausreichend Bildung, um zu wissen, wer die Familie Merle d'Aubigné war. Umgehend teilte er ihr einen Barackenabschnitt zu, wo eine Krankenstation eingerichtet wurde. Darüber gab es keine offiziellen Unterlagen, eine behördliche Erlaubnis erhielten wir nie.
So kam ich also in das Lager von Gurs. Ich konnte meine Krankenschwester besuchen, so oft ich wollte, ohne irgendwelche Papiere oder Passierscheine vorweisen zu müssen. Auf diese Weise oder ähnlich haben wir uns sukzessive in elf weiteren Lagern Zugang verschafft, immer ohne offizielle Autorisierung. Wir sagten nur, wir hätten unseren Hauptsitz im Lager von Gurs, damit ließ man uns ein.
Bald änderte sich die Lage aber vollkommen. Die bis dahin dem Militär unterstellten Lager wurden von Gendarmerie und Polizei übernommen. Die ersten verhafteten Juden tauchten auf. Der Übergang von der bisherigen zur neuen Leitung war auch sonst drastisch spürbar. Das begann bereits bei der Ernährung. Die Rationen wurden gekürzt und die Qualität des Essens war

schlecht; die Hygiene wurde miserabel und verschwand bald völlig; das Wachpersonal wurde eindeutig brutaler. Zu diesem Zeitpunkt hatten wir etwa dreißig Betreuerinnen und Betreuer in der Gruppe. Nach wie vor besuchte ich die Lager ohne offizielle Erlaubnis. Es schien mir immer am sinnvollsten, sofort überall mit dem Verantwortlichen zu sprechen und ihn glauben zu lassen, wir seien eine Organisation. Sie ließen uns um so eher zu, als wir ihnen harmlos vorkamen. Die Lagerkommandanten, direkte Untergebene des Innenministeriums von Vichy, waren außerdem mit der Tatsache konfrontiert, daß ihnen die Gefangenen zu Hunderten wegstarben.«

»Das sollte sie wirklich gestört haben?«

»Ja, doch, das paßte ihnen nicht. Ich erzähle gleich, wie das kam. Im Lager von Gurs zum Beispiel kamen die Leute vor Hunger um. Doch weil wir öfter in Vichy zu tun hatten, wußten wir, daß jedem Lagerleiter elf Francs fünfzig pro Gefangenem und pro Tag zur Verfügung standen. Es lag auf der Hand, daß mehr als die Hälfte dieses Betrags in den Taschen Gott weiß welcher Beamter verschwand. Eines Tages wurde es Madame d'Aubigné zuviel. Sie geriet so sehr in Rage, daß sie nach Vichy fuhr und den Kommandanten anzeigte, der daraufhin von der Lagerleitung in Gurs abberufen wurde.

Darüber hinaus aber hatte ich erreicht, daß prominente Persönlichkeiten mit öffentlichem Ansehen und Einfluß das Lager besuchen konnten. Zum Beispiel die Prinzessin Bernadotte von Schweden, die eine Freundin von mir war, oder einer der Direktoren des Genfer Internationalen Roten Kreuzes. Ich habe die Prinzessin in das Lager von Gurs begleitet. Heute ist es mir rätselhaft, wie ich ihren Besuch dort durchgesetzt habe ...«

»War denn Vichy darüber informiert?«

»Das weiß ich nicht mehr. Von mir haben sie es jedenfalls nicht erfahren. Die schwedische Prinzessin verbrachte einen ganzen Tag mit den Gefangenen im Lager. Sie war zutiefst erschüttert und hat einen Fonds für uns bereitgestellt, so daß wir den ganzen Krieg über arbeiten konnten.«

»Hat die Prinzessin noch andere Lager besucht?«

»Nein, Gurs war genug. Zu diesem Zeitpunkt waren dort auch etwa 7500 Juden aus Baden gefangen, die bereits in einem grauenerregenden psychischen und körperlichen Zustand dahinvegetierten. Noch heute bin ich froh über diese Aktion, denn mit diesen Besuchen wurde die katastrophale Lage der Gefangenen endlich publik. Was Vichy um jeden Preis zu verbergen suchte, wurde nun öffentlich bekannt!

Unsere Betreuungsarbeit in den Lagern dauerte von September 1940 bis Juli 1942. Im Frühjahr 1941 haben der Abt Glasberg und ich in Vichy die Lagerhauptverwaltung davon überzeugt, daß die Alten und die Frauen mit Säuglingen entlassen werden müssen. Unsere Argumentation war denkbar simpel: Wir bestanden darauf, daß es so nicht weitergehen konnte, daß es unmöglich war, die Menschen in den Lagern auch nur mit dem Allernotwendigsten zu versorgen. Andererseits erkannten wir ihren Gefangenenstatus an. Wir betonten, daß dieser Personenkreis weiterhin unter dem Befehl von Vichy blieb. So akzeptierte die Verwaltung schließlich unser Angebot, und wir haben aus Gurs soviele Menschen wie nur irgend möglich herausgeholt. Das CIMADE (Comité Inter-Mouvements Auprès Des Evacués – Gemeinsames Komitee für Obdachlose) eröffnete drei große Heime, wovon das wichtigste in Chambon-sur-Lignon auch das bekannteste geblieben ist. Und die Vichy-Regierung kontrollierte uns zwar, gab uns aber auch die elf Francs fünfzig pro Gefangenem. Wir waren natürlich stolz auf diesen Erfolg.

Als etwas später die Deportationen einsetzten, habe ich mich darum gekümmert, Leute über die Schweizer Grenze zu schleusen. Dafür habe ich die Arbeit in den Lagern aufgegeben, wo die bestehenden Gruppen jedoch weiter funktionierten. Der Beweggrund für unsere Fluchthilfe lag in unserer vorhergehenden Arbeit. Für viele, die wir unter den Augen von Vichy bei Gastfamilien verstecken konnten, wurde die Lage doch immer bedrängender. Es mußten nicht nur falsche Ausweise und Lebensmittelkarten organisiert werden, sondern in den Nachbarschaften häuften sich die Anzeigen, so daß wir die Betroffenen bei immer neuen Familien unterbringen mußten. Auf die Dauer war das aufreibend und uneffektiv. Es gab kein Telefon, ich mußte also andauernd ungeheure Wege zurücklegen. Abt Glasberg, der dasselbe Problem hatte, wollte Fluchten nach Spanien organisieren. Das interessierte mich weniger, denn dort kannte ich niemanden, und es gab dort wohl auch kaum protestan-

tische Gemeinden. In der Schweiz hingegen waren wir seit Kriegsbeginn bekannt und hatten Freunde.
Also konzentrierten wir unsere Anstrengungen auf die Schweiz. Nur begannen dort die Probleme, als die Schweizer Regierung erklärte: ›Das Boot ist voll‹. Was im Klartext hieß, daß die Schweizer Grenzpolizisten alle zurückschickten, die versuchten, in die Schweiz zu gelangen. Und dies bedeutete für die Betroffenen meist den sicheren Tod. Also sind wir kurzerhand, das heißt, Pastor Boegner als Präsident des CIMADE und des entstehenden Ökumenischen Rates der Kirchen, der mit den schweizerischen Kirchen in bester Verbindung stand, und ich zusammen nach Bern gefahren. An Ort und Stelle konnten wir dank der Unterstützung der Schweizer evangelischen Kirchen die Berner Regierung dazu bewegen, eine andere Lösung zu finden. Was den helvetischen Behörden am Flüchtlingsproblem am meisten mißfiel, war der Umstand, daß inzwischen eine bezahlte Fluchthilfe existierte. Daher schlugen wir ihnen vor, Namenslisten einzureichen, und wir garantierten ihnen, unentgeltlich zu arbeiten. Außerdem garantierten wir der Regierung, daß die von uns kommenden Flüchtlinge nicht auf Schweizer Banken mit Geld spekulierten und in keinem Fall deutsche Spione waren.«
»Ab 1943 richteten Sie dann Ihr Hauptquartier in Valence ein, stimmt das?«
»Ja, in Valence, weil wir uns dort am nächsten zur Grenze und dicht an den aktuellen Ereignissen befanden. Unser Netz bestand aus einer Anzahl junger Männer und Frauen, die die Flüchtlinge über die Grenze brachten. Hauptverantwortlich für die Organisation der Grenzübertritte war Mireille Philippe, die schon in einer politischen Widerstandsgruppe mitarbeitete.«
»In den ersten Gruppen, die Sie über die Grenze brachten, befanden sich also nicht ausschließlich Kinder?«
»Nein. Es waren Menschen in Gefahr. Solche, die aus irgendwelchen Gründen persönlich von der Gestapo gesucht wurden. Die Situation war folgende: Die Deutschen hatten von Vichy 100000 Juden verlangt. Deshalb die große Razzia vom Vel' d'hiv [Vélodrome d'hiver – Radsporthalle in Paris, wo die jüdischen Gefangenen der ersten großangelegten Verhaftungswelle zusammengetrieben wurden] und die Massenverhaftungen Ende Juli/Anfang August sogar in der unbesetzten Südzone, um der

Forderung der Nazis nachzukommen. In Vichy war um die Zahl von 100000 hart gerungen worden. Die Deutschen gaben vor, die Leute zur Fabrikarbeit einzusetzen. Von daher konnte es eigentlich nicht um Frauen und Kinder gehen und noch viel weniger um alte Menschen.

Doch als die geforderten 100000 bei den Verhaftungen nicht zusammenkamen, beschloß Laval, auch französische Juden zu deportieren.

Zu diesem Zeitpunkt fand die Aktion von Vénissieux, dem ehemaligen Güterumschlagbahnhof von Lyon, statt. Er war mit elektrisch geladenem Stacheldraht eingezäunt und in ein Durchgangslager umgewandelt worden. Hier wurden die Verhafteten aus der Süd-Zone gesammelt, bevor man sie den Deutschen übergab. Die Gefangenen blieben zwei bis drei Tage in Vénissieux und wurden dann in deutschen Güterwaggons abtransportiert – direkt in die Todeslager. Wir entdeckten Kinder unter den Gefangenen von Vénissieux. Dabei hatte doch Vichy versichert, Kinder würden nicht deportiert! Allerdings hatte zum Beispiel Papon, der Präfekt von Bordeaux, sein Kontingent von 500 Juden nicht zusammenbekommen und deshalb einfach die Kinder mitverhaftet.

Pastor Boegner ging zu Laval und teilte ihm sein Erstaunen mit. Dieser gab zu Antwort, er habe es menschlicher gefunden, die Kinder nicht von den Eltern zu trennen. Boegner erinnerte den Innenminister daran, daß es vom Gesetz untersagt war, Kinder unter sechzehn Jahren zu verhaften und daß die geistlichen und moralischen Autoritäten des Landes derlei Aktionen nicht hinnehmen könnten. Er verlangte, daß Laval bei den Präfekten intervenierte, um diese Praktiken zu unterbinden. Der Minister antwortete wegen Boegners Beharrlichkeit, er werde dem nachgehen und ihm innerhalb von 48 Stunden definitiv antworten. Pastor Boegner kehrte auf dem schnellsten Weg nach Lyon zurück und benachrichtigte mich. Außerdem nahm er sofort mit Pater Chaillet Kontakt auf.«

»Dem Begründer der ›Témoignage Chretien‹ (Christliches Zeugnis, christliche antifaschistische Untergrundzeitschrift)?«

»Ja, genau. Katholiken wie Protestanten arbeiteten mit ihm zusammen. Und wir beschlossen sofort, solange Lavals Antwort noch ausstand, die kurze verbleibende Zeit zu nutzen und die

Kinder aus Vénissieux herauszuholen. Nun mußten wir dazu in das Lager gelangen, das mit elektrischem Zaun gesichert war. Also wandten wir uns an die Widerstandsgruppen und baten darum, die Stromversorgung für Lyon an diesem Abend lahmzulegen. Wir hatten keine andere Möglichkeit. Die Mitglieder sämtlicher Organisationen, die an dieser Befreiungsaktion mitarbeiteten, waren um das Lager herum verteilt und warteten auf das Zeichen, daß der Strom abgeschaltet und der Weg frei war. Als das Signal kam, sind wir sofort wie eine Schar Spatzen in das Lager eingefallen. In der Dunkelheit rannten wir mit unseren Taschenlampen von einer Baracke zur nächsten und holten die Kinder aus ihren Familien. Um die Eltern zu überzeugen, daß sie uns vertrauen konnten, sagten wir ihnen, Kardinal Gerlier stehe hinter unserer Aktion. Was gelogen war. Aber die Gegenwart von Abt Glasberg bestätigte unsere Behauptung.«

»Warum gaben sie nicht Pastor Boegner als Garanten an?«

»Weil er bei den meisten viel weniger bekannt war als der Kardinal, dessen Name die Menschen hinreichend beeindruckte, um uns eine schriftliche elterliche Vollmacht zu erteilen. Das alles mußte sehr schnell gehen, denn bis zur Morgendämmerung mußten wir fertig sein, wenn wir nicht selbst verhaftet werden wollten.«

»Was taten eigentlich die Wachgendarmen während Sie von Block zu Block eilten?«

»Sie werden lachen, die versuchten vergeblich den Stromausfall zu beheben! Draußen vor dem Zaun warteten Busse, die wir buchstäblich mit Kindern vollgestopft haben – überall, wo sich nur ein Plätzchen fand, haben wir sie hingepackt. Auf diese Weise konnten wir in dieser Nacht um die hundert Kinder retten.«

»Und Pastor Boegner war dabei?«

»Nicht persönlich. Er wartete nervös in einem Lyoner Hotelzimmer auf unsere Nachricht... Nun ja, ich brauche bestimmt nicht zu betonen, daß diese Aktion Aufsehen erregte! Die ersten Konsequenzen bekam Kardinal Gerlier zu spüren, den die Behörden verantwortlich machten. Als zweites fiel ein Schatten auf Pater Chaillet, den der Kardinal seinerseits beschuldigte und in einen entlegenen Konvent strafversetzte.«

»Hatte Kardinal Gerlier nicht verstanden, daß es sich um eine humanitäre Aktion handelte? Hätte er nicht Vichy entgegentreten müssen, als man von ihm Sanktionen gegen seine Kirchenleute verlangte?«

»Doch, das hätte er, aber er tat es nicht.«

»Hatten Sie keine Angst in dieser Nacht?«

»Nein. Wir hatten gar nicht die Zeit, uns zu fragen wie wir uns fühlten. Wir mußten uns sehr beeilen, wissen Sie. Wir konnten nicht gemütlich abwarten, bis Laval den Präfekten irgendeinen Befehl erteilte. Später wurden einige aus den beteiligten Gruppen verhaftet. Die verhörten Kameraden gaben an, sie hätten nur gewußt, daß Kinder nicht verhaftet werden dürften und hätten es von daher als selbstverständlich empfunden, sie aus dem Lager herauszunehmen.

Und selbstverständlich gab Laval am folgenden Morgen seinen Präfekten den Befehl, die Kinder auch mit nach Deutschland zu schicken.«

»Können Sie sagen, wieviele Menschen Sie ungefähr mit allen Ihren Aktionen während der Besatzung retteten?«

»Diese Frage wird mir immer wieder gestellt, jüngst vom Bezirksamt des 3. Arrondissements in Paris. Sie wollten wissen, ob man angeben könne, wir hätten alles in allem, also Kinder einbegriffen, 3 500 Menschen gerettet. Doch um ehrlich zu sein, ich habe keine Ahnung. Wir hatten nicht die Zeit, zu zählen oder gar Listen anzulegen. Alles mußte immer sehr schnell geschehen. Vielleicht waren es viele viele Hunderte... 3 500? Ich kann es absolut nicht sagen.«

»Als die Amerikaner und die Russen die Todeslager befreiten, wie war Ihre Reaktion auf das, was Sie erfuhren?«

»Ich war nicht vollkommen überrascht. Wir wußten schon in etwa Bescheid. Wir hatten zwar nicht diese eindeutigen Beweise, doch wir ahnten schon vorher, daß es sehr ernst war. Deshalb hatten wir unsere Aktionen auch verstärkt.«

»Woher wußten Sie, daß es ernst war?«

»Durch meine Reisen nach Genf. Ich hatte dort Freunde, die von Angehörigen der deutschen Botschaft in Genf und des deutschen Generalkonsulats in Bern informiert worden waren. Diese Leute, die die Informationen an meine Schweizer Freunde gaben, identifizierten sich nicht mit dem Massenmord der Nazis. So wußten wir auch Orte und Namen von Lagern – wie Auschwitz,

Dachau und Ravensbrück. Was wir allerdings nicht im einzelnen kannten, das war die unerbittliche Systematik, mit der die Deportierten ermordet wurden.«

»Welcher Eindruck, welches Gefühl oder Bild aus dieser Zeit ist Ihnen am deutlichsten in Erinnerung geblieben?«

»Zwei Dinge vielleicht: Erstens, daß sich ein entsetzliches Verbrechen ereignete. Sechs Millionen Menschen zu ermorden. Sechs Millionen! In Europa! Das ist unvorstellbar und unglaublich im zwanzigsten Jahrhundert. Wie hat es dazu kommen können?... Zweitens, daß viele Deutsche selbst nicht wußten, nicht glaubten oder glauben wollten, Hitler würde so weit gehen, würde die Schwelle zum Unaussprechlichen übertreten.

Die Deutschen zeigten sich nicht sehr beherzt, sie sind den Dingen nicht auf den Grund gegangen. Doch es ist ja bekannt, daß auch sehr viele Franzosen nicht glaubten, Vichy würde eigenmächtig erst deutsche Flüchtlinge internieren und dann Juden.«

»Bis heute lehnt die Mehrheit der Franzosen – sowie alle ihre Regierungen seit dem Zweiten Weltkrieg – es ja ab, zuzugeben, daß es französisch kontrollierte Lager auf französischem Boden gab, in denen Kinder, Frauen und Männer umkamen.«

»Ja, über die Deportation wird geschrieben, über die Résistance (Widerstandsbewegung) erscheinen Bücher, aber über die Unglaublichkeiten von Vichy – kein Wort. Wenn man das alles um jeden Preis ignorieren will, macht man damit letzten Endes das Andenken an alle, die ihr Leben verloren oder es im Kampf aufs Spiel setzten, lächerlich. Ein Volk wächst nur mit seinen Fehlern.«

»Gibt es im Zusammenhang mit dieser Vergangenheit ein bleibendes Bedauern?«

»Oh, ich glaube, wenn wir besser organisiert gewesen wären, hätten wir mehr Menschen retten können. ... Doch auf der anderen Seite, und das klingt vielleicht paradox, konnten unsere Aktionen gerade deshalb gelingen, weil wir ohne einen straffen organisatorischen Rahmen für die Behörden nicht recht faßbar waren.«

»Und was glauben Sie, von heute aus betrachtet, waren die treibenden Kräfte für Ihr Handeln in der Kriegszeit? War es Ihr christlicher Glaube? Oder Ihre Zugehörigkeit zu einem verantwortungsbewußten Teil des französischen Großbürgertums, dessen Bildung und überzeugte republikanische Gesinnung es nicht dulden konnten, daß man auf der Grundlage der Menschenrechte, diejenigen, denen man Asyl gewährt hatte, verhaftete, erniedrigte und sterben ließ?«

»Eine Mischung aus all dem. In jedem Fall war ein Beweggrund damals der Skandal des geheimgehaltenen Artikels 19 im Waffenstillstandsvertrag. Als wir erfuhren, daß Frankreich offiziell Flüchtlinge, denen zuvor politisches Asyl gewährt worden war, an das ›Reich‹ auslieferte, war klar für uns, daß wir das auf keinen Fall hinnehmen konnten.

Ein anderes Moment: In ihrer ganzen Geschichte, zuletzt während der Religionskriege, waren die Protestanten in Frankreich grausam verfolgt worden. Daher rühren Menschen, die verfolgt werden, schon von selbst an das protestantische Gewissen. Zum Schluß noch eine Anmerkung: Anfänglich war unser Handeln nicht, wie oft gesagt wurde, damit begründet, daß es Juden waren, die da verfolgt wurden. Das wußten wir erst später, und erst dann rief dieses Wissen theologische und biblische Echos in uns wach. Wir fühlten uns theologisch den Juden nahe, und außerdem waren in Frankreich die Juden wie die Protestanten vom Katholizismus an den Rand gedrängte Minderheiten.«

Liliane Klein* kam in Straßburg zur Welt. 1939 mußte sie mit ihren Eltern flüchten und fand in Vichy Unterschlupf. Es liegt nahe, daß die Niederlassung der Pétain-Regierung in Vichy sie zu einem neuen Aufbruch veranlaßte. Die Familie zog nach Grenoble, wo sich bereits andere Verwandte befanden.

»Ich war auf dem Weg in ein Pfadfinderlager im Limousin und machte in Vichy, wo ich noch Angehörige besuchte, Station. Dort traf ich auf der Straße Roger Gamzon, den Gründer und Leiter der Israelitischen Aufklärer. Er wies mich an, nach Moissac zu fahren und mich dort bei den ›Aufklärern‹ zu melden. Das

* Liliane Klein ist seit fünfundzwanzig Jahren Präsidentin der »Coopération Féminine« (Frauenkooperative), einem Zusammenschluß innerhalb des »Vereinten Jüdischen Sozialfonds«, der hauptsächlich von ehrenamtlichen Mitarbeiterinnen getragen wird. Das Tätigkeitsfeld reicht von Sozialarbeit unter französisch-jüdischen Frauen über Frauenclubs bis zu Kinderbetreuung und Nachhilfe für Kinder.

war der Beginn einer Bewegung, die sich die ›Sixième‹, die Sechste, nannte und nach Regionen organisiert war. Weil ich in Grenoble wohnte, ging ich schließlich wieder dorthin zurück und wurde Sozialarbeiterin. Unsere Hauptarbeit bestand darin, Verstecke zu finden.

Wir unterhielten Verbindungen zu den anderen Gruppen der ›Sechsten‹. Wir tauschten Ratschläge und Informationen aus. Wir nahmen Jugendliche auf. Unsere Organisation übernahm die Kinder ab fünfzehn Jahren. Bis zu diesem Alter wurden sie von einer anderen Organisation betreut, der O.S.E. (Oeuvre de Secours aux Enfants – Kinderhilfswerk) Die Ereignisse zwangen uns, einen Fall nach dem anderen zu behandeln. Ich habe in Grenoble sehr oft mit der Gemeinde Notre-Dame-de-Sion zusammengearbeitet, die meine Mädchen als Haushaltshilfen in Familien versteckte. Es waren sichere Verstecke, in denen die Mädchen kaum mit der Außenwelt in Berührung kamen. Die Familien waren darüber informiert, wen sie aufnahmen. Die Mädchen bekamen Unterkunft und Essen. Für die Jungen sah es anders aus. Wir mußten sie bei Bauern unterbringen, vor allem diejenigen, die einen starken Akzent von ihren Herkunftsländern mitbrachten. In der Region, für die ich zuständig war, habe ich häufig Jungen bei den ›Compagnons de France‹, dem französischen Gesellenverband versteckt.«

»Aber war das nicht eine von Pétain ins Leben gerufene Bewegung?«

»Ja, das stimmt. Doch viele ihrer Führer waren gleichzeitig in der Widerstandsbewegung aktiv. Da kann ich Ihnen eine schöne Geschichte erzählen: Ich hatte bei einem ›Gesellen‹ einen Jungen namens Jean-Jacques Singer versteckt, dessen richtigen Namen ich selbstverständlich nicht kannte. Er war Österreicher und hatte nicht nur einen starken Akzent, sondern war auch sehr fromm. Eines Tages sagte er bei einem Besuch zu mir: ›Ach, Luciole (das war mein Deckname), ich kann hier schon meine Gebete nicht laut sprechen, und jetzt haben sie mich auch noch zum Schweinehirten gemacht!‹ Dabei schickten sie ihn wegen seines Akzents zum Schweinehüten, damit er möglichst wenig mit anderen reden mußte.«

»Wie organisierten Sie die Betreuung der Kinder? Hatten Sie Listen mit Namen und Verstecken?«

»Nein. Wir hatten das alles im Kopf. Ich besuchte etwa ein Dutzend Kinder persönlich. Es war wichtig, eine dauerhafte Beziehung zu den Jugendlichen herzustellen. Sie waren ja völlig von ihrer Familie abgeschnitten, soweit sie, im günstigsten Fall, noch eine hatten. Wenn immer von den ›Helden des Widerstands‹ geredet wird, wissen Sie, was ich dann sage? Hier, diese Kinder, das waren die wirklichen Helden. Man muß sich vorstellen, sie waren getrennt von ihren Eltern und ziemlich auf sich selbst gestellt in einem fremden Land. Den ganzen Tag über mußten sie aufpassen, sich nicht zu verraten und damit sich selbst und Leute wie mich, die sie betreuten, nicht zu gefährden.«

»Gab es besonders schwierige Zeiten im Jahr?«

»Die großen Feiertage, wie Weihnachten zum Beispiel. Besonders dann, wenn die Kinder in Internaten, Klöstern oder Konventen versteckt waren. Dann mußten sie abgeholt werden, weil diese Kollegien über die Ferien immer schlossen. Unsere Organisation hatte ein Haus in den Bergen gemietet. Ich kann mich noch erinnern, wie wir einmal mit einer Gruppe dorthin fuhren. Ich weiß nicht mehr, mit welcher. Als Losung hatten wir ›Ski- und Rodelferien‹ ausgegeben, wegen der Nachbarn in der Umgebung, die das für irgendein Ferienlager halten sollten. Die Verabredung mit den Jugendlichen war, daß sie vor Eintritt der Dunkelheit wieder zu Hause sein sollten. Da sorgten eines Tages Henry A. und der Österreicher, von dem ich schon erzählte, für eine meiner schlimmsten Aufregungen in dieser Zeit. Sie kamen am Abend nicht zurück. Die Zeit verstrich, ich wußte bald vor Anspannung nicht mehr wohin mit mir. Ich sah sie schon verhaftet... bis sie irgendwann sehr spät doch noch eintrudelten. Aber eins hinter die Ohren konnte ich ihnen da auch nicht mehr geben. Ich war ja kaum älter als sie. Ich schickte sie dann ohne Abendessen ins Bett.

Ich war vor allem darum bemüht, immer in Kontakt mit den Kindern zu bleiben, und ihn nicht einmal für kurze Zeit zu unterbrechen. Für diejenigen, die in Heimen und Internaten waren, spielte ich die ›große Schwester‹, die ihre jüngeren Geschwister besuchte. Sie brauchten alles mögliche – von Kleidung über Seife bis zum Briefpapier... Ich fühlte mich ihren Eltern gegenüber verantwortlich, auch wenn ich sie nicht kannte. Verantwortlich für das Wohlergehen, aber auch für die Identität ihrer Kinder.

Bei den jungen Mädchen, die bei Notre-Dame-de-Sion untergekommen waren, mußte ich besonders aufpassen. Bei ihnen war die Gefahr des Glaubensübertritts besonders groß.«

»War Ihnen bei Ihrer Arbeit bewußt, daß Sie selbst Jüdin sind?«

»Ja, sehr sogar. Ich war ja bei den Israelitischen Aufklärern organisiert. Das war schon der Ort, an dem man seine jüdische Identität stärkte. Unsere Leiter waren religiös oder zionistisch, und Palästina war eines unserer Hauptanliegen. Daher galten meine Anstrengungen, abgesehen von der humanitären Hilfe, sehr stark der Erhaltung der jüdischen Identität.«

»Haben Sie in den Jahren nach dem Krieg nicht manchmal zufrieden sagen können: Kinder haben überlebt und sind heute Frauen und Männer, weil ich damals mein Leben riskiert habe?«

»Nein. Ich habe damals getan, was ich tun mußte und so gut ich konnte. Zufrieden bin ich, wenigstens das getan zu haben.«

In Belgien war der Widerstand gegen Nazideutschland beispielhaft. Hier konnte die Résistance mit ihren Aktionen verhindern, daß 3000 jüdische Kinder in die Konzentrationslager deportiert wurden.

Yvonne Jospa ist eine der Leitfiguren, die diesen Kampf ohne Atempause unerkannt und erfolgreich geführt haben.

»Wir hatten schnell begriffen, daß wir uns verstecken, abtauchen mußten. Aber im Versteck leben und den Ereignissen tatenlos zusehen war uns nicht möglich. Ich entschloß mich also, für die Rettung der Kinder aktiv zu werden – in einer Gruppe, die vom ›Comité de Défense des Juifs‹ (Komitee für die Verteidigung der Juden) gegründet worden war.

Als Sozialarbeiterin wie als Jüdin schien es mir dringend, hier zu helfen. Ich möchte sagen, daß diese Arbeit vielleicht mehr oder weniger gut, aber mit sehr viel gutem Willen getan wurde. Wir hatten eine enorme Verantwortung übernommen, obwohl wir zu diesem Zeitpunkt kein Bewußtsein davon hatten und uns diese Frage auch nicht stellten, denn wir mußten sofort handeln.

Wir hatten nur das Gefühl, etwas Wichtiges zu tun. Wir spürten, daß wir mit den Kindern auch die Zukunft des jüdischen Volkes in Europa retteten. Jedes gerettete Kind war ein Akt des Widerstands, ein Einhalt, den wir der Zerstörung der Nazis boten. Nachts, wenn ich schlaflos im Bett lag, ging ich jede Einzelheit meines Programms für den folgenden Tag noch einmal durch, plante und überlegte die jeweils besten Lösungen für die zu erwartenden Probleme.

Zwei Momente haben unsere Aktionen bestimmt und zum Erfolg geführt: Alle unsere Kinder sollten den Krieg hindurch ein möglichst normales Leben führen und mußten dazu in einer quasi legalen Situation sein. Das erste Moment war also: Unterkünfte bei anderen Familien oder in Heimen und Internaten finden. Das zweite Moment: Die Kinder von ihren leiblichen Eltern trennen.

Ich glaube, den ganzen Krieg über waren es diese beiden Momente, die mein Denken bestimmten: Zu den Eltern hinzugehen und ihr Kind oder ihre Kinder mitzunehmen und einen Platz zu finden, wo sie sicher untergebracht waren. Natürlich fing man mit der Unterkunft an, denn es wäre Unsinn gewesen, ein Kind abzuholen und nicht zu wissen, wohin man es begleitet. Für diese Kindertransfers mußten wir viele sein, damit wir nicht so schnell wiedererkannt wurden, wenn wir mit immer neuen Kindern ›spazierengingen‹.

Jeden Tag von 9 bis 10 Uhr traf ich mich mit der Leiterin des Nationalen Kinderhilfswerks O.N.E. (Oeuvre Nationale de l'Enfance) und besprach mit ihr, welche Plätze ihre Organisation zur Verfügung stellen konnte. Darüber hinaus mußten die bereits in Pflegefamilien und Heimen untergebrachten Kinder betreut werden. Die Pflegeeltern brauchten Geld, die Kinder brauchten Kleidung und anderes. Dabei half uns die Direktorin des Nationalen Kinderhilfswerks: Sie stellte uns Schwestern ihrer Organisation zur Verfügung, die Betreuerdienste übernahmen.

Für mich war das Schwierigste, die jüdischen Familien mit Kindern herauszufinden. Viele Familien lebten versteckt, aber ich hatte zum Glück persönliche Verbindungen zu zwei Gruppen, die sich schon zu Kriegsbeginn dieses Problems angenommen hatten: den ›Jüdischen Partisanen‹ und einer in engagierten katholischen Kreisen eingeführten Person. Mit deren Hilfe entstand nach und nach ein Solidaritätsnetz. Ohne diese Unterstützung hätte ich wohl nicht die Kraft zu diesen Aktionen aufgebracht.

Am einfachsten war mein Kontakt mit den jungen Leuten. Vielleicht aufgrund der Ereignisse oder weil ich nie von Idealen redete, doch sicherlich vor allem, weil es um die Rettung der Kinder ging, reagierten die Menschen positiv auf meine Anfragen. Von sämtlichen Adressen, mit denen ich Verbindung aufnahm – und das waren sehr viele –, antworteten nur drei negativ.

Aber das Schlimmste war für mich, zu den Eltern hinzugehen und ihnen ihr Kind wegzunehmen... Ich konnte nur ein bis zwei Familien pro Tag besuchen, nicht mehr. Mehr wäre mir nicht möglich gewesen. Ich tauchte ja bei Leuten, denen ich völlig fremd war, unangemeldet auf und mußte ihnen ihr Kind wegnehmen.

Der einzige Anhaltspunkt, den ich hatte, war meist das Alter des Kindes, das ich abholen sollte. Ich blieb ein paar Minuten, wußte nicht, was ich ihnen sagen sollte. Ich hatte oft den Eindruck, daß sie den Grund meines Kommens eigentlich nicht verstanden, aber irgendwie auf mein Erscheinen gefaßt waren. In dieser Zeit war man bereit, nach einem Strohhalm zu greifen, um sich daran festzuhalten. Sie ließen mich ein in ihre Vertrautheit wie einen Fremdkörper. Ich wußte kaum, wie ich anfangen sollte, und ich versichere Ihnen, auch wenn ich heute gefragt würde, was ich in diesen Augenblicken dachte, ich wüßte nichts zu antworten. Ich war leer und stumm, mir fiel nichts ein.

Sicherlich hatten die Eltern die gleichen oder ähnliche Gefühle. Das war unser ganzer Kontakt. Diesen Augenblick durchzustehen, wenn man ein Kind, das noch gar nicht begriff, was vorging, einfach mitnehmen mußte.

Da fällt mir mein erstes Kind, ein Junge von fünf Jahren, wieder ein. Ich erzähle Ihnen, wie es mir mit ihm gegangen ist.

Wie hieß er noch gleich?... Ja, er hieß Léon. Aber sein richtiger Name war Leibel und war in Léon umgeändert worden. Das war in Anderlecht. Die Familie hatte nur dieses eine Kind. Als ich ihnen sagte, daß ich Leibel sicher unterbringen könnte, ihnen aber weder den Decknamen noch die Adresse, wo er versteckt sein würde, geben dürfte, setzte plötzlich absolute Stille ein und eine Leere tat sich auf. Gleichzeitig saß das Kind auf dem Fußboden und spielte. Die beiden Eltern standen mir gegenüber. Dann

drehte sich die Frau zur Wand um, sie wollte nichts mehr sehen. Ich sagte zu ihr: ›Hören Sie, wir werden uns treffen und miteinander sprechen, wir müssen doch zusammenhalten... Das Kind ist nicht allein Ihr Kind, es ist unser aller Kind.‹
Sie hat mich angesehen und fing an zu weinen. Da wurde mir klar, daß ich gewonnen hatte. Das war furchtbar. Der Vater musterte mich ernster als die Mutter, schließlich übergab er mir den Jungen. Der Kleine hatte noch nichts begriffen, kam aber mit mir.
Trotzdem war damit noch lange nicht alles ausgestanden. Vor allem mußte man draußen das Kind vom Weinen abhalten. Das war zuweilen sehr schwierig, dieser ganze Weg vom Zuhause des Kindes bis zum Treffpunkt und der Übergabe. Manchmal mußte ich ein Kind auch selbst bis zu seiner neuen Unterkunft bringen und unterwegs noch einiges besorgen, das es brauchte. Auch bei Leibel war das der Fall, und ich lief mit ihm so unauffällig wie möglich durch die Straßen.
Es war ausschlaggebend, daß er nicht weinte. Aber der Überlebensinstinkt ist doch sehr groß, und so hielt er mich ganz fest an der Hand, obwohl er überhaupt nicht wußte, was da geschah. Und ich erzählte ihm von diesem und jenem und lobte ihn zwischendurch. ›Du bist aber lieb, daß du mir hilfst, deine Sachen zu tragen.‹
Gerade jetzt, da ich davon spreche, wird mir wieder bewußt, daß ich in diesen Momenten die größte Angst ausstand. Ich wußte ja nicht, wie das Kind reagieren würde, und mir wurde abwechselnd heiß und kalt. Das war der gefährlichste Augenblick.
Wir sind direkt zum Bahnhof gegangen und nahmen einen Zug in Richtung Namur und Le Hainaut, ich weiß heute nicht mehr, wo genau ich mit ihm aussteigen mußte. Wir kletterten in unseren Zug, und ich sagte zu ihm: ›Weißt du was, ich habe einen neuen Namen für dich. Von jetzt an heißt du Léon, das ist kürzer als Leibel.‹ Er gab zurück: ›Aber ich bin Leibel. Ich heiße Leibel.‹ ›Ja, gewiß bist du Leibel. Aber ab jetzt bist du Léon. Für mich bist du Léon.‹ Da gab es eine kleine Diskussion, der Kleine verstand nicht, was ich von ihm wollte und wehrte sich ein wenig. Bald saßen wir auf unseren Bankplätzen in einem stillen Eckchen, das ich ausgesucht hatte. Um uns herum im Waggon gab es nur noch drei oder vier Leute.

Ich wollte ihn ablenken und erzählte ihm eine Geschichte von einem kleinen Jungen, der Léon hieß. Das Kind hörte mir aufmerksam zu. Ich hatte Bonbons dabei und gab ihm einen (wir hatten immer welche dabei). Er betrachtete mich, und ich erzählte weiter: ›Ich habe auch schon von Léon geträumt. Der war genau wie du...‹ So unterhielt ich ihn, und schließlich ging alles gut. Als die Dame am anderen Ende der Bank von der Toilette zurückkam, wandte sie sich uns zu und sagte: ›Was für ein netter kleiner Junge, wie heißt du denn?‹ (Sie fragte das in aller Unschuld). Und der Kleine: ›Léon. Ich heiße Léon.‹

Ja, so war das. Spricht das nicht für Überlebensinstinkt?«

»Glauben Sie, er hatte verstanden?«

»Nein, verstanden hatte er das nicht. Er merkte etwas, ahnte vielleicht, worum es ging... Ich brachte den Kleinen also zu seiner Pflegefamilie und mußte dann gleich weggehen. Die Familie hatte schon ein Mädchen von neun Jahren und nahm den Jungen sehr gut auf. Er war noch klein und hat sich gut integriert. Unglücklicherweise überlebten seine beiden Eltern den Krieg nicht, und ein Onkel wollte Leibel nach der Befreiung zu sich holen. Um das Kind wurde gestritten, es gab ein regelrechtes Drama, wie es leider noch häufiger vorkam.

Doch zurück zu diesem Tag. Ich mußte wieder zum Zug, mein Programm ging noch weiter. Ich mußte zum Büro in der Rue de la Brasserie, das uns von der Frau des Präsidenten der ›Société des Droits de l'Homme‹ (Gesellschaft für Menschenrechte) zur Verfügung gestellt worden war. Offiziell handelte es sich um einen Laden für gebrauchte Kleidung, in dem reger Publikumsverkehr ganz normal war und wo wir vor allem unsere Kleidervorräte für die Kinder zwischenlagern konnten. Und diese Kleidungsstücke wiederum wurden uns vom Nationalen Kinderhilfswerk und vom Winterhilfswerk zur Verfügung gestellt. Das Winterhilfswerk war eine von den Nazis ins Leben gerufene Abteilung der öffentlichen Wohlfahrt, die demonstrieren sollte, wie Hitler die belgische Bevölkerung versorgte. Wir hatten in dieser Organisation aber Sympathisanten, durch die wir Kleidung und alles, was wir für die Kinder brauchten, bekamen.

An diesem Tag mußte ich im Büro noch meinen Tagesbericht hinterlassen, zum Schluß noch die Namen der Kinder, ihre Decknamen und Anschriften in ein je separates Heft eintragen.

Diese Hefte wurden auch an verschiedenen Orten aufbewahrt. So entstand keine verfängliche Information für den Fall, daß sie entdeckt würden.

Außerdem hatte ich noch einen Termin, der mit einer schlimmen Geschichte zusammenhing. Wir hatten zwei junge Mädchen untergebracht, eine von beiden war ganz hinreißend. Als ich sie zum erstenmal sah, dachte ich spontan, das ist Rachel, die Rachel aus der biblischen Geschichte mit ihren dicken Zöpfen, den großen Augen ... also sie entsprach völlig dem Bild, das ich mir von Rachel machte. Die andere, ein hübsches Mädchen von vielleicht elf, zwölf Jahren. Wir hatten für die beiden noch keine endgültige Unterkunft gefunden, also nahm ich sie mit in das Prinz-Charles-Sanatorium in Auderghem, bis etwas Endgültiges feststand. Es war die Zeit um Jom Kippur und Rosch ha-Schana. Eine der beiden war die Tochter des Küsters von der Synagoge in der Rue de la Régence in Brüssel. Er fand heraus, wo das Mädchen untergebracht war, ging zur Oberschwester des Sanatoriums und bat sie inständig, seine Tochter nur über die Feiertage mitnehmen zu dürfen. Obwohl die Schwester wußte, daß Eltern und Kinder keinen Kontakt haben durften, ließ sie das Mädchen mit dem Vater nach Hause gehen, weil sie von den Bitten des Mannes angerührt war. Nun ja, genau in diesen acht Tagen war die Gestapo gekommen und hatte die Eltern und das Kind zusammen verhaftet.

Aus solchen Gründen gab es bei uns die strikte Regel, sowohl für die Pflegefamilien, die Heim- und Internatsleitungen, als auch für die Kinder und deren leibliche Eltern: Kein Kontakt, keine Briefe! Aber die Größeren brachen immer wieder ihr Wort und schrieben trotzdem. Das war ein ernstes Problem.

Doch es gab auch positive Beispiele: Pater André kümmerte sich um die größeren Jungen zwischen fünfzehn und achtzehn Jahren. Das war nicht einfach, denn immer wieder setzten sie sich mit ihren Eltern in Verbindung und schrieben ihnen. Irgendwann kam dann keine Antwort mehr, und sie begriffen, was geschehen war. Das war dann der Moment, in dem sie vor Pater André hintraten und kategorisch erklärten, sie wollten sich dem bewaffneten Kampf anschließen. Lieber sterben, wie ihre Eltern, als tatenlos im Versteck sitzen. Sie wollten unbedingt etwas tun. Pater André schickte nach mir, er wußte nicht mehr, was er machen sollte. Gewiß, sie waren keine Kinder mehr, und er konnte ihnen nicht verbieten zu gehen...

Das war um Neujahr herum, wenn ich mich richtig erinnere. Ich ging hin, und wir setzten uns im Souterrain eines Hauses zusammen und kamen miteinander ins Gespräch. Ich erzählte ihnen vom Widerstand, von den Aktionen, die wir machten. Ich versuchte ihnen zu zeigen, daß auch das, was wir zusammen taten, Widerstand war... Ich habe eine ganze Ansprache improvisiert, Worte, die mir auf der Zunge lagen. Wir haben weiterdiskutiert bis drei Uhr nachts. Ich sprach nicht von ihren Problemen, sondern überging das und sagte ihnen: ›Es gibt die vielen kleinen Kinder, die jetzt ein, zwei oder fünf Jahre alt sind und keine Ahnung haben, was hier geschieht. Sie brauchen euch eines Tages und eure Berichte, um es überhaupt zu erfahren...‹ Als ich am Morgen mit dem ersten Zug losfuhr, hatten sie sich soweit beruhigt; das hat mich ermutigt. Ich fühlte mich stark genug, die ganze Welt auf den Kopf zu stellen. Ja, diese Jugendlichen brauchten mehr als Geld für ihren Unterhalt, Kleidung undsoweiter, vor allem auch, weil Pater André sehr aufpaßte, daß es keine Zeitungen und Informationen gab.

Manche Fälle waren wirklich schwierig. Wie etwa in bestimmten katholischen Institutionen, wo die Kinder verpflichtet wurden, die Gebete mitzusprechen, zur Beichte zu gehen und zum Übertritt bewogen werden sollten. Einige beklagten sich bei unseren Besuchen darüber. Wir versuchten den Oberinnen und Leitern die Lage zu erklären, aber manchmal verstanden sie absolut nichts, und wir mußten für die Kinder andere Plätze finden.

Ich kann mich noch an einen Jungen erinnern, den wir aus solchen Gründen verlegen mußten. Als ich mit ihm zu seiner neuen Unterkunft kam, sagte der Heimleiter zu ihm: ›Also bei uns ist das so: Alle müssen bei uns beten, und du auch. Aber wir sagen unsere Gebete und du sagst deine. Über uns gibt es nur einen Gott.‹ Und der Kleine lächelte und war erleichtert.

Doch nicht alle waren so verständnisvoll wie dieser Geistliche. Im Gegenteil. Ein schlimmer Fall war folgender: Wir hatten eines Tages etwa fünfzehn junge Mädchen zwischen vierzehn und sechzehn Jahren auf einmal unterzubringen. Glücklicherweise gab es die Christliche Arbeiterjugend J.O.C. (Jeunesse

Ouvrière Chrétienne), die ein großes Haus mit Kantine unterhielt. Sie stellte uns die erste Etage als Übergangsquartier zur Verfügung, wo die Kinder übernachten konnten, bis sie in ihre neue Familie oder ein Heim gebracht wurden. Um diesen fünfzehn jungen Mädchen nun ein neues Zuhause zu bereiten, hatten wir einen Konvent in der Nähe von Mons ausfindig gemacht. Alle fünfzehn mußten also – unauffällig – dorthin, in die Nähe der französischen Grenze gebracht werden. Das war nicht gerade wenig bei fünfzehn Mädchen in diesem Alter! Sie verteilten sich auf verschiedene Waggons, und ich weiß heute nicht mehr, wie das alles so selbstverständlich geklappt hat – ohne Aufregung und ohne die Nerven zu verlieren.

Aber dann! Zwei Tage nach dieser Expedition kam ein Anruf aus diesem Konvent. Die Mädchen könnten dort nicht bleiben. Sie fügten sich nicht ein. Also standen wir wieder da mit den fünfzehn jungen Mädchen und wußten nicht, wohin mit ihnen. Ich war niedergeschmettert, denn sie alle schnell unterzubringen, selbst in Familien, war wirklich nicht leicht.

Als ich in diesem Konvent ankam, um sie alle wieder mitzunehmen, fragte ich die Oberin, und sie antwortete mir: ›Aber sie weigern sich absolut, die Gebete zu sprechen!‹ Was für eine boshafte Person! Sie hatte nichts begriffen. Ich sagte, es sei mein Eindruck gewesen, daß sie die Mädchen doch aus christlicher Nächstenliebe heraus aufgenommen hätte, und sie: ›Aber die haben doch alles, was sie brauchen.‹

Na gut, das war ein harter Schlag, das kam eben auch vor... Dann hieß es wieder, sofort handeln, etwas unternehmen, und manchmal wußte man nicht einmal mehr genau, was.

Es ist heute, nach so vielen Jahren unmöglich, genauer die Probleme und Schwierigkeiten zu schildern oder auch die Ermutigungen, die uns jeden Tag begegneten. Oft gab uns eine Kleinigkeit schon wieder Mut und Hoffnung.

Als die vielen Journalisten nach dem Krieg vor allem und immer wieder wissen wollten, ob wir Angst hatten, habe ich mich sehr über ihr Nachhaken geärgert. Meine Güte, woher hätten wir überhaupt die Zeit nehmen sollen, uns unserer Angst zu widmen? Danach, oft erst sehr viel später, haben wir manchmal Angst bekommen.

Nach dem Krieg sah alles anders aus... Wie überall wurde dann

viel über die Résistance geredet und geschrieben, auch über den mangelnden Widerstand, gewiß. Ob es Verräter unter uns gab? Ich denke, daß das belgische Volk als solches widerständig war. Vielleicht nicht mit der Waffe in der Hand, sondern mit kleinen alltäglichen Gesten und Taten.
Zum Beispiel hatten wir eines Tages völlig unvermittelt 150 Kinder unterzubringen und wußten nicht wo. Ich wohnte an der Chaussee Watterloo und mußte mit der ersten Straßenbahn so früh wie möglich zum Leopold-Bahnhof gelangen. Ich muß sagen, ich hatte in der Nacht kaum geschlafen.
»Wie kam es, daß mit einem Mal so viele Kinder untergebracht werden mußten?«
»Nach den großen Razzien in Anderlecht und anderen Städten waren plötzlich viel mehr Kinder als normalerweise zusammengekommen, und wir waren dafür verantwortlich, sie in Sicherheit zu bringen. Es war nicht möglich, nach und nach für so viele Kinder Pflegefamilien zu finden. Und dort, wo sie vorübergehend untergekommen waren, konnten sie nicht auf Dauer bleiben. So mußten wir eine Lösung großen Stils finden. Da erfuhren wir vom Winterhilfswerk, daß dort eine große Kinder-Landverschickung in Vorbereitung war, die unter der Parole ›Bauern helfen Stadtkindern‹ 400 Brüsseler Kinder über den Sommer in Gastfamilien aufs Land entsandte. Es würde eine große Abschiedsveranstaltung mit Musik und Tamtam auf dem Bahnhof geben. Und wir nahmen die Gelegenheit wahr, unsere Kindergruppe dabei unterzubringen, damit waren es 550 Kinder. Wir hatten allerdings nicht mehr die Zeit, die gastgebenden Familien zu informieren, daß sie auch jüdische Kinder aufnahmen. Wir konnten gerade noch die Ausweispapiere für die vielen Kinder vorbereiten.«
»Ich habe den Eindruck, daß diese Aktion aber doch nicht ganz ungefährlich war, denn das Winterhilfswerk wurde schließlich von den Nazis gesteuert. Es hätte gut sein können, daß die Bauernfamilien die jüdischen Kinder abgelehnt hätten.«
»Ich verstehe, was Sie meinen. Aber das war nicht der Fall. Diese Leute wollten einfach Kindern aus den ärmeren Stadtteilen, die schlecht zu essen bekamen, helfen. Es ging ihnen um die Kinder, egal welche, die sie für zwei, drei Monate auffüttern wollten.«

»Also wirkliche Großzügigkeit?«
»Ja, wirkliche Solidarität. Nun bestand am Morgen der Abfahrt für unsere Organisation die Aufgabe darin, die 150 Kinder unauffällig unter die anderen 400 zu mischen. Dazu mußten wir so früh wie möglich am Bahnhof sein, um die Eltern schnell wegzuschicken, bevor die anderen Kinder alle da waren.
Ich erinnere mich an einen gewissen Yankel Christer in unserer Gruppe, einen rothaarigen jungen Mann und fantastischen Kerl. Er verbreitete unter der Hand bei den Kindern eine regelrechte Feststimmung am Bahnhof, und die meisten Erwachsenen verstanden es und gingen sofort weg. Er hat es dann unauffällig geschafft, daß auch die letzten Begleitpersonen den Bahnhof verließen, während die Kinder ganz selbstverständlich in den Zug einstiegen und mit den anderen Kindern zusammen abfuhren. Einige Organisatoren des Winterhilfswerks wußten Bescheid. So blieb nur noch das Problem der uninformierten Gastgeberfamilien.
Erst später, als die Kinder schon bei ihren Gastgebern waren, sind wir überall hingegangen und haben ihnen die Lage erklärt.«
»Sie haben alle Familien auf dem Land besucht und sie informiert?«
»Ja, wir sind zu den Leuten hingegangen, und es gab kein einziges Kind, das abgelehnt worden wäre! Als wir später definitive Unterkünfte gefunden hatten, waren viele Familien sogar traurig, ihre kleinen Gäste wieder zu verabschieden. Übrigens gab es viele, die sich entschlossen, die Kinder bis zum Kriegsende bei sich zu behalten.
Aber ich will auf meine Geschichte zurückkommen. An diesem frühen Morgen war es für mich also dringend, sehr früh am Leopold-Bahnhof zu sein. Ich nahm gleich die erste Straßenbahn nach der Sperrstunde. Ich kann nicht mehr genau sagen, wieviele Haltestellen es von meiner Wohnung bis zum Bahnhof waren. Ich postierte mich in der Nähe des Straßenbahnfahrers. Wir haben uns nicht angesehen, ich sagte leise zwischen den Zähnen: ›Ich muß unbedingt ganz schnell am Bahnhof sein.‹ Er fuhr daraufhin an zwei oder drei Haltestellen einfach durch, um Zeit zu gewinnen. Ich weiß nicht einmal mehr, ob ich mich überhaupt bedankte, als ich ausstieg.

Ich erzähle Ihnen das nur als Beispiel. Wie sollte man diese Geste anders nennen, als ›Widerstand‹? Diesen Willen, etwas zu tun … Und keine der Gastgeberfamilien hatte Nein gesagt.
Von allen Kindern, die wir versteckt hatten, wurde übrigens kein einziges verhaftet. Sicherlich verdankte sich das nicht zuletzt auch unserer Art der Organisation. Wir waren, glaube ich, die einzigen, die auf diese Weise arbeiteten.

Manche Menschen fanden die unglaublichsten Mittel und Wege, um Juden und insbesondere jüdische Kinder zu retten.
In Annemasse trabte eine Jugendfußballmannschaft zusammen mit ihrem Trainer in Shorts und Hemden fröhlich zum Fußballplatz. Dieser Platz lag genau an dem Zaun, der Frankreich von der Schweiz trennte. Während des Fußballtrainings verschwanden nach und nach immer vier bis fünf Kinder oder Jugendliche unauffällig durch den Zaun auf die andere Seite, wo sie abgeholt wurden.
Am nächsten Tag, manchmal auch aus Vorsicht ein paar Tage später, ging das »Spiel« von neuem los. »Ich hatte mir diese Vorgehensweise ausgedacht, weil mir der Sport sozusagen auf den Leib geschrieben war«, sagt Georges Loinger, der für den Grenztransfer von Kindern für die Region Annemasse verantwortlich war. »Als Sportlehrer wirkte ich weder besonders auffällig noch lächerlich mit einem Ball in der Hand.«

31. Mai 1944. Ein Kleintransporter mit Plane, in dem 28 jüdische Kinder von vier bis sechzehn Jahren, zusammen mit ihrer Begleiterin saßen, steuerte auf die schweizerische Grenze zu. Die Kinder sollten heimlich in die Schweiz einreisen. Sie waren etwa noch 200 Meter davon entfernt, als plötzlich eine deutsche Patrouille vor dem Fahrzeug auftauchte. Léon H. war fünfzehn Jahre alt, er war mit seinem kleinen Bruder aus Limoges gekommen. Er kann sich noch genau an den Moment erinnern, als das Fahrzeug angehalten wurde.
»Wir hatten alle ziemliche Angst. Die Größeren beruhigten die Kleineren. Eilige Schritte kamen um das Auto herum. Dann wurde mit einer abrupten Bewegung die Plane hochgeschlagen. Dann das Blendlicht von der Taschenlampe des Soldaten, das werde ich nie vergessen! Er leuchtete unsere Gesichter einzeln

ab, und bevor er die Plane wieder herunterschlug, schrie er: ›Juden!‹

Ich glaube durch die ganze Gruppe lief das gleiche Zittern. Die Deutschen hießen uns aussteigen und luden uns auf einen anderen Lastwagen. Sie brachten uns nach Annecy. Unsere ganze Gruppe verbrachte die Nacht im Quartier der Gestapo. Einer nach dem anderen wurden wir verhört. Der Offizier, der die Fragen stellte, ohrfeigte uns und schlug auch mit der Faust zu.«

»Auch bei den kleineren Kindern?«

»Ich glaube ja, auch bei den Kleinen. Der Nazi hatte gemerkt, daß alle, oder fast alle Kinder deutsch konnten und fragte uns in dieser Sprache. Als wir nicht antworteten, schlug er zu.«

»Welche Fragen wurden Ihnen beim Verhör gestellt?«

»›Seid ihr Juden? Sind alle Kinder Juden?‹ Ohne uns davon zu verständigen, antworteten einige der Größeren, daß sie selbst jüdisch wären, aber die anderen nicht. Das war naiv. Dann haben sie uns in derselben Nacht noch nach Annemasse zurückgebracht, wo die ganze Gruppe zunächst im ehemaligen Hotel Pax, das zum Gefängnis umgewandelt worden war, interniert wurde.«

Jean Deffaugt, der Bürgermeister von Annemasse, ging sofort, als er von dieser Gefangennahme erfuhr, zum Gestapochef Georg Meyer, um die Deportation der Kinder zu verhindern.

Über Jean Deffaugt schrieb Emmanuel Haymon in der Zeitschrift »Historia«:

Von der Vichy-Regierung zum Bürgermeister ernannt, war Deffaugt ein rundlicher, jovialer Provinzmensch, bei dem niemand eine heimliche Entschlossenheit vermutet hätte. Zum Widerstand war er beinahe zufällig gekommen. Ein Nachbar, der Apotheker, wandte sich eines abends an ihn: »Ich glaube, Sie können einige wichtige Auskünfte geben.« Deffaugt unterstützte in der Folge die Widerstandskämpfer im Hochsavoien bis zur Befreiung und organisierte mit unermüdlicher Ausdauer die Rettung von Gefangenen aus dem Hotel Pax.

An jenem Tag erreichte Deffaugt beim Gestapochef die Teilung der Kindergruppe. Die Kleineren würden in ein Kolleg am Stadtrand gebracht, die Großen blieben zusammen mit ihrer Begleiterin Marianne Cohn im Hotel Pax gefangen.

Die junge Frau, unter dem Decknamen Marianne Colin in der

Widerstandsbewegung tätig, war 1922 in Mannheim geboren. 1934 war sie mit ihrer Familie nach Spanien emigriert, 1939 dann nach Frankreich. Ihre Eltern waren verhaftet worden und wie so viele deutsche Juden in Gurs interniert. Marianne war in Moissac zu den Israelitischen Aufklärern gestoßen. Während der Invasion der bis dahin unbesetzten Südzone schlug sie sich nach Grenoble durch und trat in den dortigen jüdischen Widerstand ein.

Léon H. hat das junge Mädchen, das nur wenig älter war als er selbst, nicht vergessen – ihr offenes Lächeln und ihren unermüdlichen Optimismus. »Sie hat uns alle wieder aufgerichtet, uns Mut gemacht. Sie sagte immer, wir würden es schaffen, wir würden standhalten. Manchmal versammelte sie uns alle in einer Zelle, und dann sangen wir gemeinsam.«

»Wurde sie auch bei den Verhören geschlagen?«

»Sicher. Nur muß ich dazu sagen, ich erinnere mich nicht, daß ich sie einmal mit wackligen Knien oder deutlichen Verletzungen im Gesicht zurückkommen sah. Aber bestimmt wurde sie auch geschlagen.

Wir hatten große Angst vor dem Nazi. Er hatte eine Glatze, blaue Augen und trug immer eine Peitsche bei sich. Lange nach dem Krieg erfuhr ich, daß er Mensold hieß. Ein anderer Wachsoldat im Hotel Pax wurde von uns ›Tartar‹ genannt, und ich weiß nicht einmal mehr, warum. Ich nehme an, er sah so aus. Das Gefängnis versetzte uns in Angst und Schrecken.

Im Hotel Pax wurden auch Widerstandskämpfer von Mensold und anderen Nazis gefoltert. Die Zellen waren Bretterverschläge. Durch die Ritzen konnten wir sehen, was in angrenzenden Zellen geschah. Ich habe Leute nach Verhör und Folter zurückkommen sehen, und das war nicht sehr schön. Wir konnten auch die Schmerzensschreie hören. Wir hatten große Angst. Zum Glück war Marianne da.«

»Wurden auch Sie weiter verhört?«

»Ja. An die Fragen erinnere ich mich nicht mehr. Sie ohrfeigten uns ab und zu. Ein Mitgefangener in unserem Alter wurde schwer zusammengeschlagen, aber den Anlaß dazu weiß ich nicht mehr. Seit über vierzig Jahren habe ich die Zeit im Hotel Pax in die hinterste Ecke meines Gedächtnisses verbannt. Ich habe versucht zu leben wie andere Menschen.«

Draußen war unterdes alles in Bewegung. Emmanuel Racine, Verantwortlicher für die jüdischen Widerstandsgruppen der Region und mit Marianne befreundet, traf sich mit Jean Deffaugt. Ein Fluchtplan für Marianne wurde entwickelt. Die junge Frau sollte eine Krankheit vortäuschen, um ins Krankenhaus zu kommen. Dort suchte Deffaugt sie auf – mit Mensolds Erlaubnis – und informierte sie über den Plan. Doch sie lehnte es kategorisch ab, die Jugendlichen im Gefängnis allein zu lassen. Sie gab Jean Deffaugt eine Nachricht an Emmanuel Racine mit: »Du weißt, ich hatte genug Zeit zum Überlegen, aber ich bedaure nichts und würde immer wieder so handeln.«
Auch wenn sie sich, wie Jean Deffaugt in seinen Lebenserinnerungen schreibt, keine Sekunde über ihr bevorstehendes Schicksal Illusionen machte, galt ihre einzige Sorge den Kindern und Jugendlichen. Sie drängte den Bürgermeister von Annemasse, so schnell wie möglich etwas für die im Gefängnis verbliebene Gruppe zu tun. Daraufhin entspann sich zwischen dem jüdischen und örtlichen Widerstand einerseits und Mensold andererseits ein Machtkampf. Georges Loinger erinnert sich an ein Wort Racines zu Deffaugt, als es um Mensold ging: »Wenn er den Kindern etwas tut, dann ist sein Leben zu Ende.«
Jean Deffaugts Schachzüge und die Drohungen verschiedener Widerstandsgruppen in einem Moment, in dem die Deutschen ihr Ende näherrücken sahen, bewirkten die Freilassung der Jugendlichen am 7. Juli 1944. Man brachte sie sofort in die Schweiz, und dabei machten die Schweizer Grenzbeamten einmal keinerlei Schwierigkeiten.
Am 8. Juli 1944 wurden Marianne Cohn und fünf andere Widerstandskämpfer nachts in einen Wald bei Ville-la-Grande gebracht, ein paar Kilometer von Annemasse entfernt. Sie wurden ausnahmslos umgebracht. Marianne Cohn wurde vergewaltigt, mit Stiefeltritten traktiert und durch einen Kopfschuß getötet.

Am 4. März 1982 erklärte der Präsident der Republik Frankreich, Francois Mittérrand, am Institut von Yad Vashem, der Forschungs-und Gedenkstätte für die Opfer der Shoah, in Jerusalem: »Wir werden jetzt den Garten für Marianne Cohn betreten. Diese junge Frau, die selbst fast noch Kind war, hat ihr Leben dafür geopfert, daß Kinder überleben konnten. Ich wünsche

uns allen, daß die Nennung ihres Namens immer wieder die Botschaft ihres Mutes ungeschmälert zu Gehör bringen wird. Im Namen Frankreichs werde ich mich dafür einsetzen.«
Marianne Cohn hatte sich nicht gescheut, ihren Peinigern ins Gesicht zu schleudern: »Ich habe mehr als 200 Kinder gerettet, und wenn ich wieder frei wäre, würde ich genau dasselbe wieder tun! Davon kann mich nichts abhalten.«
Während ihrer Gefangenschaft in der Zelle in Annemasse schrieb sie ein Gedicht, dessen Worte uns noch heute betroffen machen:

Verraten werd' ich morgen, heute nicht.
Reißt mir die Nägel aus,
Ich sage nichts.
Wie weit mein Mut reicht, wißt ihr nicht,
Ich weiß es.

Ihr seid fünf harte Hände und beringt,
An euren Füßen Stiefel, neu beschlagen.
Verraten werd' ich morgen, heute nicht.
Erst morgen.

Ich brauche eine Nacht, mich zu entscheiden.
Ich brauch' nicht weniger als eine ganze Nacht,
Zum Leugnen, Abschwörn, zum Verrat.
Um meine Freunde zu verleugnen,
Um abzuschwören Brot und Wein,
das Leben zu verraten
und zu sterben.

Verraten werd' ich morgen, heute nicht.
Die Feile unterm Stein
ist nicht für Gitter da,
ist nicht für Henker da,
sie ist für meine Faust.
Heut hab' ich nichts zu sagen,
verraten werd' ich morgen.

Trotz der bewundernswerten Solidarität Einzelner, die Kinder retteten und trotz des tapferen Widerstands von protestantischen, katholischen, kommunistischen und jüdischen Organisationen sowie den Gruppen des bewaffneten Widerstands, wurden noch eine Million und fünfhunderttausend jüdische Kinder verhaftet und in die Konzentrationslager deportiert. Sie starben an Hunger, Entkräftung und in den Gaskammern.
Es blieb ihnen nichts erspart. Mit derselben Brutalität wie die Erwachsenen wurden sie unter Tritten, Prügeln mit Gewehrkolben und Peitschenhieben in die Viehwaggons getrieben. Und drinnen blieben sie genau wie die Erwachsenen mit Stroh auf dem Boden, ohne Trinkwasser und mit mangelhafter Luftzufuhr oft mehrere Tage und Nächte eingesperrt, bis zur Ankunft in den Todeslagern.
In den Lagern wurde ihnen ihre Kleidung abgenommen. Sie wurde gewaschen und nach Deutschland geschickt – für die Kinder deutscher Soldaten.

Serge Klarsfeld hat die Tragödie der Kinder von Izieux für die Geschichte festgehalten.
Izieux war ein großes Ferienlager und wurde 1944 Teil einer großen Rettungsaktion, an der mehrere Organisationen, darunter das französische Kinderhilfswerk O.S.E., beteiligt waren.
Der 6. April 1944 war Gründonnerstag, das Wetter war wunderschön. Um 9 Uhr morgens tauchten plötzlich zwei große Lastwagen, begleitet von zwei Zivilfahrzeugen, vor dem Ferienheim auf. Soldaten sprangen aus den Lastwagen, Zivilbeamte stiegen aus den Autos. Niemand hatte an einem Gründonnerstag mit Derartigem gerechnet. Im Gegensatz zu anderen Tagen hatte niemand in der Anlage Wache gestanden. Die Deutschen waren so schnell, daß nicht einmal Zeit blieb, die Alarmglocke zu läuten, damit die Kinder in die Umgebung hätten fliehen können.
Noch am selben Tag wurden die Kinder im Fort Montluc in Lyon interniert und einzeln verhört. Dann wurden sie nach Drancy gebracht, und am 13. April von dort aus mit dem 71. Transport nach Auschwitz. Keines der Kinder überlebte.

In seinem Buch »Les Juifs sous l'Occupation« (Die Juden in der Besatzungszeit) schreibt André Kaspi:

Der Höhepunkt der Verzweiflung war in der zweiten Augusthälfte erreicht. Ab da begann man das Ausmaß des Völkermordes zu erfassen. Denn von diesem Zeitpunkt an wurden auch die Kinder zwischen zwei und zwölf Jahren, die noch einen Monat zuvor von ihren Eltern getrennt worden waren, aus den Lagern von Pithiviers und Beaune-la-Rolande deportiert.

Kaspi erinnert auch an den vielzitierten Bericht von Georges Wellers:

Sie wurden im Hof wie kleine Tiere aus den Autobussen getrieben. Auf den Perrons standen Zivilpolizisten, die Stacheldrahtzäune wurden von Gendarmen bewacht. Die meisten Gendarmen versteckten ihre Betroffenheit nicht, auch die Abscheu vor der Arbeit, die sie da zu tun hatten, war ihnen anzusehen.

Die Kinder kamen aus den Bussen, und sofort nahmen die Größeren die Kleineren an die Hand und ließen sie für den ganzen Weg bis zu den Schlafsälen nicht mehr los. Auf den Treppen nahmen die Älteren oft die Kleinen auf die Arme oder Schultern und stiegen mit ihnen bis in den vierten Stock. Dort blieben sie wie eine verängstigte Herde dicht beisammen und zögerten lange, bis sie sich auf die vor Schmutz starrenden Matratzen zu setzen wagten. Die meisten wußten nicht mehr, wo sie ihr Gepäck gelassen hatten, und die wenigen, die beim Aussteigen geistesgegenwärtig ihr Bündel schnappten, waren damit jetzt nur belastet.

Währenddessen wurden auf dem Hof alle möglichen Bündel und Päckchen auf einen Haufen geworfen. Dann kamen die Kinder herunter und fingen an, nach ihren Habseligkeiten zu suchen. Die kleinen Packen ohne Namen waren kaum voneinander zu unterscheiden. Kinder von vier, fünf Jahren gingen lange die Reihen ab und dachten jeden Moment, sie hätten ihr Päckchen schon gefunden. Dann prüften sie schnell den Inhalt und waren ganz verblüfft, eine Hose oder ein Kleid in Händen zu halten, das ihnen nicht gehörte. Entmutigt verharrten sie einen Moment, rafften sich dann aber wieder auf und suchten weiter.

Es gab keinerlei Auseinandersetzungen, keinerlei Streitereien. Im Gegenteil, sie halfen sich gegenseitig auf viele verschiedene

Arten, was für den, der zusehen mußte, immer tief berührend bleibt. Nach vielen ergebnislosen Versuchen ließen sie den Haufen Haufen sein und standen eine Zeitlang ratlos im Hof. Diejenigen, die in die Schlafsäle zurückgehen wollten, hatten oft vergessen, zu welchem sie gehörten. Dann kamen sie sehr höflich heran und fragten mit bittender Stimme: »Monsieur, ich weiß nicht mehr, in welchem Saal meine kleine Schwester geblieben ist, und ich glaube, sie hat Angst, da allein zu bleiben.« Dann nahm man auch die Größeren an die Hand und ging mit ihnen von Raum zu Raum, bis die kleine Schwester oder der kleine Bruder wiedergefunden waren. Sie begrüßten sich dann mit einer Zärtlichkeit, wie nur Kinder im Unglück sie zu kennen scheinen.

Die Befreiung

Die sehnlich erwartete Befreiung ließ Tür und Riegel aufspringen. Endlich war die Zeit des Eingesperrtseins vorbei. Gewiß, man blinzelte mit den Lidern angesichts des blendenden Sonnenlichts, und die ersten Schritte unternahm man nur zögerlich. Dann ging plötzlich alles zu schnell. Der Übergang von der Helligkeit in das Dunkel hatte sich in dem größten Durcheinander des Rette-sich-wer-kann vollzogen, und in der Zeit des Verstecktseins quälte sich das Kind mit der Vergangenheit.

T. G. sah ihren Vater beim Kinderheim ankommen. Er kam sie abholen.
»Ich sehe mich wieder eine Allee zwischen zwei Reihen hoher Bäume entlanggehen. Ich begriff nicht, warum mein Vater nicht vor Freude überschäumte. Ich erwartete einfach einen derartigen Ausbruch. Endlich in Freiheit! Raus aus dem Heim, meine Mutter wiedersehen, nach Hause gehen... Auf dem Heimweg fragte ich ihn andauernd: ›Wo ist Mama?‹ Als wir in unserer Straße und zu Hause angekommen waren, stand da eine Dame mit dem Rücken zu mir. Ich glaubte, es sei meine Mutter. Ich lief zu ihr hin und rief: ›Mama, Mama!‹ Sie drehte sich um, und ich sah, daß es sich um eine Nachbarin handelte. Ich fühlte mich verloren. Ich konnte nicht verstehen, daß meine Mutter nicht da war. Die Nachbarin bemerkte meine Not. Sie wandte sich an meinen Vater: ›Hast du ihr nichts gesagt?‹ Schon auf dem baumgesäumten Weg begann ich zu ahnen, daß etwas Schlimmes passiert war. Nein, die Rückkehr nach Hause war überhaupt nicht fröhlich. Die Welt hatte sich verändert, das Paradies war für immer verschwunden.«

Rosette Z. bekam einen Brief von der zweiten Frau ihres Vaters, in dem sie gebeten wurde, so schnell wie möglich nach Hause zu fahren.
»Bereits die Tatsache, daß mein Vater nicht zum Bahnhof gekommen war, um mich abzuholen, erschien mir ungewöhnlich. Der Soldat, der mich freundlicherweise begleitet hatte, fand, er hätte seine Aufgabe nun, da wir am Bahnhof waren, erfüllt. Er übergab mich der Verantwortung eines Polizisten, der mich bis zur Rue d'Avron 78 brachte. Als ich das Haus und die geschwungene Treppe wiedererkannte, wurde ich ganz aufgeregt. In der Wohnung befanden sich meine Stiefmutter und mein Halbbruder. Meine erste Frage galt meinem Vater. Sie antwortete mir, er sei ausgegangen und käme bald zurück. Den ganzen Tag über saß ich dann auf einem Stuhl und wartete, ohne mich vom Fleck zu bewegen.
Als der Abend kam, begriff ich allmählich, daß etwas Ernstes geschehen sein mußte. Das war in der ersten Zeit nach dem Krieg, als die Überlebenden aus den Lagern zurückkehrten. Bestimmt hoffte sie auf die Heimkehr ihres Mannes. Doch die Tage verstrichen und mein Vater kam nicht. Ich war aufgewühlt und bestürzt. Ich wußte nicht, was tun und weinte den ganzen Tag.
Von Tag zu Tag wurde meine Stiefmutter übellauniger. Sie ging dazu über, mich grundlos zu schlagen. Manchmal weigerte sie sich, mir etwas zu essen zu geben. Abends legte sie meine Kleidung an das Fenster, und am folgenden Morgen waren die Sachen eiskalt. Aber ich hatte sie ohne Wehklagen so anzuziehen. Ich verbrachte ganze Tage draußen auf der Treppe und wartete darauf, daß etwas geschah. Ich hatte Hunger und mir war kalt. Alle meinten, ich hätte ja noch Glück gehabt, daß ich am Leben geblieben wäre, schließlich waren so viele umgekommen. Ich hatte nicht das Gefühl von Glück, am Leben zu sein. Ich war vierzehn Jahre alt und konnte kaum lesen und schreiben. In meiner Niedergeschlagenheit ging es mir so schlecht, daß ich dachte, am besten bringe ich mich um. Doch wie sollte ich es anstellen? Selbst das wußte ich nicht. Ich bin dann zu guten früheren Bekannten meiner Eltern gegangen, die nur zwei Straßen von uns entfernt wohnten. Sie waren arme Leute, aber ich freute mich, sie wiederzusehen. Bei ihnen fühlte ich mich wie in einer richti-

gen Familie. Ich sagte der Frau, ich wäre am liebsten tot, ich könnte nicht so weiterleben. Sie bestürmte mich, wieder zu meiner Stiefmutter zurückzugehen und versprach mir, sich um mich zu kümmern. Tatsächlich kam sie denn auch zwei Tage später und holte mich ab. Sie brachte mich in ein Kinderheim nach Montreuil.«

Die Heimkehr von Paul S. dagegen war wie ein schöner Traum. Die Leiterin von Jamoigne kündigte ihm ganz unvermittelt an, er müsse seine Koffer packen und nach Brüssel, nach Hause fahren. Aber weshalb sollte er allein fahren, während alle seine Spielgefährten blieben? Das erfuhr er nicht, und an die Reise vom Kinderheim bis nach Brüssel hat er keinerlei Erinnerung mehr. Erst von seinem Wohnbezirk gibt sein Gedächtnis wieder Bilder frei.
Er lief auf das wohlbekannte Wohnhaus zu und sah schon von weitem eine Frau entgegenkommen. Er erkannte seine Mutter sofort.
»Da bin ich losgelaufen so schnell ich nur konnte. Ich rief: ›Mutti! Mutti!‹ Und sie rief: ›Pauli! Pauli!‹ Und dann schlossen wir uns stürmisch in die Arme. Einige lange Minuten hielten wir uns fest umschlungen. Wir mußten gleichzeitig lachen und weinen. Es war wunderbar. Meine Mutter wußte gar nichts von meinem Nachhausekommen, sie wollte gerade einkaufen gehen. Ich habe mich an ihrem Arm eingehängt und sie ganz selbstverständlich begleitet. Sie lächelte über mein schleppendes Deutsch. Wir redeten dann weiter halb auf französisch halb auf deutsch. Diesen herrlichen Tag habe ich nie vergessen.«

Endlich leben

Als junge Erwachsene stürzten sich die aus ihren Verstecken herausgekommenen nicht-mehr-Kinder in das scheinbar neu beginnende Leben. Der Krieg und die Verfolgung hatten endlich aufgehört, und die Wunden und Narben der schweren Zeit wurden in die hintersten Winkel des Bewußtseins verbannt. Dies war nicht der Zeitpunkt für eine Selbstbetrachtung und noch viel weniger für eine Analyse. Später würde man weitersehen. Was in diesem Moment für die meisten zählte, war, sich in das junge Leben hineinzustürzen, zu heiraten, Kinder zu haben und das wiederaufzubauen, was barbarisch zerstört worden war. Alle wollten das schöne Gefühl eines Familienlebens wiederfinden, wie sie es von früher kannten. Alle wollten das zersprungene Bild ihrer Familie, die ihnen so sehr gefehlt hatte, wieder zusammenfügen.

»Unser Problem dabei war«, sagt Félix J., »etwas aus dem Nichts heraus neu aufbauen zu müssen. Wir hatten nichts.«
Es ist wahr, die versteckten Kinder hatten meist nichts mehr, als den starken Drang, endlich vom Glück zu kosten.
»Ich verbrachte meine Nächte so oft wie möglich beim Tanz«, erinnert sich Annette genießerisch. »Egal, wie anstrengend es sein mochte! Und ich besuchte nur solche Lokale, in denen ich ganz sicher sein konnte, junge Juden zu treffen.«
»Für mich«, sagt Rosette Z., »kam nur ein jüdischer Ehemann in Frage, mit einer ähnlichen Vergangenheit wie meiner eigenen. Denn das konnte mich bestärken. Ich ging nicht das Risiko ein, etwa eines Tages vom eigenen Mann als ›dreckige Jüdin‹ behandelt zu werden. Außerdem konnte man sich vor einem gemeinsamen Hintergrund verstehen, ohne sich besonders erklären zu müssen.«

Die jüdische Gemeinschaft zeigte sich nach dem Krieg oft nicht gerade mitfühlend mit den Kindern der Deportierten.
»Die jungen Männer luden uns zu sich nach Hause ein, um uns ihren Eltern vorzustellen«, erzählt Rosette W. »Am Anfang ging das auch gut. Ich war hübsch, jung und eine Jüdin. Doch von dem Augenblick an, in dem sie erfuhren, daß ich Waise war, verschlechterte sich die Atmosphäre zwischen uns. Die Sympathie, mit der ich zu Beginn empfangen worden war, löste sich auf, und sie verlangten von ihren Söhnen, mich nie wieder zu ihnen nach Hause einzuladen.«
»Sie waren doch selbst Juden und hatten auch zu leiden gehabt.«
»Sicherlich, doch sie waren relativ unbeschadet ›davongekommen‹. Ich habe mich jahrelang gefragt, ob ich vielleicht ihre eigenen Schuldgefühle, am Leben geblieben zu sein, wachrief, während doch so viele umgekommen waren. Jedenfalls waren sie die einzigen, die mir zu verstehen gaben, daß ich eine Waise war. Keine Eltern zu haben, bedeutete nebenbei auch, ohne Mitgift dazustehen. Sie befürchteten wohl, ihr Sohn könnte sich an ein Mädchen binden, das arm und mittellos war.«
»Meine Schwiegereltern waren neugierig, mitfühlend und überheblich zugleich«, eröffnet Sarah R., die einen Nichtjuden geheiratet hatte. »Zuerst voller Mitempfinden. Meine Geschichte als verstecktes Kind war für sie ›wirklich sehr traurig‹. So lautete ihr Lieblingsausdruck. Später überwog die Neugier. Meine Vergangenheit schien die Grenzen ihrer Vorstellungskraft zu übersteigen. Schließlich wurden sie verächtlich mir gegenüber.
In dem Maß, in dem das Ende meiner Verlobung näherrückte, verwandelte sich meine Schwiegermutter in eine Art Furie. Und in der Beziehung zu mir trug sie vor allem Kälte und Distanz zur Schau. Ich fühlte mich völlig verloren. Ich wußte nicht, wen ich um Rat fragen sollte und war schrecklich allein. Eines Tages verkündeten mir die Brüder und Schwestern meines zukünftigen Ehemannes die Wahrheit. Sie sagten zu mir: ›Unsere Eltern wollen nicht, daß du unseren Bruder heiratest. Du hast keine Eltern mehr. Du bist arm. Du hast niemanden, der dir eine Mitgift bereitstellen kann, so als Waise...‹ Was mich daran besonders überraschte: Diese Leute waren selbst arm, sehr arm sogar. Und sie verachteten mich, weil ich noch ärmer war als sie!»

»Wir selbst betrachteten uns gar nicht als Waisenkinder!« wirft Rosette Z. mit Nachdruck ein. »Ein einfaches Waisenkind hatte sich nicht zu verstecken brauchen, um am Leben zu bleiben. Und es muß auch gesagt werden, daß viele Leute – auch in der jüdischen Gemeinschaft – gar nicht so froh waren, als sie uns aus unserem Unterschlupf herauskommen sahen. Wir müssen ihr Gewissen belastet haben... Ich kannte eine Frau, die von ihrem Mann immer wieder zu hören bekam: ›Komm schon, so schlecht ging's dir als Waise nicht.‹«
Émile J. schließt sich an: »Ein Kind ohne Eltern zu sein, ist ein großes Unglück. Waise zu sein, weil die Eltern als Widerstandskämpfer oder Kommunisten getötet wurden, ist ein ebenso großes Unglück. Doch wenigstens kennen diese Kinder die Gründe, die sie zu Waisenkindern gemacht haben. Selbst wenn es lächerlich klingen mag, aber diese Kinder können sich wenigstens an einer Ehrung, Nennung oder Auszeichnung festhalten, oder die Namen ihrer Eltern irgendwo in den Stein eines Denkmals eingraviert finden.
Aber was gibt es für uns? Nicht einmal eine offizielle Begründung für den Tod unserer Eltern. Anstatt Ehrungen oder Medaillen haben wir nichts als Fragen: Warum sind sie weggebracht worden? Warum wurden sie verbrannt? Sie waren keine Kämpfer, deren Tod im politischen Bereich seinen Platz fände. Ihr Tod war nicht rational. Wir kennen bis heute nicht die Gründe für ihr Verschwinden.«
»Diesen Juden, die damals, nach dem Krieg ihre Türen vor uns verschlossen, als wir ein Familienleben so nötig gebraucht hätten,« sagt Rosette W., »denen bin ich immer noch gram.«

Zur großen Überraschung der jungen Erwachsenen stellte sich die Ehe als eine alles andere denn einfache Beziehung heraus. Und das Verschwinden ihrer Eltern hatte sie jeglicher Unterstützung beraubt.
»Ich war ziemlich verängstigt,« berichtet Rosette Z., »denn ich wußte nicht, was es bedeutete, verheiratet zu sein, einen Ehemann zu haben. Ich wußte auch nicht, wie man sich liebt, was man konkret bei der Liebe tut. Was die Sexualität angeht, das war ein Desaster. Wir waren regelrecht behindert. Man machte es, wie man dachte und versuchte zurechtzukommen.«

»Was mich betrifft, ich war sehr verschlossen«, gesteht Émile J. »Ich war ganz in mich gekehrt. Ich hatte nicht gelernt, etwas mitzuteilen. Während des Krieges wurde mir gerade das Gegenteil beigebracht. Also schwieg ich weiterhin. Und bestimmte Dinge, die man erlebt hat, sind alles andere als leicht zu erzählen. Manchmal, bei bestimmten Anlässen, schilderte ich durchaus ein entsprechendes Erlebnis aus meiner Kindheit. Aber ich stellte es immer so an, daß meine Lieben nicht näher nachfragten oder darauf zurückkamen. Wenn ich meine Vergangenheit erzählt hätte, wäre ich wieder damit beschäftigt gewesen und hätte mir diese für immer vergeudeten Jahre nur immer wieder bewußt gemacht. Ich hatte tatsächlich eine Art Autismus – für diesen Abschnitt meiner Geschichte.«

Jedesmal, wenn Sarah C. versuchte, von ihrer Vergangenheit zu sprechen, brachte ihr Mann sie mit dem kategorischen Satz: »Was? Schon wieder deine Geschichten! Laß uns in Frieden damit. Du bist ja am Leben, was willst du denn?« zum Verstummen. Und sie schwieg – über dreiundzwanzig Jahre – bis zu ihrer Scheidung.

Nach der Familiengründung kamen die Kinder. Sie ließen oft neue Ängste entstehen, die immer noch aus dieser schlimmen Vergangenheit herrührten.

»Am Anfang meiner ersten Schwangerschaft«, erinnert sich Rosette Z., »war ich immer wieder hin- und hergerissen zwischen Freude und vielen Fragen. Ich fragte mich, wie wir, mein Mann und ich, uns wohl anstellten und ob wir das alles wohl richtig machen würden, dieses Kind aufziehen, ihm die Liebe, die es brauchte, geben und was sonst dazugehörte. Ich sage es noch einmal: Wir mußten selbst zusehen, wie wir zurechtkamen. Und dann, nach der Geburt, bekam ich die Angst, mein Sohn könnte mir weggenommen und es könnte ihm etwas angetan werden. Und völlig unvermittelt brachte mir die Geburt meines ersten Kindes zu Bewußtsein, daß ich selbst nichts war. Niemand. Daß ich nichts wußte. Ich sagte mir: An dem Tag, an dem dein Sohn merkt, daß seine Mutter nichts ist, wird er sich schämen für sie. Das war eine schmerzhafte Erkenntnis.

Im Kinderheim von Montreuil hatten mein Mann und ich Berufe gelernt, die uns beiden nicht zusagten. Léon war Tapezierer und ich nähte Trikotagen. Als mein Mann seinen Militärdienst ableistete, bin ich aus der Näherei, in der ich angestellt war, ausgeschieden und habe in unserer winzigen Wohnung eine Nähmaschine aufgestellt. Ich nahm Aufträge an und nähte nach Fassonschnitt. Das erlaubte mir, nachts zu arbeiten und mich tagsüber um mein Kind zu kümmern. Als Léon vom Militär zurückkam, haben wir eine zweite Maschine dazugenommen, ich brachte ihm das Nähtesteppen im Handumdrehen bei, und so arbeiteten wir gemeinsam zu Hause und zogen nebenbei unseren Sohn auf.

Leider hatten wir sehr viel Arbeit und ein geringes Einkommen. Außerdem mochten wir diese Arbeit sowieso nicht. Ich sagte mir, wenn ich so weitermache, bleibe ich mein Leben lang Näherin. Aber ich dachte, ich sei zu mehr in der Lage. Nur zu was? Ich hatte keinerlei Abschlüsse und Diplome.

Eines Tages schaute die Heimleiterin des Hauses von Montreuil wieder einmal vorbei. Sie kam mich ab und zu besuchen. Dann aßen wir ganz einfach zusammen oder wir tranken nachmittags einen Kaffee. Sie kannte mich gut. Daher hatte ich keine Bedenken, ihr alle die Fragen, die mich beschäftigten, Punkt für Punkt darzulegen. Sie redete mir Mut zu, einen anderen Beruf anzustreben und entschloß sich, mir dabei zu helfen. Zuerst mußte ich einige Tests machen.

Die Ergebnisse waren fürchterlich. Ich wußte nichts, ich war völlig am Nullpunkt. Wenn ich nicht meinen Mann und meinen Sohn gehabt hätte, ich glaube, ich wäre aus dem Fenster gesprungen. So sehr deprimierte mich das. Aber nun kam die Heimleiterin aus Montreuil dreimal in der Woche zu mir und ließ mich Diktate schreiben, brachte mir Rechnen, Geschichte usw. bei. Ich hatte richtig Wut. Um mich selbst zu bestärken, sagte ich mir, daß alle meine Anstrengungen dem Wohl meiner Kinder dienten. Ich durfte sie nicht enttäuschen. Ich mußte gewinnen. Mein Mann war fabelhaft, er arbeitete für zwei, solange ich lernte.

Dank der Vorbereitung durch die Leiterin des Kinderheims konnte ich mich bei einer Schule anmelden, in der ich Buchführung lernte. Damit ich mit meiner Familie noch ein wenig freie Zeit verbringen konnte, lernte ich spät abends und in der Nacht. Auf dem Eßzimmertisch erledigte ich meine Hausaufgaben, dort

saß ich und las eine Lektion so oft, bis ich mir sicher war, alles verstanden zu haben.
Nach achtzehn Studienmonaten machte ich ein erstes Diplom, für das ich die Note »Gut« erhielt. Sie können sich nicht vorstellen, was für ein enormes Glück das für mich bedeutete!... Na, Sie sehen ja, noch heute, wenn ich davon spreche, steigen mir Tränen in die Augen. Dieses Diplom, das war ein solcher Sieg über mich selbst und vor allem über die Vergangenheit!
Aufgrund dieser Ausbildung bin ich dann bei einem Unternehmen angestellt worden. Aber das war mir noch nicht genug, ich wollte hier weiterkommen. Inzwischen war unser zweiter Sohn geboren; also ›schlug‹ ich mich von nun an für meine Kinder. Es mag vielleicht überzogen klingen, wenn ich das so sage, aber ich wollte meinen Söhnen ein Beispiel sein.
Abends saßen wir zusammen am Eßtisch. Sie machten ihre Hausaufgaben und ich meine. Wenn sie grummelten und sich beschwerten, so in der Art: ›Das ist zuviel, das ist zu schwer...‹, dann gab ich zurück: ›Schaut her, für mich ist es genauso schwer...‹
Es war eine begeisternde Zeit, und zusammen mit meinem Mann hatte ich manches Mal das gute Gefühl, daß wir unser Leben meisterten.
Meinen Kollegen im Büro konnte ich nicht sagen, daß ich noch abends zu Hause weiterarbeitete. Ein weiteres Mal versteckte ich mich! Wenn tagsüber ein Problem aufkam, das ich hätte kennen müssen, schrieb ich es mir heimlich auf und suchte die Lösung abends daheim in meinen Lehrbüchern.«

»Ich hatte regelrechte Abscheu vor meinem Beruf als Handelsvertreter«, erzählt Émlie J. »Ich war von Montag bis Freitag unterwegs. Damals war mein Sohn noch nicht geboren, wir hatten zuerst eine Tochter. Und die ganze Woche über war ich weit weg. Jeden Montagmorgen ging ich aus dem Haus. Und ich erlebte dieses Weggehen wie einen Riß. Ich hatte das Gefühl, sie allein zu lassen. Also, wenn ich von allen Gefühlen eines sehr gut kenne, dann ist es das! Eines Tages hatte ich dann wirklich genug, und ich eröffnete ein kleines Geschäft für Kinderkleidung. Erst dort habe ich mich in meinem Beruf wohlgefühlt. Zum erstenmal in meinem Leben fühlte ich mich stabil und gelassen.

Nur hat sich leider das Geschäft aufgrund mangelnden Stammkapitals nicht weiterentwickeln können, und ich mußte es bald wieder aufgeben.
Meine Frau verstand gar nicht, daß mir mein Laden besser gefiel als mein Handelsvertreterjob. Aber es war tatsächlich so, daß ich in diesem Reiseberuf das Gefühl hatte, einen Teil meiner Kindheit wieder zu erleben. Nie länger als zwei Jahre in derselben Schule, immer mit neuen Kindergruppen, alles und nichts gelernt. Wenn nicht der Krieg gekommen wäre, hätte ich eine normale Ausbildung und einen Beruf gehabt, einen richtigen.«

Nach den zerrissenen Kinderjahren, oft mit langen Unterbrechungen oder mit dem Abbruch von Schulbesuchen oder Berufsausbildungen, war es für die ehemals versteckten Kinder später oft alles andere als einfach, sich in die veränderte soziale Umgebung und vor allem in die Berufswelt zu integrieren und einen befriedigenden Arbeitsplatz zu finden.
»Mein Problem«, sagt Jean J., »war immer das Problem der Wahl, meine mangelnde Fähigkeit, Entscheidungen zu treffen. Ich hatte durchaus den Unternehmungsgeist und wirkliche Möglichkeiten, viele verschiedene Berufe auszuüben. Nach meinem Militärdienst habe ich mich in einen Wäscheversandhandel gestürzt. Natürlich war ich mangels Anfangskapital gezwungen, alles selbst zu erledigen: vom Packen und Verschicken der Pakete über die Korrespondenz bis hin zur Werbung, die ich per Handzettel in die Briefkästen der Stadt verteilte, und zum Großhandelseinkauf. Aber mein Geschäft kam nur langsam voran, weil ich kein Geld investieren konnte.
Eines Tages nahm ein Mann aus Genf Kontakt mit mir auf und schlug mir einen Zusammenschluß vor. Möglicherweise bedeutete dieses Angebot für mich einen Sprung nach vorn. Also beschäftigte ich mich tagelang damit. Glauben Sie mir, ich fand jeden einzelnen Punkt interessant, doch gleichzeitig hatte ich Angst, meine Selbständigkeit zu verlieren. Und dann wurde mein Mißtrauen wach. Ich kannte diesen Mann ja gar nicht... Ich kann heute nicht mehr all die guten Gründe aufzählen, die mich schließlich davon abhielten, mich mit dem Schweizer zusammenzutun. Und das Resultat war, daß ich zwei Jahre später aufgeben mußte.

Meine Schwierigkeit, mich zu entscheiden, rührt meines Erachtens daher, daß ich als Kind von einem Versteck zum nächsten geschoben wurde und keine Entscheidungen selbst treffen konnte, weil es andere für mich taten. Ich mochte gegen deren Beschlüsse ankämpfen, es war egal, da war nichts zu machen. Ich wurde immer wieder zurückgeworfen.«

Direkt nach dem Krieg trat ein anderes Problem in den Vordergrund: Die Rückkehr und das Schweigen der wenigen KZ-Überlebenden. Die Zahl derer, die heimkehrten, wurde auf etwa 2500 Personen geschätzt. Und:

Die Deportierten verfallen in Schweigen, schreibt André Kaspi. *Sie haben es eilig, wieder ein aktives Leben aufzunehmen und sich in die Gesellschaft zu integrieren. Und die Republik Frankreich ermißt zu dieser Zeit nur zum kleinsten Teil die Ausmaße des Grauens und der Zerstörung in den Vernichtungslagern.*

An anderer Stelle spricht er von den Wirren während und kurz nach der Befreiung:

In dem Freudentaumel, den die heimkehrenden Kriegsgefangenen auslösten und mit dem die Widerstandskämpfer gefeiert wurden, übergingen die Franzosen und in einem gewissen Grad auch die jüdische Gemeinschaft die zurückkehrenden Gefangenen von Auschwitz, Ravensbrück und Bergen-Belsen. Niemand zog in Zweifel, daß sie gelitten hatten, daß die Tätowierungen der Nummern auf ihren Armen von schweren Prüfungen zeugten und daß der Tod ihre Reihen schnell lichtete. Doch gelitten hatten die Franzosen auch, nicht wahr? Und jeder fuhr fort mit dem Bericht seines eigenen Unglücks und verlängerte ihn um so ausführlicher, je weniger er tatsächlich zu erzählen hatte.

(André Kaspi, »Les Juifs sous l'Occupation« – Die Juden in der Besatzungszeit)

Das Schweigen der Überlebenden bewirkte eine Art Konfrontation mit den aus ihren Verstecken herauskommenden Jugendlichen.

Rosette Z. erinnert sich an Gesprächsversuche mit zurückgekehrten Deportierten:

»Es war sehr schwierig, mit ihnen zu sprechen. Sie wollten nichts sagen. Und wenn man versuchte, von den eigenen Problemen als verstecktes Kind zu erzählen, wurde man mit Sätzen wie diesen

zum Schweigen gebracht: ›Ihr könnt euch nicht vorstellen, was wir mitgemacht haben. Ihr seid am Leben und seid gesund!‹«
»Das stimmt«, fügt Jean S. an. »Sie brachten uns in eine schwierige Position. Gewiß verstanden wir erst allmählich und in dem Maß, in dem uns Informationen über die Vernichtungslager zukamen, welche Hölle sie überlebt hatten. Wir wollten, daß sie davon redeten. Aber meist weigerten sie sich, auf unsere Fragen zu antworten, ohne dabei zu ahnen, daß uns durch ihr Erzählen etwas von unseren Eltern greifbarer geworden wäre. Abgesehen davon glaube ich heute, aus dem zeitlichen Abstand betrachtet, daß es für sie wirklich schrecklich gewesen sein mußte, diesem Unsagbaren nahe zu kommen, indem sie davon erzählten.«
Ein Bruder Émile J.'s war nicht als Jude, sondern als kommunistischer Widerstandskämpfer verhaftet und im KZ interniert worden.
»Mein Bruder mußte alle möglichen Arten von Folterungen durchstehen, besonders die Badewannentortur. (Anm. d. Ü.: Sie bestand darin, das Opfer in eiskaltes oder sehr heißes Wasser bis kurz vor den Ertrinkungstod zu tauchen und in den kurzen Momenten des Auftauchens die Verhörfragen zu stellen.) Er war während dieser Torturen aber vor allem darauf bedacht, daß seine Folterer nicht sein beschnittenes Geschlecht zu sehen bekamen. Außer dieser einen Mitteilung habe ich nie etwas von seinem Überleben im Konzentrationslager in Erfahrung bringen können.«
»Stellen Sie sich einmal vor,« wirft Félix J. ein, »ich war achtzehn Jahre bei einem ehemaligen Deportierten angestellt. Es ist ganz unglaublich, aber in diesen ganzen achtzehn Jahren hat er keine zehn Worte über seine Deportation verloren. Wenn ich ihm Fragen stellte, sah er an mir vorbei und antwortete nicht. Er hatte ein paar Freunde, ehemalige Mitgefangene. Sie kamen ihn manchmal in der Werkstatt besuchen. Dann setzten sie sich in einer Ecke zusammen und redeten miteinander, leise, wie im Versteck...«

Die Eltern werden zurückkommen

Am 2. November 1944 endeten die Vergasungen in Auschwitz. Die Naziarmee trieb 66 000 Gefangene im Fußmarsch in Richtung Deutschland. Wer zu schwach war und zurückblieb, wurde auf der Stelle umgebracht. Am 27. Januar 1945 stemmten die sowjetischen Truppen die Lagerpforten auf und fanden auf dem ganzen Gelände noch etwa 5 000 Gefangene, dem Tod näher als dem Leben. Die letzten Exekutionen der Nazis im Lager wurden entdeckt: Vier junge Jüdinnen, erhängt, weil sie Sprengstoff gestohlen haben sollten. Entdeckt wurde aber vor allem das unvorstellbare, über Jahre andauernde größte Verbrechen Nazideutschlands, das heute noch aller Gewissen aufstört.

»Es war so,« erzählt Émile J., »daß die Tante meiner Frau aus Auschwitz zurückkehrte. Der erste Satz, den sie aussprach, lautete: ›Ich werde euch nichts erzählen. Denn das, was ich euch sagen könnte, werdet ihr mir sowieso nicht glauben.‹«

Im April 1945 befreiten amerikanische Soldaten die weiter westlich gelegenen Lager. Eine entsetzliche Liste mit Ortsnamen, deren alleinige Aufzählung schwindelerregend ist und die immergleiche Frage aufwirft: Wie konnten Menschen so tief sinken? Wie ist dieser Exzess möglich gewesen?
Die ersten aus den Lagern befreiten französischen Deportierten kamen ab dem 18. April 1945 nach Paris zurück. Im Hotel Lutetia an der Kreuzung Boulevard Raspail und Rue de Sèvres wurden Namenslisten und Fotos der heimgekehrten Überlebenden ausgehängt.
Jeden Tag ging Rosette W. in Begleitung ihres Onkels dorthin. Gemeinsam sahen sie alle die Namenslisten durch, in der Hoffnung, den Namen ihrer Mutter darauf zu finden. »Von Woche

zu Woche wurden die Listen kürzer und weniger. Der Name meiner Mutter war immer noch nicht aufgetaucht. Erst in diesem Augenblick habe ich mich verwaist gefühlt.«

Paul S. war mit seinen gerade erst elf Jahren wieder bei seiner Mutter in Brüssel. »Sofort, als wir von der Befreiung der Lager hörten, sind wir zum Roten Kreuz gegangen. Dann zu verschiedenen weiteren Organisationen. Ich glaube, wir mußten damals tausendundein Formular ausfüllen. Eines Tages erfuhren wir beim Roten Kreuz, daß ein Überlebender aus dem Lager, in dem auch mein Vater interniert worden war, zurückgekommen war. Meine Mutter wollte nicht, daß wir ihn besuchten. Sie war sehr vorsichtig. Das war durchaus angebracht, denn es gab Leute, die einem Geld ablockten mit der Behauptung, diesen und jenen gekannt oder gesehen zu haben. Aber ich wollte Klarheit und bettelte und überredete sie, zu diesem Mann hinzugehen. Schließlich willigte sie ein. Wir fuhren quer durch ganz Brüssel. An den Stadtteil, in dem er wohnte, kann ich mich nicht mehr erinnern, aber die Nummer des Autobusses, den wir nehmen mußten, weiß ich noch genau.
Bei der Adresse, die wir vom Roten Kreuz bekommen hatten, läutete ich also. Es verging eine Zeit, und nichts tat sich. Niemand kam, um die Tür zu öffnen. Mich ergriff Panik. Vielleicht hatte meine Mutter recht gehabt, und es handelte sich bloß um noch so einen Gauner. Ich klingelte ein weiteres Mal. Da hörte ich schließlich Schritte.
Die Wohnungstür wurde geöffnet und gab den Blick auf einen erschreckend abgemagerten Mann frei. Er sah mich und sagte sofort: ›Sie sind der Sohn von Fritz‹. Und tatsächlich sehe ich meinem Vater auch sehr ähnlich. Sie können sich meinen Schrecken in diesem Moment kaum vorstellen. Aber von meinem Vater konnte er mir nicht viel sagen, denn nachdem er ihn in einem der Lager kennengelernt hatte, verlor er ihn bald darauf aus den Augen.
Wir sind danach mit der festen Überzeugung, daß mein Vater bald zurückkommen würde, nach Hause gefahren. Das war ja ganz klar, denn der Mann, den wir gerade besucht hatten, war ja auch wieder da. Monate vergingen, und mein Vater kam immer noch nicht... Meine Mutter und ich bildeten uns ein, er hätte

sein Gedächtnis verloren und würde irgendwo in Sibirien leben. Wir würden noch Jahre warten müssen, aber wir würden ihn wiedersehen... Damals sagten wir uns, wir müßten uns nur konzentrieren, um ihn nach Hause zurückzuholen.«

»Sobald ich etwas freie Zeit hatte,« erzählt Félix J., »ging ich auf die Suche nach meiner Mutter. So habe ich alle möglichen Verbände und Organisationen ›abgeklappert‹. Immer wieder machte ich die Runde, lief überall hin, wo sie früher gewohnt hatte. Und ich ging zu unserer alten Adresse, Rue Charlot. Dort stieg ich die Treppen hoch, und jedesmal auf dem Absatz vor unserer alten Wohnung stach mir dieselbe Hoffnung ins Herz: Wenn jetzt plötzlich die Tür geöffnet würde und meine Mutter erschiene? Sie wäre gerade eben zurückgekommen und hätte meine Schritte schon im Treppenhaus wiedererkannt... Es erübrigt sich fast, zu sagen, daß dieses schöne Wunder sich nie ereignete. Stattdessen blieb ich lange vor der Wohnungstür stehen und ging dann irgendwann noch trauriger wieder fort, als ich gekommen war.«
»Konnten Sie nicht wieder in die Wohnung einziehen?«
»Nein. Das Judengesetz (unter Marschall Pétain) hatte uns aus der Wohnung vertrieben.«

André Kaspi hat in seinem hier mehrfach zitierten Buch mit der Genauigkeit des Historikers die Probleme all jener beschrieben, die in den Wochen und Monaten nach der Befreiung versuchten, ihre von der Vichy-Regierung beschlagnahmten Wohnungen, Geschäfte oder andere Werte wiederzuerlangen.
»Ich möchte wirklich wissen,« fährt Félix J. fort, »warum man uns unsere Wohnung damals raubte. Ich möchte erfahren, warum die französischen Behörden das zuließen. Wer kann darauf antworten? Wer will es?«

André Kaspi hat eine umfangreiche Bilanz der von Vichy beschlagnahmten Güter aufgestellt. Nach seinen Recherchen hatten sie einen Wert von 8 Milliarden FF. Gewiß, nach dem Krieg hat die erste von Charles de Gaulle geleitete provisorische französische Regierung nicht nur die republikanischen Gesetze wiedereingeführt, sondern mit demselben Akt auch die diskriminierenden Gesetze abgeschafft. Doch in der Praxis, an Ort und Stelle, sah die Wirklichkeit – wie immer – ganz anders aus. Wenn man als Jude gesetzliche Ansprüche geltend machen wollte, um etwa seine Wohnung wiederzuerlangen und den derzeitigen Mieter herauszubekommen, mußte man einen ganzen Dschungel juristischer Verfügungen durchlaufen, um irgendetwas zu erreichen. Man mußte sich auf eine Wartezeit bis zu drei Jahren gefaßt machen, bevor der Räumungsbeschluß ausgesprochen war und die Wohnung wieder zur Verfügung stand.

»Ich habe die Concierge bestürmt, mir eine Bestätigung zu schreiben, daß meine Mutter in dieser Wohnung gelebt hatte«, fährt Félix J. fort. »Also, ich habe ganze Tage damit verbracht, zu bitten, zu fordern und zu argumentieren. Wiederbekommen habe ich nichts. Dazu hätte ich ein gerichtliches Verfahren beantragen müssen. Ich war erst vierzehn Jahre alt und hatte keinen Pfennig Geld. Doch davon ganz abgesehen muß man auch sagen, daß die Rückforderung der Wohnung einen vor echte Gewissensprobleme stellen konnte. Die neuen Mieter waren eine kinderreiche Familie. Der Familienvater hatte diese Wohnung auf legalem Weg erhalten, durch sein Bezirksamt. Was tun in solch einer Situation? Sie vor die Tür setzen? Damals, nach dem Krieg, war die Wohnungsnot groß. Gewiß, das galt für beide Parteien, denn auch derjenige, der seine Wohnung verloren hatte, fand nicht leicht eine andere.«

Die Hoffnung auf Rückkehr eines oder mehrerer Familienmitglieder und die Beschäftigung damit zog sich durch den Alltag, die Träume und führte manchmal zu kaum glaublichen, intensiven Ahnungen und Wahrnehmungen. Zvi erzählt ein Erlebnis seiner Mutter aus den letzten Kriegstagen:
»Wir waren in einem Dorf versteckt, meine Mutter ging zum Waschhaus, um wie üblich ihre Wäsche zu waschen. Sie war gerade dabei, die Stücke zu schrubben, als sie plötzlich eine Stimme hörte, aber ohne in ihrer Umgebung irgendjemanden zu sehen. Es war eine kalte, offiziell klingende Stimme, die ihr auf deutsch mitteilte, ihr Mann sei tot.
Als wir nach Antwerpen zurückkamen, erfuhren wir, daß mein

Vater am letzten Kriegstag getötet worden war. Er hatte einen Fluchtversuch aus dem Lager, in dem er interniert war, unternommen. Man nahm ihn unglücklicherweise wieder gefangen und erschoß ihn.«

Paul S. erinnert sich, daß er auf den Straßen von Brüssel fast jedem Mann hinterherlief, weil er immer wieder glaubte, seinen Vater zu erkennen.
»Es war schrecklich. Überall sah ich meinen Vater. Jeder Mann war mein Vater. Ich beeilte mich, überholte den Fußgänger vor mir, und jedesmal war es wieder eine Enttäuschung. Ich legte mir auch die unglaublichsten Geschichten zurecht.«
Rosette Z. schaltet sich ein, sie erzählt: »Für lange Zeit glaubte ich an jeder Straßenecke meinem Vater zu begegnen. Wenn ein Passant auf der Straße nur eine ähnliche Haltung hatte wie er, ging ich unauffällig hinterher und richtete es so ein, daß ich ihn von vorn sehen konnte. Auch auf den Fotos der zurückgekehrten Deportierten suchte ich meinen Vater unablässig, wollte sein Gesicht unbedingt unter den vielen wiederfinden. Dann sagte ich mir wieder, weil ich ihn auf den Fotos der Heimgekehrten nicht finden konnte, daß er bestimmt von selbst zurückkäme. In manchen Momenten dachte ich, er wäre in Rußland, und eine Krankheit hielte ihn dort zurück. Doch sobald es ihm besser gehen würde ...«
Jean S. berichtet: »Jahrelang schrieb ich meinem Vater Briefe. Darin erzählte ich ihm, was ich in der Schule machte, was ich mit meinen Freunden erlebte. Es kam vor, daß ich Gedichte für ihn verfaßte. Die Briefe schickte ich zum deutschen Generalkonsulat in Paris, außerdem schrieb ich auch an das Rathaus von Drancy. Die Briefe waren namentlich an meinen Vater adressiert; neben seinem Namenszug vermerkte ich: Gefangener seit Mai 1942, darunter: zu treuen Händen des Herrn Generalkonsuls. Bis 1962 habe ich diese Briefe geschrieben. Nie kam auch nur ein einziger zurück. Also mußte er ja meine Briefe erhalten haben und war am Leben. Auch wenn es lange dauerte, er würde wiederkommen ...«
»Einmal«, erinnert sich Rosette W., »saß ich im Autobus neben einer alten Dame. Ich mußte sie die ganze Zeit genau betrachten. Wie zu erwarten, fragte sie mich in einem bestimmten Augen-

blick, ob ich sie kennen würde. Ich verneinte und sagte ihr die Wahrheit, nämlich, daß sie meiner Mutter ähnlich sah.«

»Nach dem Krieg«, meint S.B., »wollte niemand von uns glauben, daß der Vater oder die Mutter nicht mehr lebten.«

Im Jahr 1978 erschien die von Serge und Beate Klarsfeld herausgegebene Denkschrift für die deportierten Juden Frankreichs – »Mémorial de la Déportation des Juifs de France«. Dieses Buch war für die Überlebenden wie für die versteckten Kinder gleichermaßen bestürzend. Diese in Frankreich einzigartige Dokumentation hält alle Namen und Daten der 80000 deportierten Juden fest. Serge Klarsfeld gab folgende Hinweise zu dieser Arbeit:
Diese umfangreiche Dokumentation läßt einen schmerzhaften Mangel deutlich zutage treten. Bevor dieses Buch erschien, war es nicht möglich, selbst die einfachsten, genauen Angaben bezüglich der Gesamtzahl der aus Frankreich Deportierten sowie ihrer Aufteilung nach Geschlecht, Alter, Nationalität zu machen. Als Giscard d'Estaing, Präsident der Republik Frankreich, am 18. Juni 1975 in Auschwitz seine Ansprache hielt, nannte er völlig falsche Zahlen: 110000 Franzosen, darunter 48000 Juden, seien nach Auschwitz deportiert worden.

Die Denkschrift der Klarsfelds sollte die Wahrheit ans Licht bringen. Aber wie ist es zu erklären, daß in den Niederlanden die Aufstellung über die 105000 jüdischen Todesopfer von der Regierung des Landes besorgt wurde, daß es in Belgien ebenfalls die Regierung war, die die lange Liste mit den 25000 aus Belgien deportierten Juden veröffentlichte, daß die Regierung der Bundesrepublik Deutschland jahrelange Arbeit investierte, um das Ausmaß der Deportationen und die Namen der Opfer für die Geschichte zu bewahren, und daß einzig in Frankreich keine der seit Kriegsende amtierenden Regierungen sich dazu entschließen konnte, diese Arbeit, die den 80000 aus Frankreich deportierten Juden die Ehre erwiesen hätte, anzugehen?
Serge Klarsfeld hat seine Antwort auf diese Untätigkeit gegeben. Er schreibt im Vorwort zur Denkschrift:
In den Originallisten der Lager beginnen die Namen der Depor-

tierten bereits zu verblassen. Bald wird es nicht mehr möglich sein, sie zu entziffern. Schon für diese Denkschrift mußten wir sehr viele Eintragungen mit der Lupe untersuchen. Viele der aus Frankreich deportierten Opfer, etwa zwei Drittel, waren nicht französischer Nationalität. Von ihrem irdischen Dasein künden nur noch diese Eintragungen in den Zugangslisten, die im Begriff sind, für die Nachwelt völlig zu verschwinden. Und es gab niemanden, der dieser Auslöschung Einhalt gebieten wollte, als eine Initiative von einzelnen, die über keinerlei finanzielle Mittel verfügten, aber seit Jahren fest entschlossen waren, dem Vergessen und der Zerstörung entgegenzuwirken. Die Dokumentation jedes einzelnen Transportes erforderte etwa 40 Arbeitsstunden; insgesamt arbeiteten wir an dieser Rekonstruktion mehr als 3 000 Stunden.
Schließlich will ich noch anmerken, daß die Redaktion dieser Veröffentlichung von Anfang an für meine Frau und mich eine der schmerzhaftesten Prüfungen gewesen ist. Oft haben wir weinen müssen, wenn uns aus den Listen mit Kindernamen die Verzweiflung dieser kleinen Wesen entgegenschlug, die ohne jeglichen Beistand einem grausigen Schicksal entgegenfuhren.
Ist es möglich, daß so viel Leid auf so viele Unschuldige niederprasselt, ohne daß jemand, wie wir es tun, Gerechtigkeit fordert?

Jean S. trägt eine andere Ansicht dazu vor: »Die Arbeit Klarsfelds ist auch der Beweis dafür, daß Frankreich – damit sind alle französischen Regierungen seit Kriegsende gemeint – seine Verantwortlichkeit, wenn es um die Deportation und den Tod der Juden geht, immer noch nicht anerkannt hat.«
»Ist das ein Vorwurf?«
»Genau das ist es.«
Émile J. meint: »Das Buch der Klarsfelds war ein notwendiger Schock für uns. Schließlich konnte man nicht ewig von der Wiederkehr der Eltern träumen.«
»Das stimmt. Diese Denkschrift war absolut notwendig«, schließt Jean S. an. »Sie hat mich von einer Last befreit. Seit dem Ende des Krieges fragte ich immer wieder meine Mutter und Großmutter, wohin, zu welchem Ankunftsort mein Vater damals gebracht worden war. Die Ärmsten, sie konnten mir natür-

lich auch keine Antwort geben. Sie wußten nicht mehr als ich. Er war am hellichten Tag in einem Café verhaftet und dann in Drancy interniert worden. Später erfuhr meine Mutter, daß er aus Drancy deportiert worden war. Wohin? Niemand beantwortete diese simple Frage. Erst mit Klarsfelds Denkschrift erhellte sich das Weitere.

Die Fragen, mit denen ich so lange Zeit lebte, sind in wenigen Minuten beantwortet worden. Das war schön und gleichzeitig grausam. Was blieb? Eine handgeschriebene Zeile: Sein Name, Vorname, Datum und Ort seiner Geburt, die Nummer und die Geschichte des Transportes. Gewiß, das war noch kein Grabstein, doch damit wurde irgendwo ein Fenster aufgestoßen: Jetzt wußte ich es!«

»Genau das ist es«, wirft Émile J. ein, »das Problem, daß wir kein Grab für unsere Eltern haben. Meine Kinder werden einmal wissen, wo ich begraben bin. Aber wir?

Ich bin nach Auschwitz gefahren. Alle rutschten auf den Knien und waren damit beschäftigt, die Erde aufzuwühlen und abzusuchen. Plötzlich richtete einer sich auf. Er hielt einen Zahn hoch. Ich wollte zuerst nicht die Erde durchwühlen, aber der Anblick des Zahns in der Hand dieses Mannes überwältigte mich. Ich habe mich hingekniet und wütend die Erde umgepflügt – mit bloßen Händen. An demselben Tag entdeckte ein anderer bei der Begehung der Baracken einen Haufen von Koffern in einer Ecke. Er suchte alles ab und fand den Koffer seiner Eltern dabei! Das Schild hing noch am Griff!«

Vor einigen Jahren drehte eine Fernsehgesellschaft aus San Francisco einen Dokumentarfilm über das Leben von Paul S. Zu den Dreharbeiten flog ein Filmteam nach Europa. Als sie sich in Brüssel aufhielten, wollte der Regisseur eine Sequenz mit Paul S. im Stadtarchiv drehen.

»Da geschah dann etwas völlig Unglaubliches. Die Verantwortliche im Archiv fragte mich, ob ich das Dossier über meinen Vater einsehen wolle! Ich antwortete: ›Ja, selbstverständlich.‹ Und ich wunderte mich vernehmlich darüber, daß über meinen Vater, der österreichischer Flüchtling war, in ihrem Archiv ein Dossier existierte. Zu meinem größten Erstaunen zog sie tatsächlich eine Mappe hervor, auf der sein Name stand. Darin lag sogar

eine Fotografie von ihm, ein Paßfoto. Und außerdem Hinweise, die ich anders niemals hätte bekommen können.
Ich mußte wieder daran denken, wie meine Mutter viele Jahre zuvor von Amerika aus einen Anwalt beauftragt hatte, Recherchen über meinen Vater anzustellen. Die Ärmste hatte ein Vermögen dafür ausgegeben. Dieser Anwalt war wohl mit derselben Stelle in Kontakt getreten, hatte jedoch nichts von dem herausgefunden, was mir der Zufall in die Hände legte. Er hatte sich darauf beschränkt, uns schriftlich mitzuteilen, daß mein Vater tot sei. Natürlich nicht in dieser einfachen Form, in der ich mich hier ausdrücke, sondern mit allen möglichen juristischen Floskeln und Schnörkeln, um seine immensen Honorare zu rechtfertigen. Doch hier fand ich nun das genaue Datum heraus. Er war eineinhalb Monate vor Kriegsende umgekommen.«
T. G. schließt sich an: »Auch ich kenne dieses Archiv. Ich habe dort das Dossier über meine Mutter gefunden. Es gibt dort auch einen Schrank voller großer Briefumschläge. Sie enthalten noch einige persönliche Dinge, die im Lager von Malines eingesammelt worden waren, vor der Abfahrt nach Auschwitz. Ich habe es nicht fertiggebracht, nach dem Umschlag mit der Habe meiner Mutter zu fragen. Nein... Meine Mutter habe ich immer noch nicht begraben. Ich kann es nicht ertragen, Fotografien von Deportierten anzusehen. Ich weigere mich, meine Mutter so erniedrigt zu wissen.«

Die verschwundenen Eltern fehlten ihren Kindern noch im Erwachsenenleben – in Situationen, in denen niemand darauf gefaßt war, mit diesem existentiellen Mangel konfrontiert zu werden.
»Am stärksten spürte ich die Abwesenheit meiner Mutter an dem Tag, als ich mein erstes Kind zur Welt brachte«, erinnert sich Rosette Z. »An diesem Tag konnte ich nur weinen.«
»Es war so ungerecht, so verkehrt, wissen Sie. Wirklich ungerecht. Alle anderen Frauen in der Klinik zeigten ihre Erstgeborenen stolz ihren Eltern. Ich hatte keine Eltern mehr, denen ich meinen kleinen Sohn hätte vorzeigen können!«
Als Rosette W. ihr erstes Kind erwartete, hatte sie einen Traum.
»Ich sah meine Mutter an meinem Bett sitzen. Sie schaute mich

wohlwollend an. Dieser Traum war so intensiv, daß ich beim Aufwachen das Gefühl hatte, sie sei irgendwo in der Wohnung. Und bei jeder meiner späteren Schwangerschaften kam dieser Traum wieder, genauso wie beim erstenmal.
Als ich mein erstes Kind dann gebar, lag ich mit drei anderen Frauen im Krankenhaus auf einem Zimmer. Die einzige, die keine Mutter mehr hatte, war ich. Da wurde mir ganz einschneidend bewußt, daß sie fehlte.«
»Ich vermisse meinen Vater jeden Tag«, sagt Paul S. »Am meisten bedauerte ich seine Abwesenheit am Tag der Beschneidung meines Sohnes. Damals weinte meine Frau, weil sie glaubte, das Kind litte Schmerzen, und ich weinte, weil ich unter der Abwesenheit meines Vaters litt.«
»Bei der Geburt meiner Kinder«, sagt T.G., »hätte ich meine Mutter auch lieber dabeigehabt. Ich hätte sie um Rat fragen, später ihr auch einmal die Kinder anvertrauen können. Denn ich konnte das nie, sie irgend jemandem überlassen!... Und meinen Vater bitten, mir von ihr zu erzählen? Nein, das habe ich nie getan. Wozu wäre es gut gewesen?... Lange Jahre konnte ich es nicht ertragen, daß mir von meiner Mutter erzählt wurde. Mein Vater sagte immer, daß ich ihr sehr ähnlich sah, sozusagen aus dem Gesicht geschnitten. Noch lange nach dem Krieg irrte er sich manchmal und sprach mich mit ihrem Namen an. Das war ganz schrecklich für mich.«
»Wenn meine Mutter am Leben geblieben wäre,« schaltet sich Laure ein, »bin ich mir nicht sicher, ob wir eine freundschaftliche Beziehung zueinander gehabt hätten. Mit dem wachsenden zeitlichen Abstand habe ich entdeckt, daß sie durchaus rassistische Denkweisen angenommen hatte. Eindeutig gegenüber Juden aus Osteuropa. Für sie waren nur die deutschen Juden auch gute Juden. Demgegenüber idealisiere ich immer noch meinen Vater. Er war ein sehr gütiger Mann. Ich hätte ihn wirklich gerne als Erwachsene gekannt und etwas Großes, Schönes mit ihm teilen mögen. Noch heute passiert es mir, daß ich kleine Geschichten erfinde, in denen er die Hauptfigur darstellt. Verstehen Sie, noch heute passiert mir das!«

»Im Alter von fünf Jahren«, sagt Zvi, »ist man sich selbstverständlich der Bindung an den Vater noch nicht bewußt. Später dann versucht man das eigene Leben um sein Verschwinden herum zu organisieren. Man kompensiert mit Angewohnheiten, doch die geben keinen Halt. Nach dem Krieg ohne Vater dazustehen, war sehr schlimm. Antwerpen war eine jüdisch geprägte Stadt; und vielleicht können Sie sich vorstellen, was es für einen Jungen bedeutete, allein zur Synagoge gehen zu müssen. Gewiß, ab und zu begleitete mich mein Onkel. Auf dem Weg von Zuhause bis zum Gotteshaus wäre ich gerne an seiner Hand gegangen, wie mit einem Vater. Aber ich traute mich nicht. Mein Onkel war nicht mein Vater, obwohl er sehr nett zu mir war. Von meinem Vater ist mir nicht viel geblieben. Nur kleine Erinnerungsfetzen... Momente. Zum Beispiel die Samstagmorgende, wenn meine Schwester und ich in das Schlafzimmer meiner Eltern rannten und dort mit ihnen über eine Stunde in den Betten herumtobten und alberten.«

Sarah R. erzählt: »Über viele Jahre brachten ich und meine Geschwister es nicht fertig, ›Mama‹ oder ›Papa‹ zu sagen, wenn wir von unseren Eltern redeten. Irgendwann einmal hörte ich jemanden davon sprechen, daß er eine vierundachtzigjährige Mutter habe. Mit leichter Gereiztheit setzte er hinzu, daß sie wohl nie sterben würde. Er ahnte ja gar nicht, welches Glück er hatte! Ich weiß nicht, was ich darum gegeben hätte, daß meine Mutter noch am Leben wäre und ich sie betreuen könnte! Ich leide sehr darunter, meine Eltern verloren zu haben. Sie lebten jetzt längst im Ruhestand, und ich würde mich um sie kümmmern...«

Émile J. hakt mit kaum unterdrückter Wut nach: »Das ist es, was Sie in Ihrem Buch zum Ausdruck bringen sollten: Man hat uns unsere Eltern weggenommen. Man hat sie verbrannt. Warum? Bis heute kann niemand das begründen! Und bis heute wissen wir meist nicht einmal, wo sie umgekommen sind...

Wie soll ich es erklären? Es ist wie eine verschlossene Tür, und jeden Tag versammeln sich die meisten von uns vor dieser Tür. Wir hoffen immer noch, daß sie sich eines Tages öffnen wird.«

Rosette W. erzählt: »Eine Freundin von mir hatte das Glück, daß ihre Mutter noch lebte. Das war auch mein Glück. Oft raubte ich ihr für eine oder zwei Stunden, ohne daß sie es bemerkte, einige Momente mit ihrer Mutter, die ich mit meiner eigenen Mutter nie erleben konnte. Und noch heute kann ich nicht anders, als meine Kinder glücklich zu schätzen, wenn sie ›Mama‹ zu mir sagen. Gleichzeitig habe ich oft das Gefühl, daß sich dieses schöne Wort gar nicht an mich richtet. Es fällt mir auch immer schwerer, Feste zu Hause zu organisieren. Jedesmal empfinde ich dieselbe Leere. Ich hatte nie einen Ort, einen Menschen, dem ich mein Herz öffnen oder bei dem ich mir Rat holen konnte.«

»Aber hatten Sie nicht auch das Gefühl, wie etwa bei diesen Träumen während Ihrer Schwangerschaften, daß Ihre Mutter Sie beschützt?«

»Ja, doch, das hatte ich. Und dazu noch eine Geschichte: Als meine Tochter einmal einen leichten Unfall mit dem Motorroller hatte, was glauben Sie, was sie mir da seelenruhig erklärte, als sie es mir erzählte? Sie sagte: ›Ich hab sowieso keine Angst. Deine Mutter beschützt mich ja.‹ Obwohl ich ihr nie etwas von dem Traum, in dem meine Mutter bei mir am Bett sitzt, gesagt hatte.«

»Meine Eltern fehlen mir nicht«, nimmt Sarah C. den Faden auf. »Sie sind eigentlich immer präsent. Mein Vater und meine Mutter sind für mich nicht tot. Mein Vater beschützt mich. Ich konnte verschiedene Dinge im Leben gelassen angehen, weil ich sicher war, ihre Zustimmung zu haben.«

»Meine Mutter ist nicht tot«, bestätigt Félix J. »Zeigen Sie mir ihren Leichnam. Ich habe meine Mutter nie als Tote gesehen. Sie ist verschwunden... Daß sie verbrannt wurde? Nein, das ist nicht möglich... Wissen Sie, ich schlafe seit fünfzig Jahren jeden Abend mit der Vorstellung ein, ich hielte ihre Hand fest in meiner.«

»Nun ja,« sagt Zvi, »ich weiß nicht, ob das, was ich empfinde, eine Art Schuldgefühl gegenüber all denen, die in den Lagern getötet wurden, ist. Aber manchmal kommt mir der Gedanke, daß ich selbst hätte dort sein wollen, und manchmal bin ich mir sicher, daß ich selbst dort war. Mein Wunsch und meine Neigung, mich mit ihnen zu identifizieren, ist sehr real. Ich verdanke es nur dem Zufall, daß ich gerettet wurde... Wissen Sie, ein kleiner Junge in meinem Alter... aus unserer Nachbarschaft. Er wohnte auf unserer Etage. Er ist mit demselben Transport, mit dem mein Vater deportiert wurde, weggefahren...

Elie Wiesel hat es so ausgedrückt: ›Wenn ich am Leben bin, wer ist an meiner Stelle gestorben?‹
Am 1. September ging der Transport aus Belgien ab. In den verplombten Viehwaggons befanden sich 1 000 Personen, darunter 344 Kinder. Am 3. September kamen sie in Auschwitz an, und das heißt, daß am 4. September keines der Kinder mehr lebte. Sie wurden deportiert, ich bin geblieben. Es ist wirklich reiner Zufall, daß ich am Leben bleiben konnte.«

Bei Laure haben die in den Lagern Ermordeten das Gefühl einer unbeglichenen Schuld hinterlassen. Sie glaubt, deshalb bestimmte Pflichten in ihrem Leben erfüllen zu müssen. Sie war fast immer von der Angst bestimmt, sich schlecht zu benehmen und Fehler zu machen. Weil sie denkt, sie habe ihr Leben wie ein Geschenk, das ihr gar nicht zustand, erhalten, bewirkt schon der Gedanke, daß sie jemanden enttäuschen könnte, eine Art völlige innere Auflösung.
Ihr Ehemann ist als amerikanischer Jude in den Vereinigten Staaten geboren. Er bringt eine interessante Dimension in das Gespräch ein:
»Ich habe auf der persönlichen Ebene keine Schuldgefühle, aber auf der sozialen und politischen. Hier in Amerika wußte man, was in Europa vorging. Roosevelt war über die Existenz von Vernichtungslagern informiert. Die jüdische Gemeinschaft, die nicht den politischen Einfluß von heute hatte, forderte Aktionen vom Präsidenten, um das Massaker zu stoppen. Nichts geschah. Die jüdische Gesellschaft Amerikas sowie die nichtjüdische waren mitschuldig. Und ich bin ein Teil dieser Gesellschaft.«

Schweigen – das zweite Versteck

»Was ich während des Zweiten Weltkriegs in meiner Kindheit erlebt habe, ist wie ein beschämendes Geheimnis für mich. Manchmal ist mir so zumut, daß ich den erstbesten Menschen – Frau oder Mann – auf der Straße ansprechen und ihm sagen möchte: ›Ich habe ein Geheimnis...‹ Aber selbstverständlich tue ich das nie, schon weil die Angst, als verrückt zu gelten, mich abhält.«

Die Sprechende steht sehr aufrecht da und erzählt in gelassenem Ton, beinahe mit der Nüchternheit des »So ist es«, gegen das keine Hilfe und keine Lösung möglich scheinen. Sie trägt eine modische Kurzhaarfrisur, und ihr Gesichtsausdruck läßt eine Art Müdigkeit oder Überdruß erkennen, die den strahlenden Blick etwas trüben. Sie setzt sich schließlich wieder auf ihren Platz, nachdem sie ihr Problem sehr langsam beschrieben hat, als wolle sie den Moment hinauszögern, in dem sie wieder unter den anderen Teilnehmern verschwindet.

Die Versammlung findet in Manhattans East Side, an einem Sonntagnachmittag im Oktober 1991 bei drückender Hitze statt. Ehemals versteckte Kinder, die sofort, als der Krieg zu Ende war, nach Amerika auswanderten, sind hier zusammengekommen. Das Bild, das sie von Europa in Erinnerung haben, besteht aus Bruchstücken ihrer zerstörten Kindheit, der sie seit fünfzig Jahren hinterherlaufen.

Es handelt sich um einen Workshop, bei dem die einzelnen bescheiden und mit Anstand von ihrer Vergangenheit, von ihren Wunden und Narben berichten. Dieser Workshop wird von einer jungen marokkanisch-jüdischen Psychologin geleitet.

Die Treffen und Workshops ehemals versteckter Kinder werden zur Zeit in den USA immer zahlreicher. Dabei ist psychologische

Anleitung oder Begleitung nicht die Regel, ebenso oft organisieren sich die Teilnehmerinnen und Teilnehmer selbst.
In Belgien versucht die Bewegung (der versteckten Kinder) ebenfalls Workshops einzurichten, aber hier steckt alles noch in den Anfängen.
In Frankreich geht man daran, vor allem mit konfessionellen und philosophischen Zusammenschlüssen zu arbeiten, mit der Perspektive, einen landesweiten Verband ins Leben zu rufen.
Es steht außer Zweifel, daß solche Treffen mehr als eine heilsame Hilfe für die Betroffenen sind. Aber für lange Zeit, über vierzig und fünfzig Jahre, haben die Frauen und Männer, die sich als Kinder verstecken mußten, beharrlich geschwiegen. Warum?
Sarah R.: »Ich möchte für mich nicht von ›beschämendem Geheimnis‹ sprechen, sondern von unversehrtem Geheimnis. Über lange Jahre war es schwierig bis unmöglich, über diese Vergangenheit zu sprechen, einfach weil die anderen nicht zuhörten. Vor kurzem entdeckte ich, daß drei meiner nichtjüdischen Freundinnen antisemitische Parolen vertreten. Was sie da reden, bewegt sich auf dem Niveau von Gemeinplätzen... Doch selbstverständlich würden sie sich mitfühlend zeigen, wenn ich ihnen etwas aus meiner Geschichte erzählen würde – weil es sich dabei um mich, ihre Freundin, handelt. Ginge es dabei aber um eine andere Person, würden sie leicht gereizt abwinken und sagen: ›Oh, nein! Nicht noch so eine Geschichte von den armen, ermordeten Juden.‹«
Laure: »Ich bin nie so weit gekommen, selbst mit den besten Freunden über meine Vergangenheit zu sprechen. Bis heute bin ich noch keinem Menschen begegnet, der etwas von meiner Geschichte hätte wissen wollen... Diese Weigerung hat mich sehr wütend gemacht. Am schlimmsten ist es hier in Amerika unter den Juden selbst. Sie wollen nichts davon erfahren. Wenn sie sich aber zufällig doch einmal interessieren, dann ist das Ergebnis eher katastrophal und bringt solche unglaublichen Fernsehereignisse wie ›Holocaust‹ hervor... Ansonsten sind sie hier damit ausgelastet, die Bar-Mizvahs und die Hochzeiten ihrer Kinder und Freunde zu organisieren, ihre Ferien zu arrangieren und Sammlungen für Israel zu veranstalten. Zu hören oder zu lesen, was sich im Zweiten Weltkrieg abgespielt hat, ist nicht so

dringlich. Und gleichzeitig: Kann man ihnen das vorwerfen? Alles, was wir, die einen wie die anderen, erlebt haben, ist so unglaublich... Sehen Sie, mein Schwager geht zu allen Veranstaltungen von Elie Wiesel, er unterschreibt alle möglichen Petitionen... In den ganzen vierzig Jahren hat er mich kein einziges Mal nach meiner Geschichte gefragt.«

Jean S.: »Ja, das ist wahr. Ich habe auch jahrelang nicht über meine Vergangenheit geredet. Ich habe sie als etwas Geheimes angesehen, worauf man nicht eben stolz sein konnte. Seit zwei Jahren arbeite ich mit jüdischen Einwanderern aus Nordafrika zusammen. Ich hatte den Impuls, ihnen von meiner Kindheit zu erzählen und von meinen Ängsten... Doch ich habe sehr bald gemerkt, daß sie mir mehr aus Höflichkeit als aus Interesse zuhörten. Der Zweite Weltkrieg liegt so weit weg für sie wie der Hundertjährige Krieg... In ihren Augen ist das eine Geschichte von polnischen Juden, die sie überhaupt nicht betrifft.«

Rosette W.: »Für lange Zeit gehörte diese Vergangenheit mir allein. Mit meinem ersten Mann war das überhaupt kein Thema. Mein zweiter Ehemann wollte dann etwas davon erfahren. Also habe ich ihm in kleinen Stücken meine Kindheit erzählt. Ich habe Jahre dazu gebraucht. Mit meinen Freundinnen, die ich seit damals aus den Kinderheimen kannte und nach dem Krieg wiedergefunden hatte, habe ich mich erst vor kurzem über unsere Geschichten ausgetauscht. Wir lebten die ganzen Jahre, ohne je davon zu sprechen.«

Paul S.: »Meine Vergangenheit war eben meine Vergangenheit. Ich sprach nur äußerst selten davon. Ich wollte mich nicht erklären müssen. Eines Tages erzählte ich einer jüngeren Frau, zu der ich ein Vertrauensverhältnis hatte, meine ganze Geschichte. Sie sagte zu mir: ›Hier in Amerika könnte so etwas nie geschehen. Das würde hier einfach nicht passieren.‹ Ich habe erwidert: ›Bist du verrückt? Alles könnte sich morgen genauso wiederholen.‹ Sie fing an zu schluchzen. Meine Erwiderung hatte sie völlig aus der Fassung gebracht. Und ich bedauerte, ihr weh getan zu haben.«

Rosette Z.: »Unserer Vergangenheit entkommen, das hieß zu sagen: Wir leben wie alle anderen. Reden wir nicht mehr davon. Aber fühlen wir uns nicht immer ›anders‹?«

Léon, Ehemann von Rosette Z.: »In den Kinderheimen bekamen wir nach dem Krieg zu hören: ›Seid still. Lernt etwas. Seid richtige

Männer und Frauen, richtet euch ein Leben ein. Singt, arbeitet, aber hört auf mit dem Vergangenen.‹ Nie hat man uns gefragt: ›Was fühlt ihr, wie geht es euch innerlich?‹«

T. G.: »Als wir aus dem Versteck kamen, war alles noch durcheinander und in Bewegung. Was hätte ich meinem Vater erzählen können, das er nicht schon kannte? Er kannte alle meine verschiedenen Verstecke. Und hatte er mich nicht äußerlich unversehrt und lebendig wieder zu sich geholt? Also mußte man von da an neu beginnen. Obendrein war damals die Meinung verbreitet, daß wir noch zu klein gewesen seien, um begriffen zu haben, was passiert war, und um wirklich gelitten zu haben. Wir wurden wieder eingegliedert, mußten wieder zur Schule gehen, brav sein und so tun, als wären wir wie die anderen Kinder. Unsere Vergangenheit hat sich eingekapselt in uns. Später sind wir dann voll und ganz ins aktive Leben eingetreten – Beruf, Ehe, Kinder. Wir haben gelebt so gut wir konnten.

Und es muß auch gesagt werden, daß die Lage der Überlebenden, die nach dem Krieg aus den Konzentrationslagern heimkehrten, sehr viel dramatischer und aufsehenerregender war als unsere Erfahrung als versteckte Kinder. Wir, in unserer Ecke, gerieten aus dem Blickfeld und schwiegen. Irgendwann später erst zwangen uns verschiedene äußere Momente, ein zweites Mal aus unseren Verstecken herauszutreten. Da hatte jemand, ohne es zu ahnen, Sprengstoff gezündet... Und vielleicht leiden wir heute erst richtig an unserer Vergangenheit.

Wie kann man seinen Kindern die eigene zerrissene Kindheit erklären? Mit welchen Worten die Trennung von den Eltern beschreiben? Wie kann man sich so ausdrücken, daß das Auseinanderfallen der Zeit, das dauernde Gefühl, ohne Boden unter den Füßen dahinzutreiben und nicht dazu zu gehören, auch verstanden wird? In welchen Begriffen, ohne sich bemitleidenswert zu machen, kann man von dem Warten auf die verschwundenen Eltern, von den langen Stunden an den Fenstern der verschiedenen Heime erzählen? Welchen Augenblick im Leben seiner Kinder sollte man abwarten, um ihnen das auferlegte Schweigen begreiflich zu machen? Oder die Leidensmomente, die Risse, die Ängste? Können Worte helfen, um in der dunklen Leere die einzelnen Fragmente zu erschließen, die das Gedächtnis oft nicht freigibt?

Elie Wiesel schreibt: ›Die Überlebenden tragen nicht nur eine Verantwortung für die Bewahrung der Vergangenheit, sondern auch für die Zukunft. Sie kennen das Maß der Dinge. Sie können das Essentielle vom Nichtessentiellen unterscheiden.‹
Gewiß sind sich Eltern dieser Verantwortung als Vermittler bewußt, denn sie wissen, daß sie die letzte Generation sind, die das Chaos des Zweiten Weltkriegs durchlitten hat. Doch wie können sie frei und offen von dem, was sie erlebten, berichten, ohne immer wieder an die alten schmerzhaften Wunden zu rühren? Es fehlt die Distanz, die helfen könnte, sich mit der eigenen Vergangenheit zu konfrontieren.«

Serge S., der älteste Sohn von Rosette Z.: »Die Geschichte meiner Mutter habe ich erst sehr spät entdeckt. Lange Jahre hatte ich keine Vorstellung von dem Leben, das sie früher führte. Es kam vor, daß sie mir davon erzählte. Aber ich muß zugeben, daß mich ihre Kindheit nicht interessierte. Ich betrachtete sie als meine Mutter und nicht als ein unglückliches Kind, das erwachsen geworden war. Kurz bevor ich in die Pubertät kam, wollte ich mehr erfahren. Ich traf mich mit Leuten, die zur jüdischen Gemeinschaft gehörten, mit der Absicht, zu verstehen und zu fassen, was früher passiert war. Vor allem, was die Deportation war. Und was ich zu hören bekam, schien mir nicht schwer zu glauben, sondern schwer zu ertragen.«
Emanuelle, eine Tochter T. G.'s: »Ich kann mich nicht erinnern, daß mir meine Mutter von ihrer Kindheit erzählt hätte, aber gleichzeitig kommt es mir vor, als hätte ich immer davon gewußt. Wie sich diese Erinnerung vermittelte, weiß ich nicht. Mein Eindruck ist, daß sich die Information durch das Nichtgesagte übertragen hat.«
François D., der älteste Sohn von Alice D.: »Meine Mutter hat mir sehr wenig aus ihrer Geschichte erzählt. Was ich weiß, habe ich nur von meinen Großeltern erfahren. Ich kann mich nicht an alles erinnern, am ehesten noch an bestimmte erschreckende Einzelheiten. Zum Beispiel an die Bombardierung und Zerstörung des Hauses, in dem sie wohnten, bevor sie sich versteckten. Es wurde am Morgen des Tages, an dem sie dorthin zurückkehren wollten, von Bomben getroffen. Wären sie nur einen Tag früher zurückgekehrt, wäre niemand am Leben geblieben. Die

Geschichte meiner Mutter hat mich nicht wirklich betroffen. Obwohl ich Gefühle habe und auch weine, aber von ihrer Vergangenheit fühle ich mich doch sehr weit entfernt.«

François' jüngerer Bruder Stéphane D. läßt interessanterweise in seiner Wahrnehmung derselben Ereignisse deutliche Unterschiede zu seinem älteren Bruder erkennen – innerhalb ein- und derselben Familie.

Stéphane D. erzählt: »Schon etwa im Alter von sieben Jahren hatte ich genaue Vorstellungen vom Krieg und von der Deportation. In den letzten Jahren habe ich meiner Mutter oft Fragen gestellt. Ich habe ein Gefühl von Leid davon zurückbehalten, dann ein Gefühl von Glück. Trotz Krankheit, trotz Versagungen und Ängsten konnte sie sich den ganzen Krieg über mitten in Paris in einem Keller verstecken und so der Deportation entgehen.«

Anouck, die jüngste Tochter S.B.'s: »Ich habe das Gefühl, mit der Vergangenheit meines Vaters geboren zu sein. Vor einigen Jahren machten wir, meine Eltern, meine Schwester und ich, eine Reise nach Frankreich. Dabei haben wir alle die Orte besucht, an denen mein Vater im Krieg versteckt war. Damals verstand ich noch nicht recht, was es bedeutete, ich machte mir die Wichtigkeit dieser Reise nicht klar. Meine Schwester und ich blieben im Auto sitzen und warteten stundenlang auf die Eltern. Später, als im Fernsehen die Serie ›Holocaust‹ lief, habe ich sie mir angesehen. Da war ich elf Jahre alt. Seitdem begriff ich besser, was mein Vater in seiner Kindheit erlebt hatte. Trotzdem konnte ich nicht ganz fassen, was sich damals abgespielt hat. Ich bringe es nicht fertig, mir vorzustellen, daß das alles wirklich geschehen ist.«

»Kommt es vor, daß Sie Ihren Vater nach seiner Geschichte fragen?«

»Ja, manchmal. Nur weiß ich eben, daß es immer schmerzhaft für ihn ist, von seiner Kindheit zu sprechen, und ich möchte nicht gerne an die alten Wunden rühren.«

Doris N., die Tochter von Rosette W.: »Ich war sieben Jahre alt, als ich mit der Kindheit meiner Mutter in Berührung kam. Sie ging mit mir zusammen in den Film ›Nacht und Nebel‹ von Alain Resnais. Ich reagierte sehr stark darauf. Ich kam mit geballten Fäusten aus der Vorstellung und fragte mich, warum die

Juden sich gefügt hatten. Später brauchte ich keine Fragen mehr zu stellen, weil meine Mutter mir oft aus ihrer Kindheit erzählte.«

Olivier B., der älteste Sohn Sarah C.'s: »Historisch gesehen habe ich nie etwas über die Kindheit meiner Mutter erfahren. Das war ein Thema, das sie nicht anfaßte, das jedoch kurioserweise zur Quelle täglicher Konflikte wurde. Immer stellte sie mir vor Augen, welch großes Glück ich doch hätte, etwas zu haben, was ihr vorenthalten worden war. Sie hätte sorgenfrei leben können, aber ihre Vergangenheit schuf eine Atmosphäre am Rand der Hysterie.«

Sarah R. beschloß eines Tages, ihren Kindern von ihrer eigenen Kindheit zu erzählen, als sie etwa sieben Jahre alt waren.

»Ich hatte mir den Bericht über meine Kindheit wie eine Pflicht auferlegt. Die Kinder hörten mir ganz lieb zu, stellten Fragen und zeigten Mitgefühl: ›Arme Mama‹, ›Was haben sie der Mama angetan.‹ Dann später, im Alter von vierzehn, fünfzehn Jahren demonstrierten sie völlige Ablehnung. Am krassesten meine Tochter. Sobald ich das Thema anschnitt, brüllte sie: ›Es reicht! Immer dieselben Geschichten!‹ und verließ mit einem Türknallen den Raum. Mein Sohn war weniger aufsässig. Er entzog sich, indem er eine Verabredung auf die letzte Minute vorgab.«

Rosette Z.: »Bestimmt ist es einfach zu schlimm, was wir unseren Kindern zu erzählen hatten. Mein ältester Sohn sagte: ›Halt! Halt! Ich kann nichts mehr davon hören!‹«

Serge S.: »Zu erfahren, was meine Mutter durchlitten hatte, war schwer erträglich. Wie ist das vorstellbar, daß sie als Kind so leiden mußte? Ich bin schließlich soweit gewesen, mir vorzuwerfen, daß ich selbst in diesem Alter eine ganz wunderbare Kindheit hatte. Es ist nicht einfach, so gute Eltern zu haben. Selbstverständlich mußte man sich entsprechend als gutes Kind, brav, ernsthaft und folgsam zeigen. Bei meinen Eltern und mir trafen sich zwei Schuldgefühle: Ich weiß, daß sie sich schuldig fühlen, mir ihre ganze schwere Geschichte erzählt und erklärt zu haben, und ich habe mich schuldig gefühlt wegen meiner glücklichen Kindheit.«

Die Vergangenheit Rosette W.'s rief bei ihrer Tochter Doris N. ein Gefühl von Ungerechtigkeit hervor, das sich zuerst in einer Selbstschutzreaktion äußerte und später völlige Ablehnung bewirkte.
Doris N.: »Ich lehne Martyrium und Leid als Bestätigung der Mängel des Lebens ab. Wenn faktisch das Leid zu einem Handlungsimpuls werden kann, so ist andererseits die Selbstgefälligkeit im Leiden gefährlich. Nehmen wir Martin Gray*. Ich habe ihn meiner Mutter oft als Beispiel zitiert. Er hat entsetzliche Dramen durchgestanden, und seine Bücher sind Botschaften der Hoffnung. Er hat sein Unglück zu etwas Positivem transformiert. Und ich sage noch einmal: Die Selbstgefälligkeit im Leid hat etwas Reduzierendes.«

Die meisten Kinder von versteckten Kindern haben keine Großeltern. Sie wurden in den Vernichtungslagern umgebracht. Großeltern sind im familiären Mosaik unentbehrlich. Als Garanten der Vergangenheit erlauben sie den nachfolgenden Generationen, die eigenen Wurzeln zu finden – durch ihre simple Anwesenheit, ihr Erzählen, ihre Art zu leben oder sogar ihre Sprache.
Wie und mit welchen Worten ihr Fehlen begründen?
Serge S. über das Nichtvorhandensein seiner Großeltern: »Meine Klassenkameraden erzählten oft, daß sie in den Ferien zu ihren Großeltern fuhren, oder daß sie am Sonntagmittag zu ihnen zum Mittagessen gingen. Auf diese Weise wurde mir im Kindesalter bereits bewußt, daß ich keine Großeltern hatte. Ich will nicht behaupten, daß das ein großes Drama für mich war. Ihre Abwesenheit erlebte ich eher wie einen Mangel an Identität, nicht als emotionalen Mangel. Die Wärme und der Schutz meiner Eltern waren mir genug.«

* Martin Gray ist Autor der auch in Deutschland bekannten literarischen Bearbeitungen seines kaum glaublichen Lebensweges. Beim Einmarsch der Deutschen in Warschau war er 14 Jahre alt. Er wurde in das Konzentrationslager Treblinka deportiert, kam frei und nahm am Aufstand im Warschauer Ghetto teil. Er kämpfte als Partisan und war als Mitglied der Roten Armee bei der Eroberung Berlins eingesetzt. Nach dem Krieg übersiedelte er nach Frankreich, wo seine Bücher zuerst erschienen. In deutscher Sprache sind veröffentlicht: »Der Schrei nach Leben« (1986) und »Licht am Ende der Nacht« (1988). (Anm. d. Übers.)

Rosette Z., Serges Mutter, erinnert sich, wie ihr Sohn sie einmal, als er aus der Schule nach Hause kam, fragte, warum er keinen Großvater und keine Großmutter habe. »Er machte den Eindruck, als wäre er bestraft worden. Ich antwortete ihm, das sei keine Strafe, sondern leider eine schlimme Gegebenheit.«
Auch dieses Thema rührte stark an die eigenen alten Wunden der antwortenden Eltern, denn sofort war die eigene Kindheit wieder präsent.
T.G. entschied sich, überhaupt nicht davon zu sprechen: »Meinen Kindern von meinen Eltern zu erzählen, das hätte bedeutet, von mir zu reden und schmerzhafte Momente wieder wachzurufen.«
Ihre Tochter Emanuelle reagierte darauf, indem sie Recherchen über ihre Großmutter anstellte.
»Seit meinem sechzehnten Lebensjahr hatte ich den Wunsch, selbst etwas herauszufinden. Ich wußte nichts, weil meine Mutter mir nichts mitgeteilt hatte, und erfuhr von meiner Cousine, daß es im Brüsseler Gesundheitsministerium ein Dossier über meine Großmutter gab. Wir fuhren los. Wir haben dort tatsächlich einige Einzelheiten erfahren, die wir nicht kannten. Doch dann brachen wir unsere Nachforschungen ab. Warum? Ich habe es noch nicht geschafft, das zu analysieren. Vielleicht hatten wir Angst davor, mehr zu entdecken. Ein paar Monate erzählte ich meiner Mutter nichts davon. Eines Tages, als wir allein zu Hause waren, habe ich mit ihr darüber gesprochen. Es war ein schmerzhafter Augenblick, und mir tat es leid, sie so zu erleben. Aber zu erfahren, daß ich nachgeforscht hatte, wirkte gleichzeitig auch wohltuend auf sie. Sie begann, von meiner Großmutter und meinem Großvater zu erzählen. Es waren keine großen Deklamationen, sondern eher leise, zurückhaltende Sätze. Doch zum erstenmal redete sie überhaupt davon.«
Rosette Z. fragt sich, ob sie nicht – gegen ihren Willen und trotz ihrer jahrelangen Anstrengungen – einen Teil ihrer Bürde, ihres Leids und ihrer Ängste auf ihre Kinder übertragen hat. Vor allem auf Serge, ihren ältesten Sohn.
Serge S. selbst erwidert: »Es ist wahr, daß ich Phasen der Niedergeschlagenheit habe. Ich glaube aber, selbst wenn es den Krieg und die Deportation nicht gegeben hätte, wäre ich ein eher ängstlicher, melancholischer Mensch.«

Emmanuelle, T.G.'s Tochter: »Ich merke, daß ich in meinem Liebesleben zu Verhaltensweisen neige, die ich selbst nicht verstehe. In meiner Liebesbeziehung vor allem. Obwohl ich keine direkte Verbindung mit der Geschichte meiner Mutter erkennen kann, sage ich mir, daß da irgendein roter Faden existieren muß. Ich habe große Angst vor Konflikten und davor, verlassen zu werden.«
Anouck: »Mein Vater hat Ängste auf allen Ebenen. Als wir zum Wintersport fuhren, konnten wir keinen Skilift mit geschlossener Kabine besteigen. Er wagt sich auch in kein Flugzeug, aus Angst vor dem Eingeschlossensein. Aus demselben Grund kann er auch nicht ohne Begleitung Auto fahren. Was mich betrifft, so werde ich jedesmal, wenn ich in eine Liftkabine klettere, wenn ich allein im Auto sitze, von ähnlichen Ängsten befallen.«
Doris N.: »Was ich vor allem von meiner Mutter mitbekommen habe, ist die Angst vor dem Ausgesondertwerden. Sie hat sich bei mir zu einem Engagement gewandelt, zur Solidarität mit allen gesellschaftlichen Gruppen, die von Ausschluß bedroht sind. Diese Angst, und was ich daraus gemacht habe, wurde auch zum Ursprung für meinen Beruf als Hebamme: betreuen und zu Hilfe kommen. Und aus denselben Gründen habe ich auch mit der Organisation ›Ärzte für die Welt – Médecins du Monde‹ gearbeitet.«

Die chaotische Kindheit, die die versteckten Kinder durchleben mußten, hat viele unter ihnen später als Eltern dazu geführt, ihre Kinder übermäßig zu behüten. Nach den eigenen Aussagen dieser Eltern versorgten und beschützten sie ihre Kinder weit über das Maß des Vernünftigen hinaus. Ihre Kinder nehmen dazu Stellung.
Serge S.: »Schon sehr früh hatte ich das Gefühl, von meiner Mutter übermäßig behütet zu werden, besonders im Gefühlsleben. Mit ›Tu dies nicht, sei da vorsichtig, deck' dich schön zu‹ undsoweiter. Das war nicht normal, und ich habe es schlecht verkraftet. Als ich die Geschichte meiner Mutter erfuhr, begriff ich die Beweggründe für dieses Verhalten.«

Sarah C., Rosette W. und T.G. gestehen sich ein, daß sie ihre Kinder übermäßig beschützten.

Doch wenn die Kinder im Lauf der Jahre selbst erwachsen werden und sich weiterhin um ihre Eltern kümmern, ereignet sich ein überraschender Transfer: Die »Overprotection«, das übermäßige Beschützen, überträgt sich auf das Verhalten der Kinder.

Serge S. gesteht: »Bestimmt liegt in meinem Verhalten auch ein großer Egoismus. Wenn ich heute meine Eltern übermäßig beschütze – sogar bis zu dem Punkt, daß sie sich darüber ärgern –, dann geschieht es, weil ich Angst habe, sie zu verlieren. Seit ich auf der Welt bin, ist mir der Schmerz, eine geliebte Person zu verlieren, noch nicht begegnet. Und wenn dieser Tag einmal kommt, wird es eine schreckliche Prüfung für mich sein. Ich muß oft daran denken...«

Für Emmanuelle fand gegenüber ihrer Mutter eine völlige Umkehrung der Situation statt: »Heute habe ich das Gefühl, daß ich diejenige bin, die sie behüten muß, die ihr zuhören und sie unterstützen sollte. Und sie spielt dieses Spiel ganz fantastisch, indem sie eine Beziehung der Bedürftigkeit herstellt. Zum Beispiel bin ich diejenige, die ihre Romane Seite für Seite abtippt. Denn so ist es leichter für sie. Und ich bin hier, in der Nähe, während meine Schwester in Israel lebt. Außerdem fühlt sie sich mir gegenüber nicht gehemmt. Daß sie mich ihre Texte schreiben läßt, ist sicherlich auch eine Art, mir ihre Geschichte zu erzählen. Ich erwische mich bei dem einen oder anderen Konflikt manchmal dabei, wie ich alles tue, um sie zu entschuldigen.«

Anouck räumt ein, daß es sich bei ihr um ein nicht ganz freiwilliges Beschützerverhalten handelt: »Da mein Vater unter seinen Ängsten leidet, fühlt man sich schuldig, wenn man die Spielregeln mißachtet. Wenn zum Beispiel meine Mutter verreist ist, muß ich unbedingt abends um elf Uhr zu Hause sein. Ich finde es zwar völlig irrsinnig, mit zweiundzwanzig Jahren um diese Uhrzeit zu Hause zu sitzen, aber ich würde mich sehr schlecht fühlen, wenn ich zu spät käme.«

Ein Leben mit Behinderungen

»Als ich klein war,« sagt Rosette Z., »hatte ich Angst vor Erwachsenen. Das hat sich mit dem Älterwerden nicht geändert. Im Gegenteil. Ich habe Angst vor allen und jedem. Die Angst hat mein Leben vielleicht beherrscht. Es war die Furcht, nichts so machen zu können, wie es sich gehörte. Immer fühlte ich mich unfähig, eine Arbeit richtig zu machen. Meine großen Anstrengungen, zu genügen, riefen manchmal Krankheiten hervor. Nicht zu wissen, wie man ganz alltägliche Probleme löst, die jede Frau mit einem Fingerschnippen erledigt, machte mich krank. Schließlich kam ich dabei an, einen Trick zu benutzen. Ich fragte im Büro meine Kolleginnen, ob sie dieses oder jenes Problem kannten. Selbstverständlich fand ich immer einen Vorwand, um meine Fragen unauffällig anzubringen. Sie erklärten mir, wie sie darüber dachten und damit umgingen, und ich ahmte sie nach. So sehr, daß ich jahrelang nur andere imitierte. Anders ausgedrückt, ich habe nicht aus mir selbst heraus gelebt, sondern durch andere Frauen.
Ich hatte die alptraumartige Angst, von meinen Lieben getrennt zu werden. Als wir jung verheiratet waren, hatten wir noch kein Telefon. Wenn Léon nicht zur gewohnten Zeit nach Hause kam, strebte alles auf eine Katastrophe zu. Ganz sicher war er tot. Tausend Fragen, was aus mir und den Kindern werden sollte, fielen über mich her. Ich zweifelte sowieso daran, das Richtige tun zu können. Die kleinste Verspätung meiner Kinder nach der Schule stieß mich in tiefste Verzweiflung. Dann trafen mich meine Söhne in einem Zustand zu Hause an, in dem ich für mehrere Stunden unfähig war, ein Wort zu sagen.«
Léon schaltet sich ein: »Wenn die Kinder sich verspäteten, war ich auch verängstigt. Aber irgendwie doch vernünftiger als Rosette. Sie erlebte in ihren Ängsten und Befürchtungen Momente

aus ihrer Kindheit wieder. Selbst wenn alles gutging, hatte sie Angst durch die Vorstellung, irgendetwas Schlimmes könnte sich ereignen.«

»Das ist wahr. Als Kind glaubte ich, daß es mir bestimmt niemals gelingen würde, eine Familie und ein Heim zu haben, überhaupt dieses Glück zu erfahren. Und dann hatte ich immer Angst, daß mir mein Mann und meine Kinder genommen werden könnten. Mit meinen Enkelkindern geht es ganz genauso weiter. Diese andauernde Angst und die Befürchtungen haben mein Leben verdorben.«

Sarah R. erzählt von sich: »Über lange Jahre war ich von dem Gedanken an materielle Not wie besessen. Um gegen diese fixe Idee anzugehen, gab ich ein Vermögen für Kleidung und Friseure aus, und um dieses viele Geld ausgeben zu können, mußte ich immer mehr arbeiten. Es war ein Teufelskreis. Aber auch heute noch belagert mich diese Angst vor Armut. Ich habe zwei Mittel gefunden, um ihr zu entkommen: Reisen und kiloweise Bücher kaufen. Diese Angst vor materiellem Elend ist bei allen, die im Krieg versteckt waren und oft hungern mußten, sehr ausgeprägt. Ich habe eine Freundin, die ihren Tiefkühlschrank mit allen möglichen Sorten Fleisch vollstopft, die sie in den verschiedenen Metzgereien finden kann. Sie ist aber Vegetarierin! Sie ißt kein Gramm von diesem Fleisch, das sie einkauft. Es beruhigt sie, daß sie es in ihrer Nähe weiß.«

»Aber was macht sie dann mit dem vielen Fleisch?«

»Sie schenkt es Krankenhäusern und fängt dann wieder mit dem Einkaufen an.«

Laure: »Umziehen oder nur einen Gegenstand von dem Platz, an den ich ihn gestellt habe, wegzubewegen, ruft schlimmste Ängste bei mir hervor. Mein Mann behauptet, ich hätte seit fünfzig Jahren die immer gleichen Gewohnheiten. Und das mag stimmen, ich bin nicht in der Lage, mich zu verändern.

Die gewaltigste Angst, der ich je begegnet bin, erlebte ich in dem Jahr meines 42. Geburtstags. Ich habe Ihnen schon erzählt, daß meine Mutter in diesem Alter beim Besuch meines Vaters im südfranzösischen Internierungslager an einem Herzanfall gestorben war. Mir wurde, als ich so alt war, beinahe zufällig bewußt, daß meine Mutter in genau diesem Lebensjahr starb. Ich bekam in der Folge alle möglichen schweren Krankheiten. Ich war davon überzeugt, daß mir etwas zustoßen würde. Ich wurde wegen jeder Kleinigkeit ohnmächtig, und mein Mann verbrachte die meiste freie Zeit damit, mich in den verschiedenen Krankenhäusern zu besuchen. Weil ich dachte, ich würde sterben, hatte ich schon meine Beerdigung bis in die kleinsten Einzelheiten vorgeplant. Das Schrecklichste waren die letzten Tage bis zu meinem darauf folgenden Geburtstag. Ich konnte acht Tage lang keine Nacht schlafen vor Angst. Erst als der Geburtstag vorbei war, löste sich diese Angst nach und nach auf.«

Jean S.: »Ich habe mein achtunddreißigstes Lebensjahr wie einen Alptraum erlebt. Ich war besessen davon, sterben zu müssen wie mein Vater, der in diesem Alter verhaftet und deportiert worden war. Das konnte durch nichts in Frage gestellt werden. Egal, was meine Freunde dazu sagen mochten, es änderte nichts an dieser fixen Idee. Und zur Gewißheit meines bevorstehenden Todes hatte sich noch eine zweite Angst gesellt: Wie und woran würde ich sterben? Ich ging sämtliche Eventualitäten durch. Ich beschloß, nicht mehr selbst Auto zu fahren und nahm tagsüber per Mietwagen einen Chauffeur in Anspruch. Das kostete mich meine Ersparnisse. Ich reiste auch nicht mehr im Flugzeug und mied selbst den Zug. Die Straße betrat ich nur noch so selten wie irgend möglich, schränkte aus diesem Grund meine Stadtgänge ein und lehnte Essenseinladungen ab – zum Bedauern meiner Freunde, die mich immer wieder, aber auf nette Art, damit neckten. Ich lebte das ganze Jahr in der Erwartung dieser Schicksalssekunde oder des Risses.«

»Waren Sie da nicht ein bißchen Zuschauer Ihrer eigenen Angst?«

»Doch, durchaus. Ich glaube, irgendwie ist man das immer. Ich durchlebte Wochen, die sich wie Theaterstücke abspielten – immer in der Erwartung, daß der Held des Dramas vom endgültigen Schicksalsschlag heimgesucht würde. Aber dieses Jahr war auch bereichernd für mich. Ich habe unter anderem mein Privatleben in Ordnung gebracht, habe mich scheiden lassen und vor dem großen Aufbruch gründlich aufgeräumt. Am Vorabend zu meinem Geburtstag bin ich zu Bett gegangen, um dann die ganze Nacht wach zu liegen und auf meinen Tod zu warten.«

»Das ist ja fast eine Inszenierung.«

»Ich wollte diesen Augenblick bewußt erleben. Als ich in der

Morgendämmerung immer noch am Leben war, bin ich sehr erschöpft eingeschlafen. An den darauffolgenden Tagen konnte ich nicht aufhören zu weinen. Weinte ich, weil ich nicht gestorben war? Ich weiß es nicht. Jedenfalls habe ich Jahre gebraucht, um diese Angst loszuwerden.«

Eine Frau, deren Name ungenannt bleibt, berichtet: »Es geht mir jetzt seit vierzig Jahren jeden Morgen so, daß mich in dem Moment, in dem man normalerweise die Augen aufschlägt, eine gewaltige Angst überfällt. Das hat mir mein Leben zerstört. Ich bin in Behandlung und Therapien gewesen, nichts hat geholfen. Seit vierzig Jahren beim Aufwachen jeden Morgen derselbe Ablauf: Sobald der Schlaf leichter wird und ich auftauche, höre ich eine Art Brummen, und meine Kehle ist zugeschnürt. Trotzdem kann ich Luft holen. Dann fange ich an, sehr stark zu schwitzen. Ich unternehme alles mögliche, um aus dem Zustand des Halbschlafs herauszukommen und die Augen zu öffnen, aber ich schaffe es nicht! Ich kann einfach nicht! Das ist grauenhaft. Vor ein paar Jahren habe ich einen Trick herausgefunden. Wenn ich morgens wieder in diesem Zustand war, stieß ich einen lauten Schrei aus. Das stoppte den Brummton und löste die zugeschnürte Kehle. Aber inzwischen nutzt der Schrei nichts mehr.«

»Haben Sie Angst, aufzuwachen?«

»Ja. Und wenn ich dann endlich, nach einer oder zwei Stunden die Augen aufschlagen kann, muß ich mich zuallererst in dem Zimmer, in dem ich mich befinde, ganz genau umsehen. Erst wenn ich mir sicher bin, daß nirgendwoher Gefahr droht, kann ich aufstehen. Seit dem Golfkrieg ist noch etwas hinzugekommen: Solange ich mein Frühstück zubereite, rinnen mir Tränen aus den Augen, die ich nicht zurückhalten kann. Es ist mir nicht möglich, dieses Weinen zu beeinflussen.«

»Haben Sie mit dem Golfkrieg Momente aus Ihrer Kindheit wiedererlebt?«

»Als ich im Fernsehen sah, wie die Israelis mit Gasmasken in Kellern sitzen, hatte ich große Angst, daß alles wieder anfängt. Seitdem geht mir dieser Anblick nicht mehr aus dem Kopf. Ich habe schon am Abend Angst, einzuschlafen, weil ich mich vor dem Aufwachen am nächsten Morgen fürchte. Wegen dieser blödsinnigen Angst konnte ich nie ein normales Gefühlsleben entfalten und kein normales Berufsleben führen. Ich habe nicht geheiratet. Die Männer, die ich kennenlernte, haben mich nicht verstehen können. Natürlich habe ich wie alle anderen versucht, meine Probleme zu kaschieren, aber es gelang mir nie so recht. Im Beruf brauchte ich immer viel zu lange Zeit mit meiner Arbeit. Jahrelang bin ich Archivarin gewesen, und schließlich habe ich mich auf Übersetzungen im Bereich der Seefahrt spezialisiert, da ich vier Sprachen spreche und schreibe. Ich arbeite zu Hause und kann mir morgens Zeit lassen, bis ich arbeitsfähig bin. Somit stellt das kein Problem mehr dar, und wenn, dann nur für mich selbst.«

Émile J. hat seit seinen Kindertagen immer den gleichen Alptraum: Er sieht sich laufen, und irgendwann stürzt er in einen Abgrund. Am Morgen wacht er schweißgebadet auf. Seine Frau fügt hinzu, daß er oft nachts schreit.
Laure versucht auf einer riesigen Wählscheibe eine Telefonnummer zu wählen, es gelingt ihr aber nicht.
Sarah R. sucht ihr Heim. In ihrem Alptraum ist das Haus so eindringlich genau zu sehen, daß sie es aus dem Gedächtnis zeichnen könnte. »Aus diesem Grund habe ich Jahre damit verbracht, Häuser zu kaufen und sie sehr bald wieder zu verkaufen. Ich lebte in der Hoffnung, daß ich auf diese Weise eines Tages das Haus aus meinem Traum wiederfinden würde und es dann betreten könnte.«
»Ist Ihnen nie der Gedanke gekommen, das Haus zu zeichnen und es bauen zu lassen?«
»Doch, aber ich glaube, daß mich das nicht beruhigt hätte. Denn dieses Haus existiert ja, und ich will es finden.«
Sorel erzählt: »Ich habe völligen Erinnerungsverlust. Ich kann mich heute noch genau an den Augenblick erinnern, in dem meine Mutter mich an der Hand festhielt. Und das Gesicht des Typen von der Gestapo in Marseille, der sie am Arm mit sich zog, habe ich auch nicht vergessen. Aber danach kommt ein schwarzes Loch. Ich habe weder Überbleibsel noch sonst einen Lichtschimmer gefunden, der mir geholfen hätte, meine über drei Jahre tote Vergangenheit wiederzubeleben. Ein einziges Mal habe ich bei einem Treffen von ehemaligen in Kinderhei-

men Versteckten Leute gefunden, die mir sagten, sie hätten mich als Kind gekannt, ich sei in einem Heim im Isèretal zwei Monate lang mit ihnen zusammen gewesen. Das war der einzige Lichtstrahl in meine tote Zeit. Diese verschwundene Vergangenheit ist leidvoll für mich. Sie ist der Teil meines Lebens, der blockiert bleibt und den ich nicht aus dem Dunkel herauslösen kann. Ich habe keine Angehörigen mehr, und daher auch keine Anhaltspunkte, die mir bei meinen Nachforschungen Hilfe bieten könnten. Ich fühle mich wie von einem Teil meiner selbst amputiert. Ich suche, ich ziehe Archive zu Rat, ich vergrabe mich in Fotografien und sage mir immer wieder, daß vielleicht eines Tages ein Bild darunter sein wird, das Licht in dieses Dunkel bringt. Ich lese Bücher über den Zweiten Weltkrieg, ich besuche Zusammenkünfte, ich frage Leute. Aber bis heute ohne Ergebnis, immer noch...«

»Können Sie mir sagen, wo ich auf diesem Foto zu sehen bin? Erkennen sie mich darauf wieder?«
Monique F.'s Frage hat die Intensität eines unterdrückten Schreis. Die Fotografie wurde 1944 aufgenommen, vor dem Rathaus von Annemasse. Darauf sind kleine Mädchen und Jungen und Jugendliche in Pfadfinderuniformen zu sehen. Ein Mann im Zentrum schüttelt einem jungen Mann die Hand, der sich im Bildhintergrund hält und leicht lächelt. Eine junge Frau fehlt auf diesem Foto: Marianne Cohn, die von der Gestapo wochenlang gefoltert und schließlich umgebracht wurde. Von ihr war weiter vorn ausführlich die Rede. Monique F., die damals acht Jahre alt war, befand sich in Mariannes Gruppe. Sie war mit den anderen Kindern zusammen von den Deutschen gefangengenommen worden. Die Fotografie liegt auf dem Eßtisch ihrer Wohnung in Brooklyn. Sie zeigt mit dem Finger auf jedes der Mädchengesichter. Seit vielen Jahren versucht sie sich auf diesem Bild wiederzuerkennen...
»Unser Transporter hielt an, ja, daran kann ich mich erinnern... Draußen war es schon dunkel. Ich kann den Schuß noch hören, der den Fahrer unseres Lastwagens tötete. In diesem Augenblick hatten alle Kinder begriffen, daß etwas Schlimmes passiert war. Ich fing an zu beten... zu Jesus, zu Moses, zu allen. Ich betete zu ihnen, daß sie mich vor der Verhaftung retteten. Ich hatte große

Angst. Plötzlich wurde die Plane unseres Wagens hochgeschlagen. Von da an geht in meinem Gedächtnis alles drunter und drüber.
Von der Zeit im Gefängnis habe ich nur einzelne Bruchstücke ohne Sinnzusammenhang behalten... Mir wurde von Zellen erzählt, in die die Deutschen uns eingesperrt hätten. Ich habe aber einen großen Raum in Erinnerung. Der Fußboden war widerlich schmutzig... und dann der Gestank! Ich kann mich noch deutlich an diesen Geruch erinnern. Es roch ekelhaft. Wo schliefen wir? Nicht in Betten. Nein, auf Strohsäcken in diesem großen Saal. Wir wuschen uns nicht, ich habe keine Erinnerung an ein Waschbecken. Unsere Notdurft verrichteten wir in Gefängniskübel. Daran erinnere ich mich wegen des Geruchs.
Eine Einzelheit: Tageslicht fiel durch eine kleine Öffnung herein. Das war angenehm.
Die Deutschen verhörten uns, alle Kinder kamen eins nach dem anderen an die Reihe. Jeden Tag. Das Gesicht des Deutschen, der uns befragte, habe ich vergessen, aber sein Revolver auf dem Schreibtisch ist mir im Gedächtnis geblieben. Ab und zu muß er ihn aufgenommen haben, denn ich sehe noch deutlich, wie seine Hände an der Waffe herumspielen. Er ließ sie immer von einer Hand in die andere wandern... Welche Fragen mir gestellt wurden? Das weiß ich nicht mehr. Ich erinnere mich nicht mehr, was sie herausfinden wollten. Sprachen sie französisch oder deutsch mit uns? Ich habe es vergessen.
Sie schlugen uns. Ohrfeigen, Stiefeltritte gegen die Beine. Es gab ein kleines Mädchen in der Gruppe, auf die hatten sie es besonders abgesehen. Sie schlugen sie mehr als die anderen. Ihren Vornamen weiß ich noch: Frieda. Der Nazi schlug sie mit seinem Hosengürtel. Ich weiß nicht mehr, wo ich das Wasser herholte, aber ich sehe mich noch, wie ich ihr half, ihre Wunden auszuwaschen.
Das Unglaublichste ist, daß ich mich nicht mehr an meine Empfindungen erinnern kann. Ebensowenig wie ich mich selbst wiedererkennen kann. Ich sehe in der Erinnerung nur einzelne Bewegungen, Gesten – wie Momentaufnahmen. Diese ganze elende Geschichte hat mir den Boden unter den Füßen weggerissen. Seit 1944 ist mir so, als hinge ein Teil von mir in der Luft, in der Schwebe... Ich habe viele Alpträume gehabt. Ein einziger ist

übriggeblieben, die anderen verschwanden mit der Zeit. Diesen einen kann ich Ihnen erzählen: Ich laufe durch die Nacht. Die Nazis sind hinter mir her, und ich wache immer in dem Moment auf, in dem sie mich einholen.
Um auf das Foto zurückzukommen: Ich erinnere mich, als wir freigelassen wurden, sagte uns jemand, wir würden fotografiert. Aber mein Gedächtnis gibt kein Bild frei, nur Geräusche. Ich bin im Dunkeln, ein Junge stößt mich an im Vorbeilaufen. Ich höre ihn sagen: ›Entschuldigung‹. Dann sagt eine andere Stimme: ›Wir fotografieren jetzt‹, dann ist es still. Nichts mehr, nur noch Stille... Auf diesem Bild kann ich mich nicht wiederfinden. Ich weiß überhaupt nicht mehr, wie ich aussah.«
Léon Z. merkt an: »Wenn man wie viele Menschen das Glück hat, daß die Eltern am Leben sind, oder Schwestern und Brüder, kann man sich Begebenheiten oder Menschen, die man gekannt hat, gemeinsam vergegenwärtigen. Aber wir haben niemanden mehr, der unsere Fragen beantwortet. Wir können nur selbst irgendwie versuchen, die Leerstellen zu füllen. Und das ist nicht so einfach. Mir fehlen über mehrere Jahre ganze Zeitabschnitte; ich habe das Gefühl, als fehlte mir ein Bein oder eine Hand.«

Die oft dramatischen Situationen, die sie in ihrer Kindheit durchstehen mußten, haben bei diesen Frauen und Männern Spuren hinterlassen, die sich noch heute deutlich auswirken. Das Hervortreten von Ängsten und Befürchtungen schlägt sich in einem Alltagsverhalten nieder, das je nach Auffassung als originell oder neurotisch erscheinen kann.
Die chaotische Kindheit hat Angst im Dunkeln, Angst vor der Nacht oder vor geschlossenen Räumen erzeugt. Auch bestimmte Geräusche, wie etwa das Schließen einer Tür, Schritte auf einer Treppe oder Sirenengeheul setzen oft enorme Unsicherheitsgefühle frei – ganz gleich, ob die Betroffenen allein oder mit anderen zusammen sind.
Fanny B. fährt nur nachts mit ihrem Auto.
Jacques R. reagiert empfindlich auf jedes Geräusch, das ihn an die Flügeltüren in seinem Elternhaus erinnert.
Ein anderer Mann wird von seinen Ängsten dazu bewogen, sich nie in einem Restaurant oder einem öffentlichen Raum mit dem Rücken zum Eingang zu setzen.

Ein anderer muß unbedingt, sobald er einen Raum zum erstenmal betritt, sofort sämtliche Notausgänge ausmachen, durch die er im Notfall entkommen könnte.
Ein nächster hält sich auf der Straße generell in Häusernähe, immer innerlich darauf gefaßt, plötzlich unter ein Vordach oder in einen Eingang entwischen zu müssen.
Esther wohnt in einem Vorort von Tel Aviv. Normalerweise ruft sie ihren Sohn, der verheiratet in Jerusalem lebt, zwei- bis dreimal in der Woche mitten in der Nacht an. Das immergleiche »Drehbuch«: Sie bittet ihn aufzustehen, vorsichtig an das nächstliegende Fenster heranzutreten und auf die Straße hinauszuschauen. Dann muß er alles, was er sehen kann, ganz genau beschreiben, ohne die kleinste Einzelheit auszulassen. Ist das getan, rät sie ihm, genau zu überprüfen, ob die Wohnungstür richtig abgeschlossen ist.
»Ich betrachte meine Mutter nicht als krank, sondern als einen Menschen, den der Krieg zerbrochen hat. Ich habe mich noch nie geweigert, ihrem Wunsch nachzukommen, weil ich weiß, daß das für sie sehr wichtig ist. Sie hat Krankenhausbehandlungen und eine Therapie gehabt, die ihre Angstzustände für ein paar Monate milderten. Danach hat alles von vorn angefangen.
Wenn ich verreise, zwinge ich mich, von meinem Aufenthaltsort aus sofort anzurufen. Dann beschreibe ich ihr mein Hotelzimmer, die Straße, die ich von meinem Fenster aus sehen kann und nenne alle Kleinigkeiten, von denen ich weiß, daß sie sie beruhigen. Sie hat mir das Versprechen abgenommen, daß ich niemals nach Deutschland reisen werde. Sie ist fest davon überzeugt, daß sie mich dann nie mehr wiedersehen würde.«
Immer wenn Nisiak eine Straße überqueren will, spürt er den schwer unterdrückbaren Drang, die erstbeste Person neben sich an der Hand zu fassen. Da er das nicht tun kann, stürzt er, sobald die Autos an der Ampel zum Stehen kommen, los und rennt ohne Rücksicht auf andere Passanten wie ein Gehetzter über die Fahrbahn. Erst wenn er den Fuß auf den gegenüberliegenden Bürgersteig gesetzt hat, verflüchtigt sich seine Angst. Oft entfährt ihm ein: »Uff, da haben wir aber Glück gehabt.«
»Während des Krieges, als ich noch ein Kind war, habe ich heimlich vier Landesgrenzen passiert. Die schlimmste war die Grenze

zwischen Rußland und Finnland. Soldaten schossen auf uns. Wir robbten durch die Nacht, ohne jegliche Orientierung. Als ich über diese verschiedenen Grenzen ging, entweder mit einem Fluchthelfer oder mit meiner Mutter, lärmte in mir ein Aufruhr unterschiedlicher Gefühle. Vor allem hatte ich große Angst. Dann war mir bewußt, daß ich etwas Verbotenes tat, und schließlich befürchtete ich, daß ich mich verirren könnte. Bei jedem Übertritt nahm mich meine Mutter oder der Grenzgänger an die Hand. Das half mir, trotz allem meine Gefühle zu bezwingen.

Ich weiß, daß es nicht gefährlich ist, eine große Straße zu überqueren, aber das ändert nichts daran, daß ich immer Angst dabei habe... Es ist weniger das Über-die-Straße-gehen, das mich schreckt, als der Raum, der sich zwischen dem einen und dem anderen Bürgersteig ausdehnt. Bestimmte Großstädte wie Paris haben sehr breite Straßen, und es kam vor, daß ich die unglaublichsten Umwege machte, um einen Boulevard oder eine breite Straße zu meiden.«

Auch so mancher Gegenstand kann alte Ängste wachrufen.

Eine große, international bekannte Kapazität in der Kinderheilkunde kann weder ihre Koffer selbst packen, noch überhaupt anfassen und tragen.

S. B. kann keinen deutschen Schäferhund in seiner Nähe ertragen. Er wechselt den Bürgersteig, sucht sich einen anderen Weg oder kehrt um ...

Alle versteckten Kinder empfinden einhellig dieselbe Abscheu vor Uniformen aller Art, und sei es eine Briefträgeruniform. In ihren Augen verbirgt diese Kleidung immer eine Gefahr. Alles, was mit Behörden, Polizei, Gendarmen, Grenzbeamten oder der Verwaltung zu tun hat, ist für sie Gegenstand der Angst.

In der Rubrik »Manien« ist die Liste eindrucksvoll.

Gabi erzählt: »Bei jedem Essen muß ich unbedingt meinen Teller behalten und ein Stück Brot daneben liegen haben. Zu Hause oder bei Freunden ist das kein Problem. Im Restaurant wird es kompliziert. Die Kellner tun ihre Arbeit und wollen bei jedem Gang meinen Teller auswechseln, was nur logisch ist. Dann fängt jedesmal das Gezerre an. Manchmal halten sie mich für

verrückt, und meine Freunde müssen irgendeine Geschichte erfinden.
Wie wollen Sie einem Kellner klarmachen, daß ich in den Kinderheimen trotz der herzlichen Atmosphäre bei den Mahlzeiten die reinsten Kriege erlebte! Daß jeder kämpfen mußte, nicht um Essen zu bekommen, sondern um zu behalten, was er auf seinem Teller hatte! Es ist mir schon passiert, daß ein Maître mich mit dem Argument hinauswarf, sein Lokal habe einen Ruf zu verlieren.
Das Stück Brot stellt das kleinere Problem dar. Ich lasse es unauffällig in eine Jackentasche gleiten und lege es, sobald der Kellner mir den Rücken zukehrt, wieder auf den Tisch.
Ich habe mit allen möglichen Methoden versucht, diese Manie zu überwinden. Es war nichts zu machen. Wenn ich meinen Teller nicht behalten kann, fange ich an zu zittern, und eine Angst, die ich mit Worten nicht zu beschreiben vermag, überfällt mich. Für mich ist ein Teller das kostbarste Gut auf der Welt. Und der Teller, der für mich gedeckt wurde, ist mein Teller.«

Auch Orte wie Flughäfen, Bahnhöfe, Kaufhäuser oder Krämerläden sind wie Spiegel, die all die alten Ängste und Befürchtungen zurückwerfen, die von der Zeit nicht gemildert worden sind.
Marcelle R. ist es nicht möglich, einen Kaufladen zu betreten.
»Im Krieg war ich zusammen mit meiner Schwester Zeugin eines Dramas, das seine Spuren in mir hinterlassen hat. Eines nachmittags betrat ein kleiner jüdischer Junge, der vielleicht um die zehn Jahre alt gewesen sein mochte, ein Milchgeschäft, das wir kannten, weil unsere Mutter dort in den für Juden erlaubten Zeiten einkaufte. Der kleine Junge war nur ein paar Minuten in diesem Laden, als zwei französische Polizisten in Uniform ebenfalls hineingingen. Sie kamen mit dem Jungen heraus, hielten ihn zu zweit fest, wie einen schweren Kriminellen. Er schrie: ›Ich habe Hunger! Ich habe Hunger!‹ Und nach dem Krieg erfuhren wir aus unserer Nachbarschaft, daß dieses Kind zuerst in Drancy interniert, dann nach Dachau deportiert wurde. Es kam nie zurück.«
Ziv, Laures Ehemann, erzählt von den Ängsten, die seine Frau an Flughäfen und in Kaufhäusern befallen: »Wenn ich mich län-

ger als zehn Minuten entferne, um eine Zeitung oder sonst irgendetwas zu besorgen, fängt Laure an, furchtbar zu zittern. Auch in Kaufhäusern ist das so. Sobald ich ein bißchen abseits gehe oder stehe, auch nur wenige Meter, und sie sieht mich für einen Augenblick nicht mehr, wird sie von unglaublicher Panik gepackt. Sie wird kreidebleich und ist sofort einer Ohnmacht nahe.«

»Ich kann die ungeheure Angst, sobald ich mich verlassen fühle, nicht erklären«, sagt Laure dazu.

Ziv fährt fort: »Am Anfang warf sie mir vor, daß ich weggegangen sei. Natürlich reagierte ich mit Abwehr und wurde wütend, weil ich glaubte, das wäre eine Marotte von ihr. Ich verstand nicht, daß sie wirklich litt.«

Françoise war in einem christlichen Internat für junge Mädchen versteckt. Abgesehen von den Problemen, als jüdisches Kind in einer katholischen Gemeinschaft eingeschlossen zu sein, hat es sie vor allem geprägt, daß sie nie Briefe von ihren Eltern bekam. Jeden Morgen war die Verteilung der Post wie ein Alptraum für sie.

»Ich beneidete die anderen Mädchen, die sich ein Plätzchen suchten, um ihre Briefe in Ruhe zu lesen. Seit Jahren nun schreibe ich an alle möglichen Firmen und Institutionen, um eine Antwort oder Prospekte und Kataloge geschickt zu bekommen. Ich nehme an sämtlichen Wettbewerben und Spielen, die sich in den Broschüren finden, teil. Bei vielen Versandhäusern bin ich Abonnentin. Ich brauche es einfach, jeden Morgen in meinem Briefkasten Umschläge zu finden, und zwar viele Umschläge. Meistens öffne ich sie gar nicht. Ich bin völlig zufrieden, wenn ich meinen Namen auf einem Briefcouvert lese.«

Theo: »Ich bin nur von einer einzigen Idee besessen. Ich habe Angst, mein Gedächtnis zu verlieren, eine Amnesie zu erleiden. Die Angst, daß alles, was ich einmal gesehen und gehört habe, für immer verschwindet. Ich verbringe mein halbes Leben mit Arztbesuchen. Und je älter ich werde, desto größer wird diese Angst.«

Begegnungen mit der Vergangenheit

27. Januar 1992, 11 Uhr vormittags.
Ein diffuses Licht liegt über der winterstarren Landschaft von Nevers. Rosette Z. sitzt hinten im Auto ihres Mannes. Léon fährt. Je näher wir herankommen, um so leiser und hörbar aufgeregter wird ihre Stimme. Léon wird ungeduldig, er will das Haus jetzt finden.
»Ist es das?« fragt er Kaugummi kauend.
»Nein, nein, es ist noch weiter entfernt«, antwortet seine Frau.
Sie ist hin- und hergerissen zwischen der Vergangenheit und der Gegenwart und zeigt uns einen Baum, den sie wiedererkennt, dann eine Halle, dann einen Weg, den sie mit ihrer Pflegemutter ging und wo sie Löwenzahn pflückte. Sie sieht sich wieder als kleines Mädchen, wie sie die fünf Kilometer nach Cosnes zu Fuß lief, um Brot zu holen.
»Das schien mir ein weiter, weiter Weg. Ich kam bald um vor Angst. Es gab da eine Verrückte, der ich manchmal begegnete und die mich terrorisierte.«
Nach einer Kurve taucht ein Sägewerk auf. Das Sägemehl, das den Boden zwischen den Gebäuden bedeckt, wirkt wie hellgoldener Schnee. Rosette erinnert sich, daß die deutschen Soldaten, die dort einquartiert waren, sie immer, wenn sie vorbeikam, voll Zuneigung in die Wangen kniffen.
»Stell dir das vor, Léon. Wenn die geahnt hätten, daß ich Jüdin bin!«
Plötzlich stößt Rosette einen Schrei aus. Das Haus! Sie hat es wiedererkannt. Ihr Mann biegt links ein und hält auf einem ansteigenden Weg, der sich im Himmelgrau verliert. Als Léon aus dem Auto steigt, zeigt er offen seine Enttäuschung über dieses Haus, das den Anblick eines gepflegten Vororthauses mit Gar-

ten bietet. Seit Jahren erzählte ihm seine Frau von dem Ort, an dem sie versteckt war, und er erwartete eine verfallene, mit Efeu überwucherte Hütte. Aber die Fassade ist cremefarben angestrichen, und nach vorne liegt eine neu verglaste Veranda. Alles sehr modern. Nur die Gartentüre quietscht noch mit demselben klagenden Ton wie vor siebenundvierzig Jahren. Im Vorgarten deutet Rosette mit ausladenden Gesten die Örtlichkeiten, wie sie in ihrer Kindheit aussahen, an. Und sie zeigt uns den Schuppen, wo ihre Pflegemutter das Holz für den großen Küchenherd lagerte.

»Ich hatte mir ein Plätzchen zwischen den Holzscheiten eingerichtet, wo ich mich zurückzog. Dort träumte ich vor mich hin oder weinte, geschützt vor fremden Blicken.«

Wir gehen um das Haus herum, und an einer Tür mit Glasfensterchen klopft Rosette an. Schlurfende Schritte auf dem Kachelfußboden sind zu hören. Dann wird die Tür geöffnet und gibt den Blick in eine Küche frei. Auf der Schwelle steht eine ältere Frau mit tiefen Falten im Gesicht, die sich leicht vornübergebeugt hält. Sie stützt sich auf den Tisch und mustert uns überrascht. Ein großer, hagerer Mann erscheint hinter ihr. Rosette bleibt stehen und sagt auf gut Glück: »Ich bin Rosette. Ich habe im Krieg hier gelebt.«

Die alte Frau zieht die Augenbrauen hoch, ihre Augen verengen sich und sie blickt abwägend zu uns hin. Dann entspannt sich mit einemmal ihr Gesicht, ja, sie kann sich erinnern. Sie ruft aus: »Rosette!« Und es stellt sich schnell heraus, daß sie eine der beiden Töchter von Rosettes Pflegemutter ist. Nach siebenundvierzig Jahren begegnen sie sich zum erstenmal wieder.

Bei der Besichtigung des Hauses erlebt Rosette eine Überraschung nach der anderen. Als Kind schien ihr alles hier groß, sogar sehr groß. Heute, als Erwachsene, sieht sie die realen Dimensionen.

»Wissen Sie,« sagt sie auf dem Rückweg, »von den zwei Töchtern meiner Pflegemutter war sie diejenige, die meine Mémé am dringendsten dazu bewegen wollte, mich nicht länger bei sich zu behalten, als von meinem Vater kein Geld mehr kam. Was wäre wohl aus mir geworden, wenn sie nachgegeben hätte? Was wäre mit mir passiert?«

»Sind Sie ihr deshalb noch böse?«

»Sie haben sie ja selbst gesehen. Sie ist eine alte Frau geworden, sie hinkt und ist nicht gesund.«

»Die Leute, die mich versteckt hatten, leben nicht mehr«, erzählt Zvi. »Wenn ich an das Dorf zurückdenke, gewiß, dann bin ich immer noch bewegt. Aber noch einmal dorthin zurückkehren, nein, das möchte ich nicht. Ich habe Angst, damit etwas zu verderben. Einen Traum zu zerstören.«
Sarah R. berichtet: »Einmal bin ich nur durch Zufall nach Vibray, wo ich eine Zeitlang versteckt war, gekommen. Wir kampierten irgendwo in dieser Gegend. Ich habe nicht einmal selbst gemerkt, daß wir dem Bauernhof so nah waren. Ein Freund, der sich an meine Geschichte erinnerte, machte uns darauf aufmerksam und schlug ganz selbstverständlich vor, einmal hinzugehen. Ich wollte nicht widersprechen, aber ich war vor Angst halbtot. Es war traurig. Den Leuten dort war es peinlich. Wir wußten nicht, was wir uns sagen sollten. Der Bauer war damals schon nicht mehr am Leben. Er hatte immer getrunken und war von einer Leiter gefallen. Seine früher so starke Frau war zerbrochen und ganz unscheinbar geworden. Ich fand nichts von dem wieder, was einmal war. Der Hof stand zum Verkauf. Allein wäre ich nicht dorthin zurückgegangen. Ich mag die Vergangenheit nicht.«
Jean S.: »Ich konnte es körperlich nicht ertragen, das Dorf, in dem ich versteckt war, noch einmal zu besuchen. Mir ist etwas passiert, das dies ganz gut verdeutlicht. Ich hatte Freunde, die in dieser Gegend ein wunderschönes Haus besaßen. Eines sonntags nach dem Mittagessen schlug mein Freund vor, einen Ausflug zu machen. Wir stiegen also alle zusammen in sein Auto. Ich saß mit meiner Frau hinten auf dem Rücksitz. Wir fuhren vielleicht eine Stunde, als ich plötzlich die große Straße mit den Platanen links und rechts wiedererkannte. Ich konnte nicht anders, warf mich schreiend auf den Boden und flehte meinen Freund an, umzukehren. Er hatte mir eine Freude machen wollen...«
»Blieb es dabei, daß Sie das Dorf mieden?«
»Ich bin viel später doch noch einmal hingefahren. Im Juni 1991, nach dem ersten großen internationalen Treffen der versteckten Kinder in New York. Da hatte sich in mir etwas gelöst. Ich war von dem Besuch des Dorfes nicht enttäuscht. Es hat sich

sehr verändert. Und ich war eher seltsam berührt; es war, als ob alles, was ich erlebt hatte, nie wirklich gewesen wäre. Wie eine Art Traum.«

T.G. hatte lange Zeit ihrer Vergangenheit den Rücken gekehrt und die Existenz ihres Kinderheims und des Dorfes aus ihren Gedanken ausgeklammert. Viele Jahre war sie nicht im geringsten daran interessiert, sich auch nur auf einer Landkarte über die Existenz von Dorf und Schloß zu vergewissern.

»Meine Vergangenheit kam mir vor wie ein Schwarz-Weiß-Film, ein fest umgrenztes Damals, in dem nichts fühlbar war.«

Nach der ersten internationalen Zusammenkunft in New York wurde ihr bewußt, daß diese Fühllosigkeit aber in Wirklichkeit ihr Leben beherrschte. Erst vor kurzem fand sie durch einen unwahrscheinlichen Zufall den Namen des Dorfes auf einer Straßenkarte und stellte fest, daß es sich nur wenige Kilometer von ihrem Wohnort entfernt befand. Unglaublich! Sie lebte so dicht an ihrer Vergangenheit, daß sie sie in jedem Augenblick hätte greifen können. Irgendwann faßte sie dann den Entschluß, den Ort zu besuchen.

»Ich wollte meine Nachforschung zu Ende bringen, aber gleichzeitig hatte ich auch Angst vor meinen eigenen Reaktionen, vor dem Schock der Wiederbegegnung.«

Als sie eine Zeitlang gesucht hatte, kam sie schließlich beim Schloß an. Die schmiedeeiserne Tür zum Schloßpark stand halb offen, auf dem Rasen gab ein Mann seinem Hund etwas zu fressen. Sie zögerte einen Moment, aber der Drang, der Vergangenheit, der sie schon so nahe gekommen war, auch zu begegnen, trieb sie weiter.

»Ich trat in den Park ein. Zuerst bin ich ganz langsam auf den Mann mit dem Hund zugegangen. Ich konnte mich nicht gleich überwinden, ihm meine wichtige Frage zu stellen. Aber ich konnte auch nicht gut in der Gegend herumstehen, also fragte ich ihn, ob in diesem Schloß während des Krieges Kinder versteckt worden waren. Noch während ich redete, trat ich innerlich neben mich und fand meine Frage völlig wirr und unzusammenhängend. Dieser Mann antwortete jedoch ganz einfach, ja, ihm sei bekannt, daß im Zweiten Weltkrieg Kinder im Schloß Unterschlupf gefunden hätten. Bestimmt ahnte er, daß meine Frage und mein Besuch nicht von ungefähr kamen, und er bot

mir liebenswürdig an, mich durch das Haus zu führen. Nun war es nicht mehr möglich, auszuweichen, ich mußte den entscheidenden Schritt nach vorn tun. Als ich das Hauptgebäude betrat, hatte ich das deutliche Gefühl, daß die Flügeltüren meines Gedächtnisses sich öffneten.
Dann sah ich alle die Räume wieder, in denen ich gelebt hatte. Erinnerungen stiegen auf und streiften mich sozusagen. Gleichzeitig hatte ich nicht den Eindruck eines intensiven Erlebens. Mir ging es eher wie einer Touristin, die an einen bestimmten Ort, der einst in ihrem Leben zählte, zurückkommt. Erst später, längst nach dieser Besichtigung, meldeten sich die Gefühle.«

Vergebung, Rache, Wut

Seit dem Ende des Zweiten Weltkriegs hat sich immer wieder die Frage nach einer Vergebung für Deutschland gestellt.
Der Schriftsteller Elie Wiesel äußert sich so dazu: »Wer bin ich, daß ich verzeihen kann? Wer hat das Recht, im Namen der Toten zu sprechen? Die Verbrechen der Nazis verjähren nicht, weil die Toten tot sind und niemand an ihrer Statt sprechen kann.«
Ebenso haben Rachegedanken die Geister derjenigen, die unter dem Naziregime zu leiden hatten, immer wieder gequält. Doch die versteckten Kinder fordern keine Vergeltung, sie wollen nur, daß ihr Leid und ihre zerstörte Kindheit als solche gesehen und zur Kenntnis genommen werden.
Die geforderte Anerkennung ist in Frankreich nur möglich, wenn die Republik, oder vielmehr ihre Regierung, endlich die Vergehen der Vichy-Regierung offiziell bekennt.

Paul N. wurde 1927 geboren. Er gehörte zu den 7000 Juden aus Baden und Württemberg, die in einer einzigen Nacht von Ost nach West deportiert worden waren. »Damals war ich vierzehn Jahre alt. Am 22. Oktober 1940, mitten in der Nacht, waren die Juden in diesen beiden Ländern verhaftet worden. Für vierundzwanzig Stunden waren wir in einem Bahnhof wie Vieh gefangengehalten worden, dann wurden wir in Güterwaggons weggefahren. Der Transport bestand aus neun Zügen. Das war keine Kleinigkeit. Da Baden und Württemberg an Frankreich grenzten, das soeben den Krieg verloren hatte, entledigten sich die Nazis unser, indem sie uns der Vichy-Regierung übergaben. Diese hatte dann, sobald es möglich wurde, nichts Eiligeres zu tun, als uns nach Deutschland zum Vergasen zurückzuschikken.
Wir waren in den Lagern von Gurs und Rivesaltes interniert.

Zusammen mit meinem Bruder blieb ich für zwei Jahre hinter Stacheldraht gefangen. Nur zur Erinnerung: Ich war damals vierzehn Jahre alt! Dank des Kinderhilfswerks O.S.E. habe ich entkommen können. Meine Eltern wurden nach Auschwitz deportiert und kamen um.
Was mir an Frankreich schwer zu schaffen macht: Keine Regierung seit dem Zweiten Weltkrieg, ob konservativ oder linksgerichtet, hat offiziell zur Kenntnis genommen, was sich wirklich in diesem Krieg abspielte. Von den Vernichtungslagern wird immer wieder geredet. Das ist praktisch – sie lagen außerhalb Frankreichs. Die französischen Lager bleiben unerwähnt. Sie waren kaum besser, nur die Krematorien fehlten. Ich war aber von Franzosen eingesperrt worden, französische Gendarmen ließen uns hungern, und keine französische Regierung hat mich nach dem Krieg gefragt, ob ich in Not sei, wie ich mich gerettet und ob ich gesundheitliche Schäden davongetragen habe, und wie es in meinem Inneren aussähe. Nichts. Absolutes Schweigen. Auf diesem Gebiet hatten wenigstens die Deutschen etwas getan. Ich wurde von einer Gesundheitskommission befragt, die die Aufgabe hatte, herauszufinden, ob und welche Folgeerscheinungen aus der Zeit der Gefangenschaft auftraten. Und noch etwas anderes: Der Magistrat meiner Geburtsstadt hat 1988 eine große Ausstellung über den Völkermord an den Juden organisiert. Mit Hilfe der Presse haben sie Überlebende des großen Transports vom 22. Oktober 1940 gesucht. Dann waren wir für zwei Tage Gäste der Stadt. Es ging nicht darum, uns um Verständnis und Vergebung zu bitten, sondern darum, den Dialog zu erneuern. Aber Frankreich dialogisiert nicht. Es ignoriert die jüngere Geschichte.«
Rosette Z. schließt sich seiner Meinung an und erklärt: »Auch wenn andere vor mir es bereits gesagt haben, ich wiederhole: Unsere öffentliche Anerkennung als versteckte Kinder ist an die offizielle Zurkenntnisnahme der Sünden der Vichy-Regierung gebunden.
Unser Leid anzuerkennen, bedeutet auch wahrzunehmen, daß wir keine Kindheit hatten. Immer wieder wird mir bewußt, was mir damit geraubt worden ist: Die Spiele, die Möglichkeit, zu lärmen, zu schreien, zu lachen und zu weinen, meine kleinen Geschichten zu erzählen, Streiche zu spielen und die Erwachse-

nen zu ärgern. Ich bin keine Psychologin, aber dies alles tun zu können, trägt zur Entwicklung der Persönlichkeit im Kindesalter bei. Wenn ich mich wie andere Kinder hätte ausdrücken können, wäre ich heute mit Sicherheit anders, als ich es bin. Wer bin ich denn? Ich weiß es immer noch nicht.«

Die versteckten Kinder unternehmen erste Schritte zu ihrer öffentlichen Anerkennung, und andere, die vielleicht zu einer persönlichen Gesundung führen.

Manhattan, Samstag, 25. Mai 1991, 13 Uhr 30.
Der Times Square hat sich in einen brodelnden Kessel verwandelt. Menschen aller Art, dicke wie dünne, laufen halbnackt durch die Straßen und bieten den abstoßenden Anblick schweißglänzender Fleischmassen. Bleierne Hitze lastet auf der Stadt.
Das Hotel Marriot Marquis, direkt am Square, wirkt wie ein Bunker oder eine Art neuzeitliche Festung. Nachdem man durch die Drehtür gequirlt wurde, fühlt man sich in das Dekor eines Science-Fiction-Comic versetzt. Gläserne Aufzüge, die riesigen Insekten ähneln. Die Haupthalle mit ihrer Höhe und Weite ist schwindelerregend, die angehängten Etagen, die die vier Wände umlaufen, haben etwas von Schiffsgängen oder auch Gefängniskorridoren.
Im ganzen Hotel ist Bewegung. Die Gäste kommen und gehen, stoßen sich an, treten sich auf die Füße, nehmen die Aufzüge, die immer berstend voll sind, im Sturmangriff. Angesichts dieser hektischen Menge überkommt einen große Lust, sofort umzukehren und das erste Flugzeug zurück nach Europa zu nehmen, oder einfacher, sich sofort in sein reserviertes Zimmer zu flüchten.
Hier findet also an diesem Wochenende das »Erste internationale Treffen der im Zweiten Weltkrieg versteckten Kinder« statt.
Die Initiative dazu entstand ausgehend von dem 1980 gedrehten Film der beiden Regisseurinnen Myriam Abramovicz und Esther Hoffenberg: »Comme si c'etait hier« (Als ob es gestern gewesen wäre), der die Geschichte des belgischen Widerstands zur Rettung jüdischer Kinder nachzeichnete. Dieser Film war wie ein Sprengsatz. Er ließ bei vielen versteckten Kindern in den

USA, in England, Belgien, Holland oder Frankreich den Wunsch entstehen, eine große, weltweite Zusammenkunft ins Leben zu rufen.
In Frankreich übernahm Ruth Croitoru die Organisation, die sie mit Bestimmtheit und unentwegtem Engagement durchführte. Sie sagte zu diesem ersten Treffen:
»Diese Halb-Generation, wie die Generation der versteckten Kinder genannt wurde, sucht heute die fehlenden Stücke ihrer Geschichte. Sie hat ihr Leben auf Stützpfeiler gebaut und mußte ihre Instabilität lange Zeit ausbalancieren. Damals ohne Vorwarnung in den Krieg hineingezogen, befindet sie sich heute an vorderster Front, um Zeugnis abzulegen.«
Nur eine Handvoll Freiwilliger machte diese Veranstaltung praktisch möglich. Sie wurden unterstützt von der »Anti-Defamation-League« New York, der »Child Development Research«, der »Foundation of Christian Rescuers« und von Privatpersonen und -institutionen, besonders der »Rich Foundation of Paris«. Die Organisatoren erwarteten zwischen 300 und 500 Teilnehmerinnen und Teilnehmer. Eine Flut von Anmeldungen aus Europa, Kanada, Australien sowie allen Gegenden der USA war vorausgegangen. Internationale Print- und TV-Medien waren bei diesem »Ersten internationalen Treffen versteckter Kinder« anwesend, nur das französische Fernsehen fehlte.

Samstag, 25. Mai 1991, 20 Uhr.
Der Sabbath geht zu Ende. Plötzlich füllt sich eine ganze Hoteletage mit Menschen zwischen fünfzig und sechzig Jahren. Vielfach mit weißem Haar, oft in gemütlicher Leibesfülle und in einfacher, klassischer Garderobe. Es sind die Teinehmerinnen und Teilnehmer des großen Treffens. Sie reihen sich in Warteschlangen ein, um den Umschlag mit Tagungsprogramm, Besucherinformation und Namensschildchen in Empfang zu nehmen. Während die Schlange im Nachrücken der einzelnen immer kürzer wird, wirft jeder vorsichtige Blicke auf seine unmittelbaren Nachbarn oder Vorübergehende. In aller Augen steht dieselbe Frage: Habe ich diese Frau, habe ich jenen Mann vielleicht als Kind gekannt? Wo, in welchem Heim, bei welcher Pflegefamilie waren wir zusammen?
Eine Holztafel wird aufgebaut. Sie ist völlig leer und soll kleinen

Nachrichten oder Annoncen der Teilnehmer Platz bieten. Schon ein paar Minuten später hängt dort eine erste Mitteilung. Eine in Polen geborene Frau, die in Belgien versteckt war, sucht einen Jungen von damals mit Namen Daniel. Bald sprießen kleine Nachrichtenzettel an dieser Wand wie Blumen auf einer Sommerwiese. Weitere Tafeln müssen aufgestellt werden, und schließlich erstreckt sich die Pinnwand über mehrere Meter, voll mit hastig abgerissenen Papierstückchen, auf denen alle möglichen Sprachen und Schriften zu finden sind. Jede kleine Annonce ist wie ein Ruf, der die Zeit überbrücken will und sich an das andere Kind von damals – den Gefährten oder die Freundin – richtet, mit denen man das Versteck und das Verschweigen teilte und die eines morgens nicht mehr da waren. Auch Fotografien sind dabei: Kindergesichter und Orte – Internate, Kollegien, Dörfer… Fünfzig Jahre haben diese Überbleibsel aus der Vergangenheit in Schubladen und in den Winkeln des Gedächtnisses einiger überdauert.

Eine große Hilfe für die Erinnerung sind die Namensschilder der Teilnehmenden an Rockaufschlägen, Pullovern, Hemden und Blusen. Zwei Namen sind darauf zu lesen: Der Deckname während des Krieges und dann der richtige Name. Auch das Land, aus dem man kommt, ist vermerkt. Unzählige Male bleibt man stehen und betrachtet Gesichter und Namensschilder, zögert, erinnert sich… Manchmal erkennen sich zwei von früher wieder. Ein erstes Wiedersehen nach vierzig oder fünfzig Jahren! Es ist wunderbar, bei diesen Begegnungen mit dabeizusein. Die Wiedersehensfreude ist groß, die Betreffenden umarmen sich und werden in diesem fantastischen Augenblick wieder zu den Kindern, die sie waren: Spontan erzählen sie sich die wichtigsten Dinge, als seien sie vorgestern erst getrennt worden.

Ein anderer beeindruckender Augenblick ist gekommen, als alle sich in einem großen Saal versammeln. Eine Frau bittet die Anwesenden, aufzustehen und die jeweiligen Platznachbarn persönlich zu begrüßen. Bald hört man nur noch Begrüßungsküsse.

1 500 versteckte Kinder haben das Verschweigen und Vergessen durchquert und finden sich hier nach so langer Zeit wieder. Welche Worte, um dieses Bewegtsein zu schildern?

Hélène W.: »Wir hatten das Gefühl, wir sind alle wie Schwestern und Brüder und hatten spontan das Bedürfnis, uns zu umarmen, uns auszutauschen. Wir duzten uns auch sofort.«
Was viele versteckte Kinder bei diesem Treffen erstaunt und für manche eine Offenbarung bedeutet, ist die Entdeckung während der Gesprächsgruppen, daß die eigene Geschichte nicht schlimmer, aber auch nicht weniger dramatisch ist, als die der anderen.
So hatte etwa Rosette Z. eine bestimmte Vorstellung vom Glück derjenigen Kinder, die nach dem Krieg ihren Vater oder ihre Mutter wiederfanden.
»Ich habe hier eine Frau gehört, deren Vater am Leben geblieben war und sie zu sich holte. Aber das war wie eine Falle für sie. Sie war damals zehn Jahre alt, und als Mädchen sollte sie sich um Haushalt und Küche kümmern. Abends kam er müde und traurig von seiner Arbeit nach Hause, und so flehte sie bald ihren Vater an, sie in ein Kinderheim zu geben. Sie wollte nicht bei ihm bleiben. Ich habe noch eine andere Geschichte gehört, die mir die Augen geöffnet hat. Eine junge Frau, die vielleicht 35 oder 40 Jahre alt sein mochte, erzählte von ihrer Mutter, die Auschwitz überlebt hatte. Bis zu ihrem Tod sprach die Mutter immer nur von der Zeit im Konzentrationslager. Mit der Zeit fing die Tochter an, sie zu verabscheuen.«
In den Gesprächskreisen teilten die Einzelnen Erinnerungen und Erlebnisse mit, über die sie häufig seit damals geschwiegen hatten. Oft verbargen sie diese Geschichte wie einen Makel.
Daß hier so Vieles offen geäußert wurde, hat T.G. stark beeindruckt: »Was neben allem anderen ganz fabelhaft war: Sich unter Menschen zu befinden, die zuhören! Können Sie sich vorstellen, was das für uns bedeutet? Endlich einmal sprechen zu können, ohne Scheu und ohne Angst! Die anderen haben zugehört, weil sie Ähnliches erlebt haben und ähnliche Schmerzen litten.«
Laure: »Diese Zusammenkunft ist ein sehr wichtiger Moment in meinem Leben gewesen. Und wenn ich nur entdeckt hätte, daß 1499 andere Menschen mit ähnlichen Verletzungen und Wunden wie ich lebten, trotzdem!
Sehen Sie, in Washington gibt es ein Denkmal für die Deportierten und ein Denkmal für die Retter von verfolgten Juden. Von

meiner Warte aus gesehen müßte es auch ein Denkmal für die versteckten Kinder, die überlebt haben, geben. Denn um zu überleben brauchte es doch einigen Mut und unerhörte Kraft, um den Faden des normalen Lebens wieder aufnehmen und irgendwie funktionieren zu können.
Eine kurze Anekdote: Während dieses ersten Treffens habe ich irgendwann in der Warteschlange vor der Damentoilette gestanden. Als ich alle die Frauen, unter denen viele in meinem Alter waren, anschaute, wurde mir plötzlich klar: Mein Gott, all diese Frauen haben dieselben Dinge erleben müssen wie ich!
Was mich genauso beeindruckt hat, war das Gefühl, irgendwo dazuzugehören. Alle die Menschen, denen ich hier in den zwei Tagen begegnet bin! Dank ihres Daseins weiß ich auch in Zukunft, daß ich nicht allein bin – selbst wenn ich niemanden wiedersehen sollte.«
T.G. wurde in New York bewußt, daß ihr bisher etwas gefehlt hat, nämlich das Leben mit der Gruppe.
»Die Gruppe, die in meinem Leben als Jugendliche grundlegend gewesen ist und die mir alles ersetzte, fehlte mir sehr, und ich wußte es die ganze Zeit nicht!«
Hélène W. erlebte, daß sie kein Einzelfall ist, als sie die anderen erzählen hörte:
»Ich habe erfahren, daß ganz brillante Leute, die beruflich Karriere gemacht haben, dieselben Ängste kennen wie ich. Ich habe begriffen, daß einige meiner Schwächen legitim sind.«
»In manchen Augenblicken«, sagt Jean S., »erreichte die Emotion bei dieser ersten großen Zusammenkunft eine Intensität, die kaum zu ertragen war. Aber sie war immer würdevoll.«

Dienstag, 28. Mai 1991, 18 Uhr, Flughafen Newark.
Das erste weltweite Treffen versteckter Kinder ist zu Ende. Das Großraumflugzeug der Air France ist voll besetzt. Neben mir sitzt ein junger Amerikaner von etwa zwanzig Jahren. Er fliegt zum erstenmal nach Europa und wird acht Tage in Paris verbringen. An meinem Akzent hat er erkannt, daß ich Franzose bin. Er überfällt mich mit Fragen... Frankreich, seine Geschichte, seine Baudenkmäler, seine Museen – alles in fünf Minuten. Mir wird schwindlig.
Zum Glück rollt das Flugzeug jetzt an, und mein junger Ameri-

kaner wendet sich abrupt wieder ab, um hinauszuschauen. Bald wird sich unter uns der majestätische Anblick von Brooklyn und Queens darbieten.
Ich lasse mich in meinen Sessel zurücksinken und schließe die Augen. Ich bin guter Dinge und heiter. Ich sehe vor meinem inneren Auge viele Gesichter dieser Tagung wieder. Und ich höre noch ganze Abschnitte von den Reden, Sätzen, Satzfetzen... Doch sind es vor allem die Gesichter, die mich beschäftigen. Und im Moment glaube ich, daß ich an diesem Wochenende gleichzeitig etwas sehr Großes und auch sehr Einfaches erlebt habe. Groß, weil diese Frauen und Männer sich weder als Märtyrer noch als Heldinnen dargestellt haben. Sie waren einfache Menschen wie du und ich – mit ihrem stummen Leid.

Bald werden die Küsten Amerikas nur noch wie schartige, von Kinderhand gekritzelte Linien aussehen. Mir fällt ein Satz wieder ein, den ich irgendwo gelesen habe. Ich sehe ihn Buchstabe für Buchstabe vor meinen geschlossenen Augen entstehen... und denke nach diesen intensiven Stunden in New York, wie aktuell er ist. Er wird mich durch mein weiteres Leben begleiten.

»Wo werden wir sein? Was werden wir tun, wenn wieder die Schreie gequälter Kinder ertönen?«

Danksagung

Ich bedanke mich bei
All den Frauen und Männern, mit denen ich gesprochen habe,

A.T.G. für das Interview mit Madame Yvonne Jospa in Brüssel,

Marion Eckstein-Delpard und Colette Laplante, die mein Büro effizient organisierten,

Marie-Thérèse Roy für ihre redaktionelle Anleitung und Unterstützung,

Pascale Berner und Henry J. Alexander für ihre hervorragende Organisation meines USA-Aufenthaltes,

dem Rathaus von Annemasse, seinen Bediensteten in den Archiven für ihre großzügige Bereitstellung von Dokumenten und ihre Freundlichkeit,

der »Tribune de Genève«, der »Vie du Rail« und der Zeitschrift »L'Arche« für ihre freundliche Unterstützung,

schließlich meinen Verlegern, die an mein Projekt glaubten und mir die Mittel dafür zur Verfügung stellten,

und nicht zuletzt Colette Véron, die mir spontan half und mich unterstützte, und deren Interesse am Projekt bis zum Schluß wach blieb.
Ich möchte ihr an dieser Stelle meinen besonderen Dank, meine Zuneigung und ehrliche Dankbarkeit aussprechen.

Literatur

Noël Chalef, *Drancy 1941*, verlegt und zu beziehen bei: Association des Fils et Filles des Déportés Juifs de France; 32, Rue de la Boétie; F-75008 Paris

Brigitte-Fanny Cohen, *Elie Wiesel – Qui êtes-vous?* (Elie Wiesel – Wer sind Sie?), Paris, Editions La Manufacture

David Diamant, *Le Billet vert* (Die grüne Karte), Paris, Editions du Renouveau

Emmanuel Hayman, *Le Camp au bout du Monde* (Das Lager am Ende der Welt), Paris, Editions Pierre-Marcel Favre

André Jacques, *Madeleine Barot*, Paris, Editions Cerf Labor et Fides

André Kaspi, *Les Juifs sous l'Occupation* (Die Juden in der Besatzungszeit), Paris, Editions du Seuil

Serge Klarsfeld, *1941 – Les Juifs en France. Prélude à la Solution finale* (1941 – Die Juden in Frankreich. Das Vorspiel zur Endlösung), verlegt und zu beziehen bei: Association... (s. o.)

Serge und Beate Klarsfeld, *Mémorial de la Déportation des Juifs de France* (Denkschrift zur Deportation der französischen Juden), verlegt und zu beziehen bei: Association... (s. o.).

Père Bruno Reynders – Héros de la Résistance (Pater Bruno Reynders – Held des Widerstands), Bruxelles, Editions Les Carrefours de la Cité

Régine Soszewicz, *Les Etoiles cachées* (Die versteckten Sterne), Paris, Editions Flammarion

Le Statut des Juifs de Vichy. Les Juifs sous l'Occupation. (Der rechtliche Status der Vichy-Juden. Die Juden während der Besatzungszeit), herausgegeben von: Association… (s. o.)

Der Autor

Raphaël Delpard, geboren 1942, wurde als einjähriges Kind von seinen Eltern getrennt und vor den Nazis versteckt. Er lebt heute als Schauspieler, Drehbuchautor und Regisseur in Frankreich.

Die Deutsche Bibliothek – CIP-Einheitsaufnahme

Delpard, Raphaël:
Überleben im Versteck: jüdische Kinder 1940–1944/
Raphaël Delpard. Aus dem Franz. von Bettina Schäfer. –
Dt. Erstausg. – Bonn: Dietz, 1994
Einheitssacht.: Les enfants cachés <dt.>
ISBN 3-8012-0210-0